教育部人文社会科学研究项目"教育生态视域下技能人才绝技绝活传承模式研究"(编号:14YJC880012)研究成果

孤独的技艺:
绝技绝活之教育传承生态

高涵 著

中国社会科学出版社

图书在版编目（CIP）数据

孤独的技艺：绝技绝活之教育传承生态/高涵著.
—北京：中国社会科学出版社，2018.8
ISBN 978-7-5203-1718-4

Ⅰ.①孤… Ⅱ.①高… Ⅲ.①技术教育—研究—中国
Ⅳ.①G719.2

中国版本图书馆 CIP 数据核字（2017）第 314148 号

出 版 人	赵剑英
责任编辑	赵 丽
责任校对	王秀珍
责任印制	王 超

出　　版	中国社会科学出版社
社　　址	北京鼓楼西大街甲 158 号
邮　　编	100720
网　　址	http://www.csspw.cn
发 行 部	010-84083685
门 市 部	010-84029450
经　　销	新华书店及其他书店
印　　刷	北京明恒达印务有限公司
装　　订	廊坊市广阳区广增装订厂
版　　次	2018 年 8 月第 1 版
印　　次	2018 年 8 月第 1 次印刷
开　　本	710×1000　1/16
印　　张	14.25
插　　页	2
字　　数	226 千字
定　　价	59.00 元

凡购买中国社会科学出版社图书，如有质量问题请与本社营销中心联系调换
电话：010-84083683
版权所有　侵权必究

序

当今世界正面临着第四次工业革命，这是继蒸汽技术革命、电力技术革命、信息技术革命的又一次科技革命。它是以互联网产业化，工业智能化，工业一体化为代表，以人工智能，清洁能源，无人控制技术，量子信息技术，虚拟现实以及生物技术为主的全新技术革命。其实质是一场从生态赤字转向生态盈余的绿色工业革命。研究表明，在这场革命中技能形成对国家增长绩效具有绝对核心作用，带有绝技绝活的高新尖技术将成为国际核心竞争力。不可否认，从劳动密集型生产方式转向技术密集型生产方式将是建立创新型国家的基本路径。而任何创新又分为急进型创新和累积型创新，所谓急进型创新依靠外部技能（如普及技艺计算机）形成、所谓积累型创新需要内部技能（如内隐技艺绝技绝活）形成。所以，属于积累型的高技能特别是绝技绝活的传承在国家创新发展过程中既意蕴绵长又任重道远。

一

何为绝技绝活？在中西方文献中几乎难以找到完整的词义，只能把"绝技"、"绝活"分开来理解。在《汉英大辞典》中，"绝技"被翻译成"stunt"。根据《牛津高阶英汉双解词典》中对"stunt"的释义，"stunt"含有四种含义：其中三种为名词解释，即为（尤指电影中）特技表演、引人注意的花招、愚蠢而危险的举动；动词解释为阻碍生长、遏制发育、妨碍发展。stunt的词根来自于古英文的styntan，"使钝化、使缩短"的意思，由此可见，"特技表演"只是stunt在现代英文发展过程中一个比较偏门的引申义。可以看出，"stunt"与"绝技"在含义上有着相似的内容，却不完全相同，"绝技"比"stunt"有着更为丰富的内涵。但在英文中找不到可以完全等同于"绝技"的词汇。因此，只能将"绝技"翻译成"stunt"。[1] 同样，根据《汉英大辞典》"绝活"被翻译成"unique skill"[2]，这是一种根据汉语词汇意思来的翻译方式，并将汉语词汇拆开，"绝"对应"unique"，使用《牛津高阶英汉双解词典》中的释义，即为"唯一的、独一无二的；独特的、罕见的"[3]，"活"对应"skill"，表示为一种技术。这种翻译，基本上体现出了"绝活"这一词汇的汉语内涵，但这种翻译方式也说明，在英文中没有一个专有词汇去对应"绝活"，只能意译。综合起来，"绝技绝活"在西方的理解应该是唯一的罕见的一种技术。

在现阶段的汉语中，"绝技"与"绝活"是含义相同的两个词汇。《辞海》中对"绝活"的解释即为"一种绝技"，对"绝技"的解释为"独一无二、超群的技艺；极高的技艺；别人很难学会的技艺"。虽然现在两词含义相同，可以互相替换，过去却并非一直如此。"绝技"一词可以追溯到春秋战国时期，最早出自庄子的绝技寓言。绝技寓言是庄子寓言中的一种，共有十一篇，分布在内篇的《养生主》、外篇的《天道》《达生》《田子方》《知北游》中。[4] 绝技寓言以拥有超乎常人的非凡技能的人物为主人公，他们的技能达到了让普通人叹为观止的境界。这些主人公可分为两类：第一类是具有超群技艺的人物，但他们所具有的的超群技艺，不等同于经过长期练习的娴熟技能，不是刻意而为；第二类也具有高于常人的本事，但他们最多可说是具有娴熟的技术，内容是因为他们需要刻意而为，因而精神紧张，活动归于失败。由此可以看出，庄子将"绝技"赋予了两种含义：一是没有刻意为之却高于常人的技艺，类似于天赋；二是娴熟的技艺，通过后天勤奋练习一般人能够做到。[5] 春秋战国后，各朝各代都有过关于"绝技"的文章或诗歌记载，如《汉书·叙传上》中"逢蒙绝技於孤矢，班输榷巧於斧斤"；晋代潘岳的

---

[1] A. S. Hornby：《牛津高阶英汉双解词典》，商务印书馆2014年版。
[2] 吴光华：《汉英大辞典》，上海交通大学出版社2010年版。
[3] A. S. Hornby：《牛津高阶英汉双解词典》，商务印书馆2014年版。
[4] 吴响珊：《庄子绝技寓言研究》，重庆师范大学硕士学位论文，2014年。
[5] 吴响珊：《庄子绝技寓言研究》，重庆师范大学硕士学位论文，2014年。

《射雉赋》中"揆悬刀,骋绝技。如轘如轩,不高不埤。当味值胸,裂嗉破觜。夷险殊地,驯粗异变。";宋代王安石的《赠陈君景初》中"吾尝奇华佗,肠胃真割剖。神膏既傅之,顷刻活残朽。昔闻今则信,绝伎世尝有。";清代薛成福的《观巴黎油画记》中"西人绝技";清代侯方域的《壮梅堂文集》中"以李伶为绝技";陈毅《送旧友南归》中"我不出手,敌不知觉,出手一击,风扫叶落。绝技至此,敌手安措?",也运用了"绝技"一词。这些文章的"绝技",基本上庄子赋予"绝技"的第二种含义,也正是我们现代汉语中所运用的含义。

"绝活"是一个比较口语化的词汇,一直口口相传,却并未像"绝技"那样出现在古代的文章或诗歌中,最早产生于戏曲,指戏曲中各门各派的独家所创,人皆不能的各种技巧,也有专指难度较大的武功技巧,是戏曲中的专业名词。如1959年刊登的的《蒋英鹤的〈伐子都〉》一文中提到"老一辈的京剧演员演《伐子都》都有"绝活",老艺人谢世,这出戏在舞台上就少见了"[1]。在1987年11月20日的《中国青年报》中,一篇关于乒乓球的报道中写道"第六届全运会乒乓球决战进入最后一天,争夺之激烈令观众目不暇接……滕毅虽不时施出'绝活',但都被万国辉一一化解",首次将"绝活"一词运用到戏曲之外的领域,也就是从此时起,"绝活"逐渐成为可以与"绝技"相互替换的词汇。

"绝技绝活"常用来表示各行各业中的最先进的技术及独一无二、精湛的手工艺,是中华民族文化的瑰宝。

二

就是这么一种"瑰宝",却显得很孤独,竟然长期没人关注,更谈不上研究。带着一种相守的情怀,湖南农业大学首批教育生态学博士高涵副教授独具慧眼,把目光投向"绝技绝活"这个深邃的"学术槽"。在获得教育部人文课题《教育生态学视野下技能人才绝技绝活传承模式研究》基础上,用四年时间撰写和完善博士论文,最终出版了专著《孤独的技艺——绝技绝活之教育传承生态》。作为全程参与和最早阅读者,我对本

---

[1] 小捷、蒋英鹤:《伐子都》,《上海戏剧》1959年第3期。

书有着深刻的悟解。纵观全书，有以下几个方面的显著特点：

第一，选题的经略性。绝技绝活是非物质文化遗产宝库中的一种重要类型，随着世界经济、科技一体化和现代化受到了巨大的挑战，大量高技能人才的绝技绝活因传承人缺失、继承人的资质不足、传承环境的变化等社会生态环境问题，面临着难以完全继承甚至濒临灭绝的困境。2010年，《国家中长期人才发展纲要（2010－2020）》把绝技绝活传承作为成为国家战略，明确要求："建立高技能人才绝技绝活代际传承机制。"纵观国内外研究理论和实践，绝技绝活的传承受到国家政策法律层面高度重视，也得到了理论和实践界的广泛关注。然而，保护与传承绝技绝活作为一个必须直面的实践课题，需要筹划治理或勾画要略。即是说，要做相关的理论研究，以形成对绝技绝活发展现状、问题症结、传承规律、传承模式的理性认识，为实践对策提供理论依据和决策方略。高涵博士付梓出版的这部著作，就是试图在这方面做出尝试。

第二，理论的高瞻性。在本研究中，作者借用了一种全新的理论视角，即教育生态学。这一学说起源于美国，1966年美国学者阿什比在其著作《英国、印度和非洲的大学：高等教育生态学研究》中，提出了"高等教育生态学"的概念。1976年，美国教育家劳伦斯·A·克雷明在其著作《公共教育》中率先提出了"教育生态学"的概念，并进行了专门论述。国内较早探讨教育生态学问题的是民国时期的庄泽宣，他的著作《教育概论》（1926）中详细阐述了教育与环境关系，也是我国教育生态学理论形态发展的先声。接着吴俊升、王西征合著《教育概论》（1935）设"遗传与环境"和"发展与适应"两节，初步探讨了教育生态规律。此后，20世纪90年代后大陆学者相继出版了三部教育生态学代表著作，它们分别是1990年吴鼎福和诸文蔚合著的《教育生态学》（这被认为是中国大陆第一本教育生态学著作），1992年任凯和白燕合著的《教育生态学》和2000年范国睿著的《教育生态学》。随着教育生态学理论的逐步发展成熟，它已成为国际教育研究领域新的认识思维视角。

第三，范式的自洽性。简单地说就是按照自身的逻辑推演，自己可以证明自己至少不是矛盾或者错误的。反观绝技绝活传承的研究，借鉴传统传承模式较多。从传承模式研究来看，多是以作坊、器物、企业、家庭为传承主体的研究，关注学校传承模式的并不多；从结果形式来看，多是经验总结,鲜有从传承系统内部机理出发深层次研究绝技绝活传承的本质,以期找到切合当前绝技绝活发展状态的传承模式;从理论视角来看,多是以民俗学、艺术学、人类学的学科范式来研究,采取田野调查法、文献分析法等定性研究方法,未见以生态学学科范式来探究此问题。因此,本书将绝技绝活学校传承模式置于教育生态系统,运用结构方程模型(SEM)数据分析方法和质性研究,系统推演,方法互补,结果自洽,理论自信,其研究成果值得我们关注。

第四,传承的生态性。在生态学范式下,本研究集成运用生态学、教育学和民俗学的理论与方法,首先系统分析了绝技绝活学校传承生态系统的基本特征,然后对绝技绝活学校传承生态影响因子及绝技绝活学校传承模式多样性进行剖析,最后重点构建了绝技绝活的"四因共振"学校传承生态模式并以醴陵釉下五彩瓷烧制技艺学校传承为例进行了实证。特别是作者以承者在教育传承生态系统中有效获取绝技绝活为线,设计了"四因共振"教育传承生态模式,分别是传(传者的教授)、学(承者的学习)、产(产品制作)和研(技艺研发),其中"四因"体现的是关键影响因子的作用,"共振"体现影响因子的综合性作用,它以培养绝技绝活传承人为核心,把传者的教授、承者的学习、产品制作、技艺研究四个原本孤立的活动组合成一个开放式的互补系统,提升了绝技绝活传承的社会效益、经济效益、人才效益等复合效益。

三

筚路蓝缕,以启山林。作者高涵是全国教育生态学专业的第一批毕业的博士研究生,一直关注教育生态问题。可贵的是在教育生态学学科初创时期,她就选了这样一个难题。其一,文献难。这个选题是一个开拓性的研究,国内外文献稀少,更何况完整的研究成果,其研究的艰辛可想而知。在中国期刊网上搜索2000—2017年的硕博论文,以"绝技绝活"为篇名尚未见1篇博硕论文,以"教育生态"为篇名共507篇,其中博士论文23篇。国外关于技艺的传承大多集中在非遗传统手工技艺传承上,且以立法和制度研究为盛,技艺传承的本质研究少见。其二,环境难。高博士克服哺乳小孩婴儿、丈夫留学美国、学生工作繁忙和教育生态学学科发端等常人难以想象的困难，以痴迷的状态和顽强的意志交了一份厚重的答卷，开启了我国系统研究绝技绝活传承问题的先河。其三，挖掘难。多年来，为了完成这个课题，她从海南五指山"黎锦织"文化到云南"玉溪窑"文化，从湖南醴陵的"釉下五彩"到广州的"手掌技艺"，收集了众多现场资料和文本，为完成课题奠定了坚实基础。总体而言，本书视角新颖，思路清晰，研究深入，丰富了教育生态学和民俗学的理论研究，且其构建的"四因共振"学校传承生态模式对当前绝技绝活传承实践有很高的指导价值。当然，书中所提出的一些问题，比如学校传承模式的适切性、学校传承生态系统的测评等，都需要作者持续进行研究。我非常欣喜这本专著的出版，虽是教育生态学研究的一小步，但却是对中华文化的崇敬之作，希望有志于教育生态学研究的同仁们共同携手推动教育生态学的发展。最后，我将这首词献给我的爱徒高涵博士和各位同仁。

《蝶恋花·孤独的技艺》

巧夺天工曾记否？

刻龙雕凤，自有匠人秀。

怎奈明月多引诱，

绝技绝活谁相守。

孤独手艺难住留，

后继有承，岂怕江湖走。

一担桃李诗佐酒，

梦中好种那厢柳。

周明星谨识

（湖南农业大学二级教授、教育生态学博士生导师）

2017年9月23日

目 录

第一章 绪论 ……………………………………………………… (1)
    一 研究缘起与背景 ……………………………………………… (1)
    二 文献综述 ……………………………………………………… (7)
    三 研究目的与意义 ……………………………………………… (19)
    四 研究方案 ……………………………………………………… (21)

第二章 绝技绝活之教育传承的理论分析 ……………………… (25)
    一 核心概念界定 ………………………………………………… (25)
    二 绝技绝活之教育传承生态的理论依据 ……………………… (34)
    三 绝技绝活之教育传承生态系统分析 ………………………… (51)

第三章 绝技绝活之教育传承生态的演进 ……………………… (69)
    一 传统的绝技绝活传承模式 …………………………………… (70)
    二 现代的绝技绝活传承模式 …………………………………… (82)
    三 绝技绝活之教育传承生态的演进规律 ……………………… (86)

第四章 绝技绝活之教育传承生态的影响因子 ………………… (92)
    一 数据来源 ……………………………………………………… (93)
    二 结果分析 ……………………………………………………… (95)
    三 总结与讨论 …………………………………………………… (106)

第五章 绝技绝活之教育传承生态的多样性 …………………… (110)
    一 大师工作室型教育传承模式 ………………………………… (110)

　　二　产品生产型教育传承模式 ……………………………（113）
　　三　社会培训型教育传承模式 ……………………………（116）
　　四　专业教学型教育传承模式 ……………………………（120）
　　五　四种模式的传承效果比较分析 ………………………（122）

第六章　绝技绝活之教育传承生态模式——四因共振 …………（142）
　　一　"四因共振"教育传承生态模式构建的需求分析 ……（142）
　　二　"四因共振"教育传承生态模式构建的原则选择 ……（145）
　　三　"四因共振"教育传承生态模式的结构设计 …………（148）
　　四　"四因共振"教育传承生态模式的运行机制 …………（154）
　　五　"四因共振"教育传承生态模式的实施策略 …………（157）
　　六　"四因共振"教育传承生态模式的保障体系 …………（160）

第七章　绝技绝活之教育传承生态模式的案例 …………………（164）
　　一　釉下五彩瓷烧制技艺之教育传承生态模式的形成 …（164）
　　二　釉下五彩瓷烧制技艺之教育传承生态模式的价值 …（167）
　　三　釉下五彩瓷烧制技艺之教育传承生态模式的组分 …（169）
　　四　釉下五彩瓷烧制技艺之教育传承生态模式的环境 …（175）
　　五　釉下五彩瓷烧制技艺之教育传承生态模式的鉴思 …（177）

第八章　结论与展望 …………………………………………………（181）
　　一　主要结论 ………………………………………………（181）
　　二　创新之处 ………………………………………………（182）
　　三　深化研究的设想 ………………………………………（184）

参考文献 ………………………………………………………………（185）

附　录 …………………………………………………………………（196）
　　附录1　能工巧匠的古代分类：三十六行 ………………（196）
　　附录2　传统的三百六十行 ………………………………（198）

附录 3　首批全国职业院校民族文化传承与创新示范
　　　　专业点名单……………………………………（202）
附录 4　第二批全国职业院校民族文化传承与创新示范
　　　　专业点名单……………………………………（207）
附录 5　中国手工艺类绝技绝活分类表…………………（210）

后　记……………………………………………………（215）

第 一 章

绪 论

一 研究缘起与背景

中国是一个古老的农耕文明之国，传统手工艺与农耕社会的大环境琴瑟和鸣[1]。金融学者认为"在相当长的历史时期里，手艺塑造了人们的衣食住行，成就了中华辉煌的工艺文明和物质文明"[2]。8000年绵延不断的中华文明，传统手工艺特别是绝技绝活成为中国文化的奇葩[3]。中国在2011年6月1日开始实施的《中华人民共和国非物质文化遗产法》中规定"对体现中华民族优秀传统文化，具有历史、文学、艺术、科学价值的非物质文化遗产采取传承、传播等措施予以保护"[4]。2010年颁布的《国家中长期人才发展纲要（2010—2020）》提出："建立高技能人才绝技绝活代际传承机制。"时至今日，绝技绝活传承模式的研究既有全球文化产业大发展和技艺传承理论研究持续深入的大背景，又有"中国制造2025"计划实施的现实诉求[5]。此外，世界正在兴起的工业4.0带来了工业领域的巨大变革，"要求工业产品的开发和生产要有根本性的转变和调

---

[1] 华觉明、李劲松、王连海等：《中国手工技艺》，大象出版社2014年版，第2页。
[2] 金融：《苏州传统手工艺传承与发展的难点与策略研究》，硕士学位论文，苏州大学，2012年10月1日。
[3] 潘鲁生：《手艺创意》，海天出版社2011年版，第6页。
[4] 袁晓娟：《论广西非物质文化遗产的法律保护》，硕士学位论文，广西师范大学，2012年。
[5] 白慧颖：《知识经济与视觉文化视野下的非物质文化遗产保护与开发》，北京理工大学出版社2012年版，第32页。

整,以便高质量地部署新工艺,并使其转化为具有经济上的益处"[1]。基于此,探讨绝技绝活之教育传承模式与路径,对于技艺传承、职业教育发展、高技能人才培养等具有十分重要的意义。

(一) 研究缘起

1. 加快培养高技能人才的需求

"技艺与分工曾经是现代资本主义社会得以产生的先决条件之一。"西方许多发达国家自工业革命以后就十分重视技能和技能人才,特别是二战后,为促进经济复苏与发展,美、英、澳等西方国家纷纷推出"技能振兴计划",高技能人才的培养已成为促进这些国家经济发展的重要战略选择。进入 21 世纪,高技能人才短缺问题也已经引起中国的高度重视。为此国家出台了一系列的政策和文件。2003 年 12 月颁布的《关于进一步加强人才工作的决定》中,将高技能人才作为人才队伍建设的重要组成部分,明确指出高技能人才是推动技术创新和实现科技成果转化不可缺少的力量。2006 年 4 月发布了《关于进一步加强高技能人才工作的意见》,2007 年 3 月又出台了《高技能人才培养体系建设"十一五"规划纲要》。2010 年,《国家中长期人才发展纲要》中提出"实施高技能人才振兴行动",要求到 2015 年,高技能人才总量达到 3400 万人。到 2020 年,高技能人才总量达到 3900 万人,其中技师、高级技师达到 1000 万人左右。

截至 2015 年年底,中国技能劳动者总量 1.65 亿,仅占就业人员的 20%,高技能人才总量 4501 万,高技能人才占技能劳动者比例为 27.3%,掌握"高、精、尖"技术的高技能人才数量更少。反观西方一些制造业强的发达国家,高技能人才的数量占到技能劳动者总数的 40%以上[2]。可见,目前我国高技能人才特别是掌握"高、精、尖"技术的高技能人才总量满足不了社会经济文化发展要求。绝技绝活人才无疑是属于"高、精、尖"的高技能人才,其培养问题亦是当前急需解决的问题。

---

[1] 乌尔里希·森德勒:《工业 4.0:即将来袭的第四次工业革命》,邓敏、李现民译,机械工业出版社 2015 年版,第 26 页。

[2] 郭扬:《高技能人才培养:"规范"与"创新"之辨》,《中国成人教育》2009 年第 2 期。

可见，绝技绝活传承已然成为高技能人才培养的重要内容①。

2. 保护非物质文化遗产的诉求

根据《非物质文化遗产公约》的相关界定，非物质文化遗产，是指"被各社区、群体，有时是个人，视为其文化遗产组成部分的各种社会实践、观念表述、表现形式、知识、技能以及相关的工具、实物、手工艺品和文化场所。②"非物质文化遗产作为现存的文化记忆，是人类智慧和劳动的结晶，生动地展示了人类文化的多样性，其文化价值和经济价值无可估量③。绝技绝活作为非物质文化遗产宝库中的一种重要类型，伴随着世界经济、科技一体化和现代化受到了巨大的挑战，大量高技能人才的绝技绝活因传承人缺失、继承人的资质、传承环境的变化等社会生态环境问题面临着难以继承甚至濒临灭绝的困境④。因此，对绝技绝活传承模式进行研究进而保护和传承绝技绝活紧迫而重要⑤。

3. 发展现代职业教育的要求

2014年《国务院关于加快发展现代职业教育的决定》中提出"推动职业院校与行业企业共建技术工艺和产品开发中心、实验实训平台、技能大师工作室等，成为国家技术技能积累与创新的重要载体"。同时在《现代职业教育体系建设规划（2014—2020年）》中直接提出"将民族特色产品、工艺文化纳入现代职业教育体系，将民族文化融入学校教育全过程，着力推动民间传统手工艺传承模式改革，逐步形成民族工艺职业院校传承创新的现代机制"。早在2013年教育部就遴选确定了首批100个全国职业院校民族文化传承与创新示范专业点，以培养符合民族文化产业需要的高素质技术技能人才。2016年7月又公布了62个专业点为全国职业院校民族文化传承与创新示范专业点。可见，包括绝技绝活在内的

---

① 王春辉：《高技能人才成长路径及相关效果评价研究》，硕士学位论文，天津理工大学，2010年。

② 陈云：《中国非物质文化遗产知识产权保护模式研究》，硕士学位论文，西南大学，2009年。

③ 姜兆一：《非物质文化遗产保护：形式选择、传承效能与保护绩效的关系研究》，硕士学位论文，天津财经大学，2012年。

④ 陈华文：《论非物质文化遗产生产性保护的几个问题》，《广西民族大学学报》（哲学社会科学版）2010年第5期。

⑤ 刘淑娟：《非物质文化遗产保护管理的先进国家经验与镜鉴》，《华侨大学学报》（哲学社会科学版）2016年第1期。

传统手工技艺传承已经成为实施高技能人才振兴行动的重要组成部分，也是现代职业教育体系建设的现实需要①。

4. 传承大国工匠精神的需要

国务院总理李克强在2016年3月5日做政府工作报告时提出："鼓励企业开展个性化定制、柔性化生产，培育精益求精的工匠精神，增品种、提品质、创品牌。"国务院印发的《中国制造2025》规划，指出国家迫切需要大量具有工匠精神且技术过硬的高技能人才，推动中国由"制造大国"向"制造强国"迈进。可见，中国经济社会发展迫切需要传承大国工匠精神。首先，践行五大发展理念的需要工匠精神。五大发展理念集中体现了今后5年乃至更长时期中国的发展思路、方向和着力点，深刻揭示了实现更高质量、更有效率、更加公平、更可持续发展的必由之路。在这个过程中，必须充分发挥追求完美、耐心专注、一丝不苟、不走捷径的工匠精神的引领作用，才能更好推动发展方式转变，提高发展质量和效益。其次，供给侧结构性改革需要工匠精神。当前，许多行业低端产能严重过剩，但中高端产能严重不足，生产与供给无法满足社会日益增长的中高端需求。这就需要弘扬工匠精神，让企业对质量精心打磨，对品牌精心呵护，让职工对工作一丝不苟、精益求精、追求卓越。再次，加快转型升级需要工匠精神。当前，中国制造业大而不强，科技含量不高，发展日渐乏力，结构调整和转型升级的任务越来越紧迫。这就需要弘扬工匠精神，通过科技创新与技术创新推进制造业的质量升级、技术升级、产业升级，真正实现从量到质、从速度到效益、从旧动力到新动力的更迭转换。最后，从物化向人化转变需要工匠精神。"工欲善其事，必先利其器"，但仅有"利器"，未必能"善事"，想要"善事"，关键在于用"利器"的人。现在影响中国社会现代化进程的关键因素，不是物，而是人。这就需要弘扬工匠精神，推进人的现代化，去培育善用"利器"的人。

（二）研究背景

绝技绝活是非物质文化遗产的一部分，也是中华文化瑰宝。虽然近

---

① 刘金婷：《非物质文化遗产传承人才的高职培养模式研究》，硕士学位论文，河北大学，2014年。

年来绝技绝活的传承同时得到了实践界和理论界的广泛关注,但是其传承受多方影响,面临着诸多难以逾越的鸿沟,诸如传承人缺失、传承方式落后、传承环境恶劣等问题。

1. 绝技绝活传承人缺失

绝技绝活传承人缺失具体表现在两个方面：一是掌握绝技绝活的传承者数量少且结构不合理[1]。在现代背景下,掌握一定传统手工艺技能的民间艺人已为数不多,一些传统民间绝技绝活更是伴随着老艺人的逝去而销声匿迹。同时,现阶段传统手工艺的传承人大都是民间老艺人,大都没有文化,很难把实践经验总结上升为理论,大多还沿用着师傅口传心授的、老祖宗留下来的带徒方法[2],缺乏系统新颖的传承方法,没有相应的专门编制的正规手工艺教材,教授内容、方式缺乏系统化。总体结构表现为年纪偏大、数量较少、质量较低[3]。二是后继乏人,承者难寻。随着改革开放及大工业生产的发展,绝技绝活被一些人视为是落后的"夕阳产业",新的价值观念下,吸引人的是挣钱多地位高、事轻松的工作。一些绝技绝活因陈旧落后,工艺复杂,学习时间久,社会需求量低等原因,被年轻人所排斥[4]。因此,许多绝技绝活难以找到继承者。

2. 绝技绝活产业化程度低

绝技绝活本身的困境在于产业化程度低,难以被现代产业市场接受,从而退出人们的日常生活范围。潘鲁生曾指出："民间手工艺保护与传承最深的危机莫过于无人问津,因为应用需求和生产的减少而边缘化甚至遗失、断裂。"[5] 在现代化进程中,生产耗时长、效率低、成本高的传统手工艺品相比现代机械生产的标准化商品,难以满足快节奏生活方式下人们的物质需要,由此传统技艺市场前景堪忧,面临被现代技术替代与消解的境地[6]。同时绝技绝活工艺僵化单调,产品缺乏创新活态也是绝技绝活传承

---

[1] 段会冬、莫丽娟：《黎锦技艺文化传承的困境与出路》,《中国民族博览》2015 年第 12 期。

[2] 胡凯、胡文鹏：《现代学徒制模式中师徒之间默会知识的传递研究》,《科教导刊》（中旬刊）2016 年第 1 期。

[3] 濮飞飞：《非物质文化遗产传承人的特征研究》,硕士学位论文,安徽医科大学,2011 年。

[4] 王海明：《对非物质文化遗产传承人生存环境的思考》,硕士学位论文,重庆大学,2010 年。

[5] 潘鲁生：《民间手工艺的知识产权保护与文化传承问题》,《民间文化论坛》2012 年第 3 期。

[6] 左叶松：《安徽泾县传统手工艺的当代传承问题之研究》,硕士学位论文,南京艺术学院,2008 年。

存在的问题。一个民族如果没有创新能力，既无法在激烈的竞争中谋得生存和发展，同样也无法保护和传承本民族优秀的文化传统。同样，如果一种传统工艺缺乏创新，它是很难在商品林立的市场经济中占有一席之地①。

3. 绝技绝活传承环境恶劣

从产业环境看，传统技艺生产与工业生产之间存在着很难调和的矛盾。传统技艺生产的小规模使其很难具有生存能力，高品质和独特的艺术性决定了手工艺的低产出，而这些又意味着高价位和长时间的投入，但是最终可能因为产品过于昂贵而无法出售②。从社会环境看，农耕时代的生产方式和文化形态随着工业文明的发展而消解，传统手工艺作坊逐渐衰落，传统手工艺制品逐渐退出日常生活范围，由这些手工艺制品长期使用所形成的生活方式和习俗所体现的民族文化认同，正在发生着价值上的转移③。人们对传统手工艺的认同越来越低，社会政府、组织机构也不够重视④。最后从家庭环境看，社会价值观的变化促使许多长辈不愿意让晚辈学习绝技绝活⑤。

4. 绝技绝活传承方式落后

目前绝技绝活传承的方式还是传统的一些传承方式，主要有家族传承式、师徒传承式、手工作坊传承式、工厂传承式、个人办班式等方式⑥。然而在全球化大背景下，伴随着现代化科技的迅猛发展，产业不断升级，产业技术更替速度也越来越快，强烈地冲击着仍然主要依靠传统的方式来传承的绝技绝活，而这些方式已不适应传承环境变化而造成传承效果差，许多绝技绝活在这种境地下迅速地衰落甚至灭绝⑦。

---

① 夏宁博：《非物质文化遗产的传承途径探究》，硕士学位论文，云南艺术学院，2011年。
② 汤南南：《创意时代"困局"中的传统手工艺——以竹编工艺为例》，《集美大学学报》（哲学社会科学版）2005年第7期。
③ 周真刚：《贵州世居民族传统手工艺的保护及其产业化发展思考》，《西南民族大学学报》（人文社会科学版）2013年第10期。
④ 吴晓东：《如何传承"被遗忘的绝技"》，《决策探索》（下半月）2016年第2期。
⑤ 吴金庭：《社会变迁与文化传承：一位苗族文化传承人的生活史研究》，《长江师范学院学报》2016年第1期。
⑥ 于伟伟：《论非物质文化遗产的创新性传承》，硕士学位论文，山东艺术学院，2011年。
⑦ 华觉明：《传统手工技艺保护、传承和振兴的探讨》，《广西民族大学学报》2007年第13期。

上述背景促使我们必须尽快找到产生这些问题的源头。联合国教科文组织曾发文指出："来自许多学科的经验表明，传统知识具有不可替代的功能，这些传统知识需要被妥善保存下来，并纳入教育体系之中，作为人类知识传承的一部分在人类无形知识和价值观念的传承过程中，教育的角色非常重要，尤其在那些传统知识传递链遭到现代化进程和人口增长所破坏的社会里，教育就更不能缺少了。"在社会经济转型期，教育传承作为传承无形知识价值与观念的主要途径，对于保持文化多样性，促进人类全面发展，扮演着举足轻重的角色[1]。因此，将绝技绝活传承置于教育下研究具有必然性。同时也需要我们以一种新的视角来分析和解决所面临的困惑和障碍[2]。教育生态学正是以生态学作为教育研究的认识思维视角而产生并发展起来的一门新兴学科[3]。近年来，教育生态学理论研究和实践发展迅猛，可以为绝技绝活传承研究提供新的思路[4]。如此背景下，本书拟从狭义的教育即学校教育视角下，以生态学和教育生态学理论为基础，探究绝技绝活传承学校教育生态系统内部规律，构建一种高效的绝技绝活之教育传承生态模式具有重要的理论与实践意义[5]。

二 文献综述

生态学视野下绝技绝活之教育传承需要将教育学、生态学、民俗学等学科进行交叉研究，涉及教育生态系统研究领域和绝技绝活传承领域，因此，在文献综述时着重梳理这两个领域的研究现况，以期为本书找到坚实的理论基础和提供延伸研究的契机。

---

[1] 叶圣燕、贾礼民：《传统手工技艺传承与创新的人才培养模式研究——以苏绣为例》，《中国职业技术教育》2011年第5期。

[2] 石庭明：《生态人类学视野下的侗族稻作文化研究》，硕士学位论文，中央民族大学，2013年。

[3] 高志强、郭丽君：《学校生态学引论》，经济管理出版社2015年版，第4页。

[4] 姬文革：《生态学视阈下的宁夏回族歌曲研究与思考》，《黄河之声》2016年第10期。

[5] 孟立军、吴斐：《生态学视阈下学校民族文化传承的生境及优化——基于贵州省"民族文化进校园"的调查》，《贵州民族研究》2014年第2期。

(一)学校教育生态研究

目前学校教育生态的研究主要是从学校产生的不同问题去研究,比如学校教育生态管理、生态校园、课堂生态、学校内外部生态关系等。

1. 学校教育生态管理研究

Malley等人建立了无暴力学校教育生态框架,将生态观应用于整个学校管理中,倡导学校的功能、目的、教学等方面发生改变,更注重与外部环境的关系[1]。此后,D. Andrea为解决学校管理中的暴力防止问题,提出一个基于发展—生态路径的综合性学校暴力管治计划,包括直接学生服务、间接学生服务、直接学校服务和间接学校服务,最终实践应用证明计划有效[2]。国内学者则更集中于研究生态的育人模式。李希贵与他所在的学校初步构建起了一个以教师、课程、治理结构为显性要素,以教育创新生态系统、学生个性化成长系统、学生学习支持系统为隐性要素的生长性学校教育生态系统模型来促进学校教育生态平衡发展[3]。王杰认为生态型育人模式主张把教育活动看作一个有机的生态整体,遵循教育规律及学生的身心发展规律,尊重个体差异,创设和谐宽松的育人环境,最大限度地挖掘学生潜能,使全体学生得到全方位的可持续的发展[4]。以传统的学校管理模式为参照,结合当前学校管理的实际情况,探寻新的学校管理模式,实行学校教育生态化管理[5]。高志强等认为学校教育生态管理是以学校教育生态系统为对象的系统管理,它以学校治理结构为基础,以资源优化配置为措施,以综合协调为手段,坚持"关注'客户'、全员参与、持续改进、系统管理、过程控制、基于事实决策"

---

[1] Malley, Marks, Andrew, "Really Useful Knowledge: The New Vocationalism in Higher Education and its Consequences for Mature Students", *British Journal of Educational Studies*, Vol. 47, No. 2, 2001.

[2] D. Andrea, "Michael, Comprehensive School-Based Violence Prevention Training: A Development-Ecological Training Model", *Journal of Counseling & Development*, Vol. 182, No. 3, 2004.

[3] 周镭:《高等职业学校高技能人才培养研究》,硕士学位论文,中央民族大学,2010年。

[4] 王杰:《奠基未来:整体构建生态型育人模式》,《天津教育》2015年第9期。

[5] 戚旻洁:《基于生态模式理论的中职学生管理工作方法研究与实践》,硕士学位论文,浙江工业大学,2009年。

的管理控制理念，实施以人为本的学校管理①。

2. 课堂生态的研究

课堂是师生进行教学活动的主要场所，课堂生态的研究就是将课堂看成是教育生态系统中一种特殊的微观生态系统②。生态课堂是以生态学的视野关注课堂中的每一个生态因子，重构教育理念、师生关系、实践范式，并以此为基点建构出的新型课堂③。国外生态课堂研究始于20世纪30年代，美国教育社会学家沃勒（W. Waller）于1932年出版的《教育社会学》一书中第一次使用了"ecology of classroom"一词，研究内容是关于课堂座位对学生产生的影响④。20世纪70年代，W. Doyle等学者从"教学研究的一个被忽视的纬度"来倡导课堂生态研究⑤。Jason，L. A等研究了教学环境因子和学生行为之间的关系，并在不同的学科领域进行了对比研究，发现学生在不同的教学环境下行为表现不相同，在不同的学科领域表现也不相同⑥。国内的生态课堂研究从2001年开始才逐步展开。汪霞从生态学的角度，分析了当今学校课堂中的种种问题：教师行为中的霸权与控制、学生行为中的从众与退缩、失衡的群体生态"花盆效应"、超耐度的生态空间环境来关注生态课堂⑦。王玉红通过构建"生态课堂"的实践与思考，认为生态成长在课堂，生态课堂的建构为解决课堂教学中普遍存在的"假民主""不自然""无创新"等问题提供了有益的思路⑧。岳伟等认为生态课堂是遵循生态规律、蕴含生态理念、彰显生态精神和体现生态气质的课堂，且注重内在联系、强调整体关联、倡导动态生成、推崇多元开放是生态课堂的核心价值理念⑨。孙芙蓉从课

---

① 高志强、郭丽君：《学校生态学引论》，经济管理出版社2015年版，第78页。
② 汪霞：《一种后现代课堂观：关注课堂生态》，《全球教育展望》2001年第10期。
③ 袁聿军：《遵循生态规律，构建生态课堂》，《生物学教学》2006年第7期。
④ 孙芙蓉：《课堂生态研究》，浙江大学出版社2013年版，第96页。
⑤ W. Doyle&G. Ponder, "Classroom Ecology: Some Concerns about a Neglected Dimension of Research on Teaching", *Contemporary Education*, Vol. 46, No. 3, 1975.
⑥ Jason, Leonard A, &Kuchay, "Dianne A. Ecological Influences on School Children's Classroom Behavior", *Eduction*, Vol. 105, No. 4, 1985.
⑦ 汪霞：《一种后现代课堂观：关注课堂生态》，《全球教育展望》2001年第10期。
⑧ 王玉红：《生态成长在课堂——构建"生态课堂"的实践与思考》，《江苏教育研究》2013年第1期。
⑨ 岳伟、刘贵华：《走向生态课堂——论课堂的整体性变革》，《教育研究》2014年第8期。

堂生态系统的活力、组织结构、恢复力及形态与测量等方面分析，形成活力—结构—恢复力的课堂生态系统机制，使课堂生态系统达到最佳理想状态[1]。

3. 生态校园的研究

校园是以聚集师生为主体的生态单元，校园内的师生主体和各类环境因素的总和，称为校园生态系统[2]。生态校园的概念，欧美国家从20世纪50—60年代开始致力于生态规划的研究，并较早地将生态概念引入学校建设中。国内近年来亦在各地大力发展生态校园建设[3]。国外生态校园研究的主要方向是："绿色"校园建筑研究、生态校园交通方式研究、生态校园能源使用研究、生态校园资源利用和废弃物处理相关研究、学校生态教育研究、生态校园评价方法研究[4]。比如Kellyn介绍了美国蒙大纳州立大学计划于2000年兴建的世界上第一所"绿色"学院科学馆，这座建筑将作为一所国家级的展示现代最低污染建筑技术的窗口，包括一所零污染排放的化学实验室[5]。Will和Spenser出版了 *Transportation and Sustainable Campus Communities: Issues, Examples, Solutions* 一书，被认为是第一部关于校园社会中的交通这一真实存在且日渐显现问题的专著[6]。西班牙学者Prats和Chillon从工程角度研究了校园中水资源利用问题，介绍了西班牙阿利坎特大学反渗透水工厂的运行情况[7]。国内学者对生态校园研究的主要方向是：生态校园的规划、生态校园的建设、生态校园的评价体系及生态校园教育与管理。陈岳堂认为生态校园规划的基本原则为：整体优化原则、协调共生原则、功能高效原则、趋势开拓原则、生态平衡原则、保护多样性原则、区域分异原则，规划内容为：生态功能

---

[1] 孙芙蓉：《课堂生态研究》，浙江大学出版社2013年版，第124页。
[2] 陈岳堂：《生态校园规划设计研究与应用》，硕士学位论文，湖南农业大学，2003年。
[3] 郭进辉：《生态校园研究进展综述》，《林业勘察设计》2007年第2期。
[4] 张磊、刘建民：《国外生态校园的研究方向与建设实践》，《山东建筑大学学报》2007年第6期。
[5] Kellyn S., "New green building on campus", *Environmental Science and Technology*, 1998.
[6] Will T., Spenser W. H., *Transportation and Sustainable Campus Communities: Issues, Examples, Solutions*, Washington DC: Island Press, 2004.
[7] Prats R. D., Chillon A., A reverse osmosis potable water plant at Alicante University: First years of operation, Desalination, 2001.

分区规划、土地利用规划、园林绿地系统规划、校园综合生态规划①。陈小燕认为，建设生态化校园主要可从两大方面入手：一是建设物化条件，即学校建设好的生态型学习场所、运动场所及休息场所，应做到科学选校址，选用生态环保型建材、污水处理循环利用、科学采光、无公害处理校园区垃圾及科学绿化等；一是营造生态型校园文化氛围，注重培养学生可持续发展观念，开展各种形式环保活动，并以学校为阵地向社会传播生态文化②。杜惟玮根据学校的功能与任务，把生态校园的管理目标分为传统管理目标和生态管理目标两类③。

此外，国内外学者也大量地进行学校内外部生态关系的研究。美国学者史密斯基于生态模型以家长参与学校活动为主题进行调查，发现家长背景、学校氛围、教师的态度与方法及社区环境都是影响家长活动参与度的生态因子，且它们之间呈现不一样的影响关系。吴保印认为学校是一个微生态教育系统，要使学校焕发生命活力，就要以人的发展为主线，研究各种教育的生态环境，协调人与环境的关系，实现学校的可持续发展④。黄平芳在梳理学校生态教育背景与内涵基础上，分析当前学校教育生态存在的突出问题，最后着重从系统观视角提出学校教育生态体系的构建策略，以期提高生态教育的实效性⑤。

（二）绝技绝活传承研究

从笔者手中掌握的资料来看国内外对于技术的传承越来越重视，有些国家对传统特色技艺的保护和传承已经提升至国家政策层面来重视，然而学界对于绝技绝活传承研究尚处于起步阶段，绝技绝活传承内涵、学理、法规及模式是目前研究的重心。

1. 绝技绝活传承内涵研究

当前国内外对于技术的传承越来越重视，有些国家对一些传统特

---

① 陈岳堂、高志强：《论高校生态校园规划》，《高等农业教育》2004年第8期。
② 陈小燕：《浅谈生态化校园的构建》，《钦州师范高等专科学校学报》2003年第2期。
③ 杜惟玮：《生态校园的建设流派、建设模式与系统管理方法》，硕士学位论文，天津大学，2005年。
④ 吴保印：《构建和谐的学校教育生态系统》，《教育实践与研究》2010年第7期。
⑤ 黄平芳：《学校生态教育体系的构建路径》，《学校党建与思想教育》2010年第21期。

色技艺的保护和传承已经提升到国家政策层面来重视,然而学界对于绝技绝活传承最核心的内涵研究尚处起步阶段,未有统一定义,但是相关的研究中可见微知著。国内研究主要从技艺和传承两个概念出发来理解绝技绝活传承。"技艺"作为内涵丰富的词语,权威的解释有两种:①富于技巧性的武艺、工艺或艺术等。如中国传统的陶瓷工艺、湘绣、唐三彩等,都是中国技艺的代表之作[①]。②指从事某一技术工种的人。而现代技艺多指富于技巧性的武艺、工艺或艺术[②]。在国外,研究者虽然对于传统文化和工艺的传承广泛关注,但是关于绝技绝活传承的内涵研究却并不是很多。大多散见于历史学家和人类学家有关技艺的研究中,其中最具代表的是法国的马塞尔·莫斯和他的经典之作《身体技术》,书中将技艺定义为"一种传统的效用行为"[③]。柳宗悦认为:"手工艺是最具人性的工作,我认为这才是手工艺的最大特性。"[④] 总而言之,研究者们普遍认为技艺是人们为满足自身物质需要和精神需要,在采用各种物质材料创造的手工艺品活动中所使用的手工方法、技术和技巧的总称[⑤]。

有关传承的内涵,在古汉语中传承的"传"和"承"是分离的,据《辞源》和《中华大词典》解释,"传"的本义有传授、递送、至、布、延、转达、流布等,"承"的本义有受、继、下受上、下载上、继承、延续等[⑥]。当前研究者们主要从绝技绝活传承的内容和过程来进行内涵解析。他们认为绝技绝活传承的当然是绝技绝活,不仅仅包括绝技绝活体现出来的技艺,也包括其所覆盖的知识以及所蕴含的文化[⑦]。例如祁庆富认为:"传承是最先用于民俗学研究中的一个基本概念,指民间知识,特

[①] 海军:《手艺:守艺——以乌镇为个案的民艺研究》,《山东工艺美术学院学报》2004年第4期。
[②] 玉川:《莫让绝技成记忆——加快建设非物质文化遗产保护工程》,《江淮》2005年第6期。
[③] [法]莫斯:《论技术、技艺与文明》,蒙养山人译,世界图书出版公司北京公司2010年版,第99页。
[④] [日]柳宗悦:《日本手工艺》,张鲁译,广西师范大学出版社2011年版,第32页。
[⑤] 路甬祥:《中国传统工艺全集》,大象出版社2007年版,第7页。
[⑥] 姜振寰:《技术的传承与转移》,中国科学技术出版社2012年版,第114页。
[⑦] 陈平、杨小冬、王银凤:《侗族文化保护传承的问题与对策调查研究——基于贵州省黎平县实证调研》,《河北北方学院学报》(社会科学版)2013年第6期。

别是口承民俗文化的传授和继承。传承是民俗文化的基本特征①。然而,文化传承现象绝不仅仅局限在民俗学范畴,而是传统文化的根本性特征。传承的本质就是文化的延续。"《日语大辞典》对传承的解释也较为注重口承民俗文化的传授和继承,其释义为:"口传,口头相传,世代相传。"②另外也有学者从传承过程来理解其内涵,认为传承是一个动态的教育过程,是代际之间、同代间或称群体间的延续和联系的手段,是社会生产和社会生活得以延续和发展的途径③。"教育的本质属性在于其传递性、工具性和手段性。传递什么?传递文化,传递人类文明,传递人类劳动和智慧的一切成果和结晶。"20世纪30年代日本柳田国男先生在《民间传承论》中同样指出,"传承"的含义一般指人类特有的传递能力与机制,以及在人类社会代与代之间文化的传递和群体与群体之间文化的传播④。作者特别强调了"代与代之间"以及"群体与群体之间"的传承。因此,绝技绝活传承的就是有关绝技绝活的知识、技艺和文化教育过程。但从目前研究现状来看,尽管"技艺"及"传承"分别频繁使用在教育人类学、文化人类学的研究中,但对于技艺传承并未进行准确的释义。

2. 绝技绝活传承学理研究

国内外关于绝技绝活传承学理的研究颇为丰富,早在古代的一些先贤、圣人的精辟论述就有所体现,可分为"传"和"学"两方面。《论语》中有关技艺"传授"论述有:"子曰:'性相近也,习相远也。'"强调学习的后天性、"不愤不启,不悱不发"。意味教师应该在学生认真思考,并已达到一定程度时恰到好处地进行启发和开导。孔子在教学实践中最早采用因材施教方法。他了解和熟悉学生的个性特征,根据各个学生的具体情况,采取不同的教育方法,培养出了德行、言语、政事、文学等多方面的技能人才。对于技艺"学习",《论语》也有独到的见解,

---

① 祁庆富:《论非物质文化遗产保护中的传承及传承人》,《西北民族研究》2006年第3期。
② 林继富:《中国民俗传承与社会文化发展》,中央民族大学出版社2014年版,第56页。
③ 胡红:《长角苗服饰纹样制作技艺传承方式及影响因素研究》,硕士学位论文,西南大学,2013年。
④ 黄明波:《泉州市非物质文化遗产传承的文化生态体系》,《黎明职业大学学报》2014年第4期。

"子曰：'学而时习之，不亦说乎？'"对于技艺学习者来说，习得了技艺并经常复习、回顾、练习，那就可以精益求精，做得更加完美。同时学习者也心情快乐。"子曰：'学而不思则罔，思而不学则殆。'"技艺学习者只是一味地学习而不思考就会感到迷惑而无所得，只思考却不学习就会精神疲倦而无所得。我们只有把"学"和"思"有机结合起来，才能让技艺得到传承与创新。《礼记》中对技艺"学习"也表明了看法，"独学而无友，则孤陋而寡闻""玉不琢，不成器。人不学，不知道"。老子提出"人法地，地法天，天法道，道法自然"，这表明技艺的传授与接受都要遵循事物发展的规律。还有一些绝技绝活学理的研究则主要集中于其学习的价值中。如古希腊哲学家苏格拉底（Socrates，前469—前399）认为智者的"技艺"不是用来"求知"或"求真"，而是为了"求胜"或"求利"的，只是为了政治人、为自己赢得胜利或现实的利益，"不能说明事物的本性，也不能说明事物的原因"。然而，"技艺"的本性是为了弘扬事物的真、善、美，是"德性"，是正义价值观的体现。柏拉图在《理想国》中提出，每种技艺都有自己的利益，但这种利益只有通过为他人服务才能获得。因为"任何技艺都不是为它本身，而只是为它的对象服务的"[1]。"没有一门科学和技艺是只顾寻求强者的利益而不顾及它所支配的弱者的利益。"柏拉图从政治视角认为"技艺"是为全社会的公民（不管社会地位高低、经济实力强弱）服务的[2]。"木匠做木匠的事，鞋匠做鞋匠的事，其他的人也都这样，各起各的天然作用，不起别种人的作用，这种正确的分工乃是正义的影子。"不同技艺的合理分工是社会正义的奠基之石，社会正义只有通过不同技艺的合理分工才能实现。法国著名的教育家卢梭根据儿童的身心发展规律阐述了自己的技术教育思想：注重儿童的动手操作能力，激发儿童的探究精神以及重视培养儿童迁移能力等，对我们今天的技术传承提供了一种思路[3]。他重视技艺的价值，认为那些最有用、最不可缺少的技术应该接受最高的评价，"而那些最不需要别人帮助的技术比那些依赖别人的技术更应该受到尊敬"。同时，他

---

[1] ［古希腊］柏拉图：《理想国》（中译本），商务印书馆1997年版，第16页。
[2] 同上书，第13页。
[3] ［法］卢梭：《爱弥儿》（精选本），彭正梅译，上海人民出版社2010年版，第56页。

特别重视技艺传承的实践和示范效应,师傅带着徒弟进入工厂时不能让徒弟袖手旁观,应让他亲自动手,师傅自己还要亲自动手做榜样。"为了使他成为师傅,你处处做徒弟;你要知道,他从一小时工作中学到的东西,比起他记忆你一天的解释还要多。"而现代有关绝技绝活学理研究则重点关注文化自觉的形成,即在技艺学习中突出文化的价值①。中国当代手工艺的核心价值是以体验和生成为核心的生命价值及以观念性和公共性为主体的文化价值②。中国当代手工艺对"文化自觉"的选择已经逐步显露出文化"内生性"价值取向以及日趋兴盛的发展态势,在传承的价值上以"人的生命意义"为核心。

3. 绝技绝活传承法规研究

当前,国内外政府部门相继出台多项政策、法规来大力保护、继承和发展绝技绝活。20世纪50年代非洲和南美的发展中国家首先提出对民间传统文化的保护。1950年日本《文化财保护法》的颁布标志着现代非物质文化遗产保护开始。接着,韩国在20世纪60年代全面学习日本保护无形文化遗产的先进经验,成为世界上第二个对无形文化遗产进行保护的国家,并制定了韩国历史上最为完整、最具有综合性的文化遗产保护大法《文化财产保护法》。同时,启动了"人间国宝"工程,对具有重要价值的无形文化遗产的传承者或保持团体授予"人间国宝"荣誉称号,为了保证无形文化遗产后继有人,鼓励年轻人学习无形文化财产的技能和知识,划拨专项"传授奖学金"。此后直至第25届联合国教科文组织大会通过了《保护民间创作草议案》,并对"民间创作"进行界定;1989年11月,联合国教科文组织通过了《关于保护传统和民间文化的建议》:"民间创作(或传统的民间文化)是指来自某一文化社区的全部创作,这些创作以传统依据、由某一群体或一些个体所表达并被认为是符合社区期望的作为其文化和社会特性的表达形式;其准则和价值通过模仿或其他方式口头相传。"它的形式包括:语言、文学、音乐、舞蹈、游戏、神话、礼仪、习惯、手工艺、建筑术及其他艺术。2003年10月17日,联合国教科文组织出台了《保护非物质文化遗产公约》,对政府在保护民间

---

① [法]卢梭:《爱弥儿》(精选本),彭正梅译,上海人民出版社2010年版,第89页。
② 荆雷:《中国当代手工艺的核心价值》,博士学位论文,中国艺术研究院,2012年。

文化遗产方面的职权进行了范围界定和职责界定。在中国，2010年中共中央、国务院颁布《国家中长期教育改革与发展规划纲要（2010—2020）》提出："强化职业教育的技术技能积累作用。制定多方参与的支持政策，推动政府、学校、行业、企业联动，促进技术技能的积累与创新。推动职业院校与行业企业共建技术工艺和产品开发中心、实验实训平台、技能大师工作室等，成为国家技术技能积累与创新的重要体。"2010年，中共中央、国务院颁布《国家中长期人才发展规划纲要（2010—2020）》首次提出："建立高技能人才绝技绝活代际传承机制。"[①]党的十八届五中全会明确提出"构建中华优秀传统文化传承体系，加强文化遗产保护，振兴传统工艺"。《现代职业教育体系建设规划（2014—2020）》中提出"将民族特色产品、工艺文化纳入现代职业教育体系，将民族文化融入学校教育全过程，着力推动民间传统手工艺传承模式改革，逐步形成民族工艺职业院校传承创新的现代机制"[②]。虽然从国家层面上多项政策法规的出台有效地保障了绝技绝活的保护和传承。但在政策的落实上，当前很多绝技绝活的传承仍受到资金不足、继承人缺乏等多方面的限制，为此国家在现有政策的基础上仍需制定和出台更加详细的政策法规，以确保绝技绝活能得到有效的传承和发展。

4. 绝技绝活传承模式研究

绝技绝活本身是一种文化的象征，而文化的传承不能离开一定的传承方式和传承场域。每种传承模式都有其产生、发展、衰退的一个过程，是社会发展到某一阶段的产物。在古代，由于通信、经济条件等多方面的限制，绝技绝活的传承以家庭家族传承和师徒传承为主要传播途径。所谓家庭家族传承，指在家庭家族内部成员之间的传承[③]。家庭家族传承中传授者一般为家庭中的长辈，受授者主要是家庭中的晚辈。从传统的家庭家族传承上来看，家族手工艺的传承，既是家族技艺的继承，也代

---

① 国务院办公厅：《国务院关于加快发展现代职业教育的决定》，《职业技术教育》2014年第18期。
② 田艳：《非物质文化遗产传承权制度初探》，《贵州民族研究》2010年第4期。
③ 车博：《黔东南苗族乐器制作技术传承及影响因素探析》，硕士学位论文，西南大学，2011年。

表着家庭权利的交接①。这种传承方式主要以言传身教、口传身授、耳濡目染为主，其实现的是一种自然状态的传承。传承的过程是一对一或一对多的体验式教学。家族家庭传承与师徒传承模式在传承方式、目的等方面具有很多相似之处，但师徒传承的传承者和受授者间通常无血缘关系。虽然如此，传统的师承关系又具有明显的封建家长制特点，老师对学徒实行的是家长制管教。在行业活动中，老师是技术权威，居于主导地位②。在伦理关系上，老师又充当学徒父亲的角色，事权高度集中于一身。同时该方式与家族传承不同的是它具有明显的流动性，人口迁徙或是异地谋生，无形中都会带动技艺的传播和推广。作坊——工厂传承式是一种以作坊——工厂为基地的传承模式，是社会经济发展到一定程度的产物。该传承方式跟师徒传承具有一定的联系，因为在作坊或工厂，传授者是作坊或工厂的师傅，受授者为作坊或工厂的学徒。该模式同传统的师徒传承和家庭传承不同，从传承内容上看缺少系统性，学徒可能只学到整个工艺的某个步骤而非全部。师傅也不是手把手地教，只是点播和引导，并非传统上的拜师学艺③。上述几种方式均是有明确目的的绝技绝活的传授。还有一种传授方式却是以社会生活活动、民俗或器物为主要传播途径，我们称之为社会传承，该途径具有随机性④。19 世纪 80 年代日本的"一町一品"运动也可认为是社会传承模式的一种形式。该模式主要以社区为单元，以自然的町（村）为中心，形成一个手工艺品种的传承和生产的自然集散地。日本"社区"营造专家认为："是要把传统产业、手工艺品放回到'社区''地方'的，传统的情境、文化的价值体系里。"同时认为"社区发展当然要学习其他社区和国外社区的经验以扩大发展的视野，但是不能照抄照搬，而丧失自我的个性"⑤。教育传承

---

① 周明霞：《技艺的习得：传统农耕技术的传承与社会影响》，硕士学位论文，山东大学，2014 年。

② 郭红彦：《朱仙镇木版年画的传统传承模式及其当代思考》，硕士学位论文，河南大学，2005 年。

③ 高小青：《景德镇传统制瓷工艺传承方式的教育学思考》，硕士学位论文，西南大学，2010 年。

④ 李富强：《中国蚕桑科技传承模式及其演变研究》，硕士学位论文，西南大学，2010 年。

⑤ 秦永福：《日本"社区文化"总体营造中对传统手工艺的保护和开发》，《上海工艺美术》1996 年第 2 期。

是当前绝技绝活传承的一种最为重要的形式,是社会经济、通信、社会科学等发展到一定程度的产物。与其他传承模式相比,该方式具有效率高、系统性强及传承方式多样化等特点。如按照不同的形式,教育传承具有课堂教学式、大师导师式、基地实训式、文化活动培养式以及现代媒体宣传式等多种传承模式。近年来随着人们对绝技绝活传承的重视,教育传承模式的研究也成为一个热点[1]。英国莱斯特大学的艾什顿教授等认为,在特定的政治、经济、历史和文化背景下,政府、教育与培训系统、资本以及劳动力四方因素所代表的利益集团在维护和争夺相关利益的过程中相互影响,从而生成一种特定的体制环境,技能则是在这种既定的体制环境中传递和形成的。因此,个人工作技艺或技能的习得与更新是学校教育与工作场所学习两方面共同作用的结果。有学者从传承场域来论述绝技绝活之教育传承的重要性和合理性。如赵世林提出了"文化传承场"概念,并指出:"学校是扮演二元角色的文化传递场[2]。学校是最发达,最完备的文化传递场。"此外,唐林伟从教育生态学视域下分析工作场所学习,主要强调工作场所的物理与组织环境对学习者知识、技能等习得的过程的影响。也有学者基于国家对职业教育与传统手工技艺的重视,以及传统手工技艺和职业院校本身的特点,探寻了职业院校传承传统手工技艺类非物质文化遗产的困境与路径[3]。当前,许多国家职业技术教育将工作岗位上的经验和技能与课堂中的理论知识放到了同样重要的位置,趋向于企业、学校等合作办学的方式。其中德国、英国、澳大利亚、韩国等国家的做法具有鲜明特色的模式,已成为其他各国学习的典范。如德国双元制、英国的工学交替制、美国合作教育制、澳大利亚的TAFE、韩国的"2+1"制。在中国,基地实训式和这些国家的合作办学方式具有相似性,学校以工厂、企业等基地为平台,对学生所学技能进行实践,同时也可以为基地培养大量高技能人才,实现教学和生产双赢的目的。

---

[1] 王冬敏:《西双版纳傣族制陶技术传承模式及变迁研究》,博士学位论文,西南大学,2012年4月1日。

[2] 赵世林:《民族文化的传承场》,《云南民族学院学报》(哲学社会科学版)1994年第1期。

[3] 梁琳、高涵:《传统手工技艺类非物质文化遗产教育传承初探》,《职教论坛》2015年第10期。

(三) 对前期研究成果的评述

综上所述，国内外研究成果为本书研究提供了重要的思想资料、研究方法和理论观点，特别是为本书开展绝技绝活的教育传承生态模式的探索提供了宝贵的经验和参考。但已有成果还存在一些不足之处，也提出了未来研究的趋向：

第一，已有绝技绝活传承模式和路径研究，多是以作坊、企业、家庭为主体研究，且研究侧重经验总结，然而对于适应社会发展所需的教育传承模式却鲜有研究，因此，绝技绝活传承在学校教育生态系统中如何有效传承值得研究。

第二，已有关于绝技绝活传承的研究大多以社会人类学视角来切入，对某一个绝技绝活传承中存在的现象问题进行研究。然而，绝技绝活本身是一个复杂事物，其传承牵涉许多方面，单从某一绝技绝活传承模式难以找到可推广的做法与经验，因此，必须全面、系统地分析绝技绝活传承的内在机理，找到规律之所在，才能真正解决绝技绝活传承问题。

第三，已有关于绝技绝活传承影响因素的研究虽已从心理学、教育学等角度分析诸多因素，但究竟是哪些因素影响绝技绝活传承，其中最关键的因素是哪些，尚未有研究结论，且目前的研究多以某一种绝技绝活为研究对象，缺乏普适性和推广性。因此，以绝技绝活整体为研究对象，探索其中普遍规律，为不同种类的绝技绝活传承提供可借鉴的范式。

三 研究目的与意义

(一) 研究目的

本书主要在基于生态学、教育学等多学科理论的基础上，运用文献梳理、实地调查、访谈及个案分析等多种研究方法，分析绝技绝活之教育传承生态系统的结构、功能理论框架，阐明了绝技绝活之教育传承生态系统的调控机制，结合相关统计方法揭示影响传承效果的关键生态要素，分析各影响因素与传承效果的相关性，探讨教育生态系统下绝技绝活传承模式的多样化及传承效果，同时以上述研究为基础，构建高效的绝技绝活之教育传承生态模式，并进行样本学校验证，以期为学校、教育部门开展绝技绝活传承工作提供参照范式,为解决当前绝技绝活传承面临的困境寻找新的出路。

(二) 研究意义

1. 理论意义

目前,有关绝技绝活传承方面的学术研究,主要涉及职业教育学、人才学、民俗学、社会学等学科,并且主要集中在对绝技绝活传承困境的描述以及造成绝技绝活传承困境原因的分析。而针对绝技绝活传承中有关绝技绝活的内涵和本质、绝技绝活传承机理、绝技绝活传承的关键影响因子和传承生态形成等方面的学理研究不多。本书通过引入生态学和教育生态学的相关原理,在教育生态系统视域下开展绝技绝活传承生态研究,探究绝技绝活之教育传承的特征与内涵,寻找关键影响因子,揭示绝技绝活传承的规律,进而提出绝技绝活之教育传承生态模式。因此,本书不仅能够在技艺传承和非物质文化遗产领域填补空白,而且还能够丰富教育生态学、民俗学和人才学的研究成果。

2. 实践意义

在全球化大背景下,伴随着现代化科技的迅猛发展,产业不断升级与产业技术更替速度也越来越快,强烈地冲击着仍然主要依靠传统的传承模式来传承的绝技绝活,许多绝技绝活在这种冲击下迅速地衰落甚至灭绝。因此,在丰富理论研究的同时,开展绝技绝活之教育传承生态研究,梳理绝技绝活之教育传承的存在样态,分析不同传承模式的特点和本质,探究不同传承模式之间的优劣势及传承效果,从而构建一种高效和谐的绝技绝活之教育传承生态模式,为绝技绝活之教育传承内部结构优化及外部资源的持续化利用提供了有效路径和方法,不仅有利于促进绝技绝活生态而高效的传承,同时还可以充分挖掘绝技绝活本身具有的巨大经济附加值,推动相关产业可持续发展。

3. 决策意义

中国在 2011 年 6 月 1 日开始实施的《中华人民共和国非物质文化遗产法》中规定"对体现中华民族优秀传统文化,具有历史、文学、艺术、科学价值的非物质文化遗产采取传承、传播等措施予以保护。[①]"2010年颁布的《国家中长期人才发展纲要（2010—2020）》提出："建立高技能人才绝技绝活代际传承机制。"可见，绝技绝活之教育传承生态模式的研究，有助于弄清中国目前绝技绝活传承和发展的整体情况，是对推进技术强国政策的积极响应，也是继承发扬中华民族优秀传统文化的具体举措。通过对不同类型绝技绝活传承模式的归纳梳理，探究绝技绝活传承的关键影响因子，对建立高效、生态的传承模式提出保护建设性的政策建议，以期为文化主管部门、教育主管部门在进行宏观调控、人才培养与产业开发方案抉择时提供参考。

四　研究方案

（一）研究内容设置

绝技绝活是一种文化表现形式，它的产生与发展是与其所处的生态环境密不可分的，而其传承与流变则是通过自身的调适力与其所处生态环境的适应过程，这种适应性确保了绝技绝活稳态延续及不断发展。相对于其他传统的传承方式而言，绝技绝活之教育传承是一种相对高效的传承模式。当前教育传承模式也有多种形式，不同形式其特点不同，优缺点也不尽相同。本书在廓清基本概念和相关理论的基础上，试图通过个案分析、实地调查等手段，并结合相关统计分析方法，从总体上回答"绝技绝活之教育传承生态系统的结构、功能及其调控机制是什么？""影响绝技绝活之教育传承的关键生态因子是什么？""现有绝技绝活之教育传承多种形态的劣势是什么？"及"绝技绝活之教育传承生态模式如何构建？"等基本问题。论文共分七章论述：

第一章　绪论。分析研究选题的历史背景，明晰选题的缘起。通过查阅归纳国内外相关文献，综述当前教育生态系统和绝技绝活传承模式的研究现状。同时从理论上、实践上和政策上阐明本书的目的与意义。最后设计本书主要的研究内容、研究方法和设计路线。

第二章　绝技绝活之教育传承的理论分析。本章首先对绝技绝活、

[①] 袁晓娟：《论广西非物质文化遗产的法律保护》，硕士学位论文，广西师范大学，2012年。

学校教育生态系统、教育传承生态模式等相关核心概念进行界定，其次梳理研究的理论依据，最后对绝技绝活之教育传承生态系统基本特征和内在规律进行深入剖析，重点分析绝技绝活之教育传承生态系统结构、功能，归纳影响绝技绝活之教育传承的生态因子及其调控机制，掌握绝技绝活之教育传承生态系统的内在规律。

第三章　绝技绝活之教育传承生态的演进。本章从绝技绝活的传承主体、传承内容、传承目的、传承方式四个空间维度，并以绝技绝活传承模式的演进为时间维度来探求家庭传承式、民俗器物式、传统师傅式、工厂传承式及学校教育传承式的特点，以期找到绝技绝活传承模式演进的生态规律，为绝技绝活的教育生态模式构建提供依据与启示。

第四章　绝技绝活之教育传承生态的影响因子。以个案分析和实地调查资料为依据，运用相关统计分析方法，揭示影响绝技绝活之教育传承的关键生态要素，阐明关键生态因子与传承效果的相关性。同时，运用结构方程模型分析法和多元回归分析法，构建各生态因子对传承效果影响的路径模型和作用方程。

第五章　绝技绝活之教育传承生态的多样性。分析当前四种代表性绝技绝活之教育传承模式的样态，阐明不同样态的结构、运行模式及影响因子，利用雷达图分析和实地调查等方式分析各种教育传承模式的传承效果。比较分析不同传承模式的差异性和各传承模式的优缺点，掌握不同绝技绝活之教育传承模式的现状、问题与规律。

第六章　绝技绝活之教育传承生态模式——四因共振。通过文献归纳及实地调研，以关键因子分析结果为基础，运用归纳和演绎相结合的方法，在遵循传承科学规律的基础上，构建绝技绝活之教育传承生态模式即"四因共振"教育传承生态模式。

第七章　绝技绝活之教育传承生态模式的案例。以湖南陶瓷技师学校的釉下五彩瓷烧制技艺传承为研究对象，通过调查问卷、调研取证等手段，运用相关统计方法，深入分析该模式在传承结构、功能、保障机制等方面的特性，比较分析其传承效果与其他几种传承模式的差异，反思与验证"四因共振"教育传承生态模式的可行性。

第八章　结论和展望。归纳总结本书主要结论和创新之处，并指出研究的不足之处及后续研究的重点方向。

（二）研究方法选取

一是文献法，对国内外相关资料检索、整理归纳，掌握当前该研究领域概况，为研究寻找相关理论并明晰研究思路；

二是运用田野考察法，开展参与性观察，深入了解传承者与被传承者对绝技绝活真实的态度和行为；

三是运用乡土生活研究法，了解绝技绝活传承与发展的历史轨迹，寻找出绝技绝活之教育传承的规律；

四是运用实物分析法，如传承过程产生的作品，师徒间的协议文本，传承活动记录或心得笔记，手工艺者的自传等，探究他们成长和成功的因素；

五是运用 DCCA 排序、相关性分析及结构方程模型分析，通过调查问卷，收集教育传承生态系统内外各因子对绝技绝活传承的影响，借用 SPSS、MPLUS 等相关统计软件进行关键因子和结构方程模型分析，揭示影响绝技绝活之教育传承的关键生态因子和各因子之间的相互关系，构建各生态因子对传承效果作用的路径模型和作用方程。

（三）技术路线制定

本书技术路线如图 1-1 所示。

1. 首先，对绝技绝活之教育传承生态系统的结构、功能、影响因子及调控机制进行深入剖析，掌握绝技绝活之教育传承生态系统基本特征和运行机制；

2. 通过实地调查、个案分析等多种手段，运用相关统计学方法，分析影响绝技绝活之教育传承的关键生态因子，阐明各生态因子与传承效果间的相关性，同时采用结构方程分析法和多元回归法建立各生态要素对传承效果作用的路径模型和作用方程；

3. 针对当前存在的四种具有代表性的教育传承模式，分析各教育传承模式的结构及运行机制，结合生态因子分析结果，对各形态下模式的优缺点进行深入剖析；

4. 在分析当前代表性绝技绝活之教育传承模式优缺点的基础上，结合关键因子分析结果，构建绝技绝活之教育传承生态模式；

5. 以釉下五彩烧制技艺教育传承为个案，从背景、目的、结构、保障、效果评价等多个方面验证该模式的可行性和优越性。

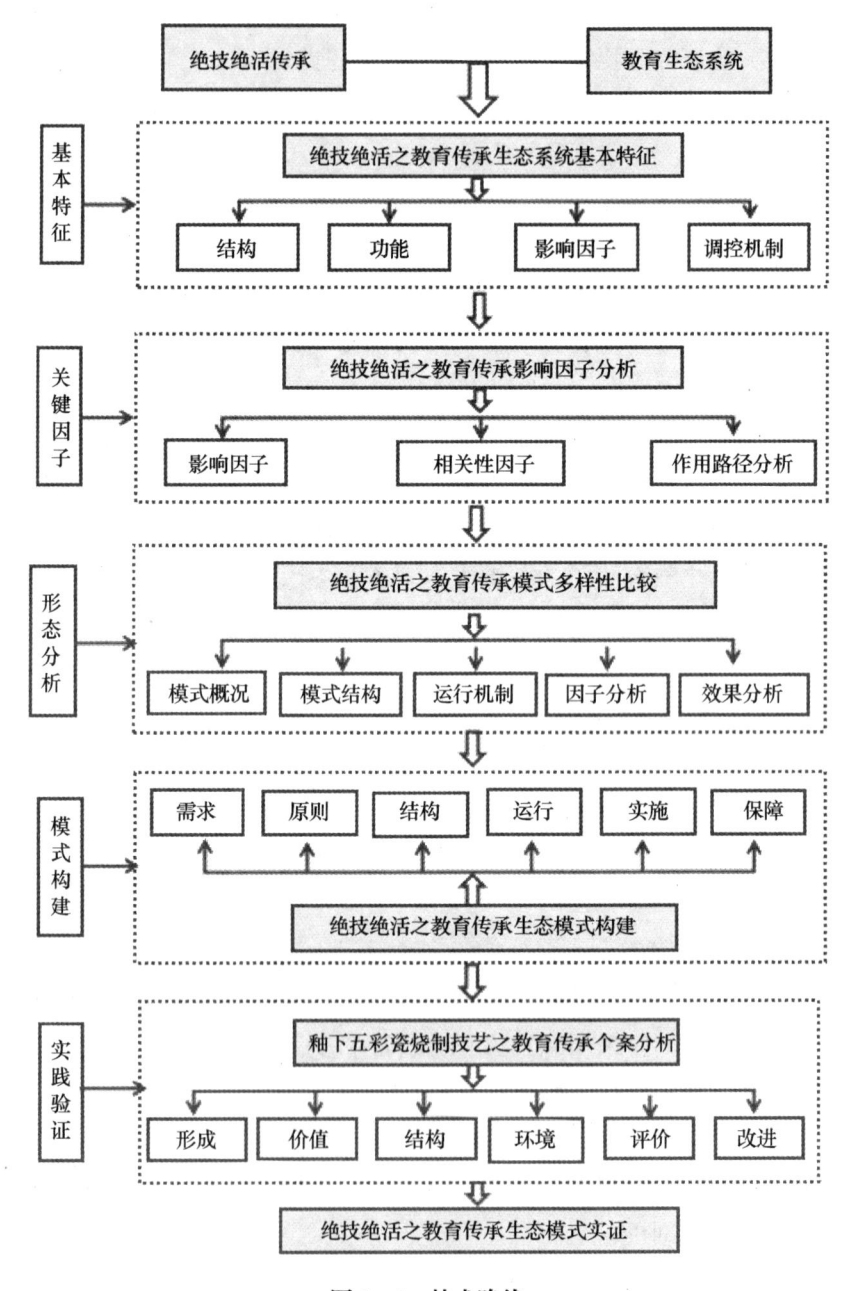

图 1-1 技术路线

第二章

绝技绝活之教育传承的理论分析

任何科学研究都必须建立在一定的理论基础上，其中科学的概念与命题是理论形成的前提。绝技绝活之教育传承生态模式的研究是一个多学科跨界的命题，涉及绝技绝活、学校教育生态系统、教育传承生态模式等核心概念，并主要借助生态学、教育生态学和民俗学的理论展开相关研究。同时建构绝技绝活之教育传承生态模式就是从绝技绝活之教育传承生态系统结构与功能出发，统筹设计各种影响因子，以建立一个健康平衡的教育传承生态系统，提高学校的办学效果和绝技绝活传承效果。因此，探明绝技绝活之教育传承生态系统的内部结构和功能，分析影响系统平衡的影响因子，并探究系统平衡形成的规律及调控机制，是绝技绝活之教育传承生态模式构建的重要依据。总之，本章的主要任务是厘清核心概念和对相关理论进行梳理，为本书提供科学的分析框架。

一 核心概念界定

（一）绝技绝活及其传承

1. 绝技绝活的定义

绝技绝活传承必须理解绝技绝活和传承的内涵。绝技是独一无二的、高超的本领、技艺。绝活最先是戏曲领域常用的名词，一般通常指属于独家所创，人皆不能的各种技巧，后来常用来表示各行各业中的最先进的技术和精湛的民间手工艺①。虽然"绝技"与"绝活"在定义上有所区别，但是两者交叉更多，因此将其统一起来更容易体现事物的同一种质。然而将两者结合起来的"绝技绝活"定义却未见有，其概念常出现在形容杂技表演中，如被称为民族民间绝技绝活艺术之乡贵州省松桃，绝技绝活主要指的是斜走大刀、枪尖上的舞蹈、上刀梯、过刀桥、口舔红铁、针穿喉咙、仙人合竹等50多种惊、奇、险的杂技节目②，但是这些并不能完整地体现绝技绝活的内涵。本书所称的绝技绝活是传统手工技术、现代民间艺术和当代工匠道术融合一体的高超而精湛的"技艺道"综合体。绝技绝活定义作为一种技艺，容易被人们等同于非物质文化遗产。然而，非物质文化遗产与绝技绝活互有交叉，但又有不同。从内容上看，非物质文化遗产的表演艺术类、传统工艺美术类、传统生活知识类等中有大量的绝技绝活被列入，也有许多绝技绝活尚未被收录到非物质文化遗产中，两者内容上呈交叉。从传承时间看，一般的非物质文化遗产事项通常会有数百年乃至上千年历史，而绝技绝活没有时间门槛，既可以是传统工艺技术，也可以是现代生产技术，技艺的等级和独特性是其标准。总的来说，绝技绝活有三个最显著的特点：即技的高超性、艺的独特性和道的主体性。所谓技的高超性是指在技术的等级上来说，是最高级别的技术，不同于一般技术，是难度系数大不容易掌握却又很重要很关键的技术；所谓艺的独特性是指绝技绝活本身也是一种艺术，是一种独特而精湛的技艺；所谓道的主体性是指绝技绝活之道之规之法要符合人道、体现人性和彰显人文，以人为载体并以活态形式传承。总之，绝技绝活就是人类在社会生产生活中所创造的，并以人为载体的高超而独特的活态技术或技艺。

2. 绝技绝活传承

传承一般是指人类特有的传递能力和机制，是人类社会不同群体间的文化传递和传播③。在古代汉语中"传"和"承"是分离的，据《辞

---

① 陈鹏：《莫让民间手艺变"绝技"》，《瞭望新闻周刊》2006年第47期。
② 葛权：《竹画奇技巧天工——记湖北五峰土家族自治县省级"民间文艺大师"李凤英》，《民族大家庭》2016年第4期。
③ 王冬敏：《西双版纳傣族制陶技术传承模式及变迁研究》，博士学位论文，西南大学，2012年4月1日。

源》和《中华大词典》解释,"传"的本义有传授、递送、至、布、延、传达、流布等,"承"的本义有受、继、下受上、下载上、继承、延续等。然而"传承"作为一个现代汉字词却较早出现在日本语中,《日语大辞典》释义:"口传,口头相传,世代相传。"学术界对传承的定义最早是出现在民俗学中,传承一般指人类特有的传递能力与机制,以及在人类社会代与代之间文化的传递和群体与群体之间文化的传播,是"代与代之间"以及"群体与群体之间"的传承①。笔者认为传承是指"传递"和"承接"的先后相继双向活动,是指一种文化授体与文化受体之间进行的文化纵向的传递过程和横向的传播过程,它强调在时间纵向上的延续性和地域空间上的扩散性,是人类独有的一种传递能力和机制。从绝技绝活的定义可以看出,在某些时候其并不是指某种技术或技艺的全部,而是其中的某一部分技艺,但是它又不可能脱离其他部分而单独存在,如川戏中的绝技变脸。离开了变脸的川戏将不具特色,离开川戏的变脸其意义也将不复存在。因此,我们在探讨绝技绝活传承时应该关注的是技的整体而非局部。

综上,绝技绝活传承就是有关绝技绝活的知识、技艺和文化在特定的环境下通过多种方式在传者与承者、传者与传者、承者与承者之间纵向的传授和横向的传递及纵向传播的过程。本书的绝技绝活定位于手工艺类,旨在探究手工艺类绝技绝活的传承。

(二) 绝技绝活分类

绝技绝活分类是挖掘与整理其本质的依据,是实现绝技绝活有效传承与发展的前提。所谓分类是指人们把事物、事件以及有关世界的事实划分成类和种,使之各有归属,并确定它们的包含关系或排斥关系的过程②。关于事物的分类,无论是逻辑学家所持三段论的无穷链条,还是心理学家认为的近似律的简单作用,都认为在类别概念划分的界线是固定而明确的。这种界线是固定而明确的,即分类的原则与方法。要对绝技

---

① [日]柳田国男:《民间传承论与乡土生活研究法》,王晓葵、王京、何斌译,学苑出版社 2010 年版,第 7 页。
② [法]爱弥尔·涂尔干、马塞尔·莫斯:《原始分类》,上海人民出版社 2000 年版,第 4 页。

绝活进行科学合理的分类，必须明确其分类的原则和方法。

1. 绝技绝活分类的原则

（1）全面性原则。每一个绝技绝活都是国之瑰宝，是一个民族不可复制的文化基因与生存记忆。其保护和传承是涉及文化、科技、民俗、教育等多方融合的一个全新领域，需要构建能较全面、科学地涵盖所有绝技绝活并符合中国国情的绝技绝活传承分类体系。因此，全面性是建构中国绝技绝活分类的首要原则。

（2）本真性原则。绝技绝活植根于一定的文化和社会空间，一旦脱离真实的"生存土壤"，其蕴含的重要价值将大打折扣甚至不复存在。绝技绝活的本真性是中国绝技绝活保护和传承的一个重要目标和原则。所谓本真性的保护与传承就是要将绝技绝活的生存状态保持原生态，同时保护其生存的自然与文化空间，主要包括地理环境、文化环境、社会环境等多方面内容。因此，如何通过有效合理地分类，更有利于绝技绝活原汁原味地长期得到有效保护和传承，是本真性原则的最终追求。

（3）唯一性原则。绝技绝活本身就具有独特性和唯一性，其分类要求类别间保持严格的平行关系，即根据分类标准，一个绝技绝活项目只能放到一个类别中。虽然有些绝技绝活有多属性交叉，但是分类体系不坚持唯一性丧失其应有的价值。因此，绝技绝活分类要遵循唯一性原则。

2. 绝技绝活分类的方法

所谓"分类法"，就是"根据对象的共同点和差异点，进行分析整理，分门别类，从而找出规律，预见将来。分类可以把纷繁复杂的材料加以条理化、系统化、使认识不断深化"[①]。目前尚未有绝技绝活分类，我们可以从相关学科的分类理论和相关实践领域的分类来观隅反三。

从分类理论来看，文化学和艺术学的分类可以为绝技绝活分类提供方法借鉴。文化是文化学、文化哲学、文化人类学等人文学科共同的研究对象。绝技绝活蕴含着丰富的民族文化元素，归根结底属于文化范畴。在文化分类理论研究上，二分法、三分法及四分法是主要的划分方法。

---

① 刘茂才、张伟民：《科学学辞典》，四川省社会科学院出版社1985年版，第21页。

英国人类学家马林诺夫斯基将文化二分法,即分为物质文化和精神文化[①]。三分法也是文化学中常见之法,将人类的文化现象区分为物质文化、制度文化和观念文化(精神文化)三大类。四分法则在三分法的基础上增加"行为文化",即将物质文化、制度文化、行为文化和精神文化。同时,绝技绝活本身也包含大量的审美元素和技术艺术,一定程度上也可以属于艺术范畴。艺术作为艺术学、美学的研究对象,其分类的原则和标准丰富多彩。法国艺术理论家巴托把艺术分为:诗歌、音乐、舞蹈、绘画和雕塑五种,是近代"美的艺术"体系的雏形。后经过修正以后,形成了西方近代"美的艺术"的经典表述形式,即诗歌、音乐、绘画、雕塑和建筑。中国学者从现代性和民族性出发,将"现代有中国特色的艺术体系"概括为14种艺术样式:建筑艺术、实用——装饰工艺艺术、书法、绘画、雕塑、语言艺术、音乐、舞蹈、戏剧、曲艺、杂技、摄影艺术、电影艺术、电视艺术[②]。归纳总结,艺术的分类主要有四种逻辑分类方法:一是本体论,以艺术作品的现实存在方式为标准划分,分为空间艺术、时间艺术和空间——时间艺术。二是认识论分类方法,将艺术分为视觉艺术、听觉艺术和视——听综合艺术。三是符号学分类方法,把全部艺术分为再现性艺术、表面性艺术及再现——表现性艺术。四是功能论分类方法,将艺术区分为纯粹艺术和实用艺术[③]。

相关实践领域上,首先,从手工艺分类看,其因划分标准不同分类方法也各异。按历史范畴分类,主要有:原始社会手工艺,如彩陶、骨雕、石雕等;传统手工艺,如景泰蓝、雕漆、玉器、金银器皿等;现代手工艺,如纤维编结壁挂、棒针编结等。按社会属性关系分类,有宫廷手工艺(后称特种手工艺)、民间手工艺、少数民族手工艺等。按产品分类,有雕塑手工艺、印染手工艺、织锦手工艺、陶瓷手工艺、刺绣手工艺等。中国的传统手工技艺有着悠久而灿烂的历史,在整个中国文化艺术发展史中占有重要的地位。在文化史、美术史、设计史的发展过程中,手工艺是贯穿其中的主要内容之一。改革开放之后,随着文化艺术、设

[①] [英]马林诺夫斯基:《文化论》,费孝通译,中国民间文艺出版社1987年版。
[②] 李心峰主编:《艺术类型学》,文化艺术出版社1998年版,第158—159页。
[③] 王文章主编:《非物质文化遗产概论》,文化艺术出版社2006年版,第288页。

计艺术、手工艺术的繁荣与发展，公共空间与生活空间也开始丰富起来，设计审美与艺术观念的演化更新，新材料、新工艺的大量出现，推动传统手工技艺向现代形态转变而被大众所接受。其次，从非物质文化遗产分类来看，主要有以下几种划分方法：（1）国际分类。2003年，联合国教科文组织制定了《保护非物质文化遗产公约》，将其分为以下五种形式：口头传统和表述、表演艺术、社会实践、仪式、节庆活动；（2）国内分类。2011年，国家颁布的《中华人民共和国非物质文化遗产法》中明确规定非遗包括六种形式：传统口头文学以及作为其载体的语言；传统美术、书法、音乐、舞蹈、戏剧、曲艺和杂技；传统技艺、医药和历法；传统礼仪、节庆民俗；传统体育和游艺；其他非物质文化遗产；（3）学者分类。苑利在其著作《非物质文化遗产学》中将非遗分为八类：民间文学类；表演艺术类；传统工艺技术类；传统生产知识类；传统生活知识与技能类；传统仪式类；传统节日类；文化空间类。王文章在《非物质文化遗产概论》一书中提出了13类法：语言（民族语言、方言）；民间文学；传统音乐；传统舞蹈；传统戏剧；曲艺；杂技；传统武术、体育与竞技；传统美术、工艺美术；传统手工技艺及其他工艺技术；传统医学和药学；民俗；文化空间。

纵观分类理论和相关分类实践，分类方法丰富且多样性，不存在绝对的、唯一正确的分类方法。这些相关领域分类的理论和实践，可以为绝技绝活分类提供以下借鉴：

一是分类的标准必须科学明确，才能使类别之间得以区分；二是各类别之间不能存在重叠和属种之差相互混淆的问题；三是划分的类别必须涵盖所有的对象。由此，对于绝技绝活的分类，必须确定分类标准。因此，我们认为，无论各类绝技绝活所需区域在哪里，绝技绝活的技艺程序怎么样，最重要的是其价值及其表现形式是什么。换句话说，以社会需要为逻辑起点，怎样有效体现绝技绝活的价值——即"绝技绝活的功用及表现形式"，就是我们的分类标准。

3. 绝技绝活的"三分法"

根据上述绝技绝活分类方法的分析，从绝技绝活的实际状况不难发现，以功用及表现形式为标准，绝技绝活大致可以分为三个基本类型：

（1）生产技术类，指各行业的生产绝技绝活，更强调其能促进生产效益提高，生产性是其最大特性。从功用上来讲是属实用性绝技绝活，常常通过生产技术或生产手段来表现。例如焊接技术、烹饪技术等；

（2）表演艺术类，是指通过唱腔、动作、台词等艺术表现形式来呈现的绝技绝活，包括戏剧、歌舞、杂技、体育竞技等。从功用上来讲是属于纯粹艺术类，常常通过艺术手段来呈现。例如川剧的变脸、苏州评弹、太极拳等；

（3）工艺美术类，大多指传统手工艺类，指以美术技巧制成的各种与实用相结合并有欣赏价值的工艺品，通常具有双重性质：既是物质产品，又具有不同程度精神方面的审美性。从功用上来讲既有艺术性又有实用性，其表现形式既要借助生产技术和手段同时又以艺术手段为基础。例如织染工艺、剪纸工艺、木版年画工艺等。

（三）学校教育生态系统

学校教育生态系统是一个仿生概念，是在生态学的基础上，将生态系统理论应用于学校系统而产生的，是微观教育生态系统。华盛顿大学的古德莱德首次提出学校是一个文化生态系统（cultural ecosystems）的概念，目的在于从管理角度入手，统筹各种生态因子，以建立一个健康的生态系统，提高学校的办学效率[1]。国内学者任凯等认为"学校是社会大系统中一个相对独立的分支系统"，"学校的一切工作以完成学校任务为转移，这一点决定着学校内部生态系统的特性"[2]。范国睿分别从学校教育生态分布、学校教育生态环境等角度探讨学校教育生态，但并未明确提出学校教育生态系统的概念[3]。然而随着教育生态学的发展，学校教育生态系统的研究逐渐清晰。高志强、郭丽君在《学校教育生态学引论》中将学校教育生态系统定义为："学校地域范围和社会经济范畴内的各种泛生态元，通过相互依赖、相互制约、相互联系、相互作用而构成的服务于人才培养的泛义生态系统"[4]。从学者们关于学校教育生态系统的定

---

[1] 余清臣、沈芸：《论学校文化生态系统》，《教育发展研究》2005年第20期。
[2] 任凯、白燕：《教育生态学》，辽宁教育出版社1992年版，第12页。
[3] 范国睿：《共生与和谐：生态学视野下的学校发展》，教育科学出版社2011年版，第49页。
[4] 高志强、郭丽君：《学校生态学引论》，经济管理出版社2015年版，第2页。

义可知其是在学校地理范畴内的一个复合性生态系统,既具有自然生态系统属性,也有社会生态系统的属性①。因此,这里我们尝试从自然生态系统和学校内部属性两方面综合理解学校教育生态系统。英国植物生态学家 TAnsley 于 1935 年首先提出"生态系统"并将其定义为"生物与环境形成一个自然系统,正是这种系统构成了地球表面上具有大小和类型的基本单元,这就是生态系统"②。1942 年,经过美国学者林德曼和能量学专家奥德姆(E. P. Odum)等生态学家的发展,生态学的研究得到了迅速发展,广泛地从生态系统的组成与结构、能量流动与物质循环、生态因子及其作用和生态平衡等方面开展研究。奥德姆认为:"生态系统就是包括特定地段中的全部生物和物理环境相互作用的任何统一体,并且在系统内部,能量的流动导致一定的营养结构、生物多样性和物质循环。"③ 国内也有许多学者对生态系统进行了界定,戈峰认为生态系统是指"在一定时间和空间内,由生物群落与其环境组成一个整体,各组成要素间借助物种流动、能量流动、物质循环、信息传递,而相互联系、相互制约,并形成具有自调节功能的复合体"④。李博认为"生态系统就是在一定空间中共同栖居着的所有生物(即生物群落)与其环境之间由于不断地进行物质循环和能量流动过程而形成的统一整体"⑤。总之,生态系统已经成为生态学中最重要的概念之一,学者们普遍认同的生态系统概念是:在一定的时间和空间范围内,生物之间以及生物群落与其环境之间,通过物质循环、能量流动和信息传递而相互联系、相互作用所形成的一个统一整体。学校是一种古老的、广泛存在的社会组织之一。它始于人类知识及其传播的专门化要求,目前发现最早有文字记载的苏美尔学校建立之初的目标就是培养"专业人员"⑥。因此,普遍认为学校是有计划、有组织、有系统的进行教育教学活动的重要场所,

---

① 李洪远:《生态学基础》,化学工业出版社 2006 年版,第 3 页。
② 陈曙:《信息生态的失调与平衡》,《情报资料工作》1995 年第 4 期。
③ 王宏:《现代城市生态系统的分析、评价与优化》,硕士学位论文,河南大学,2002 年 5 月 1 日。
④ 戈峰:《现代生态学》,科学出版社 2008 年版,第 5 页。
⑤ 李博:《生态学》,高等教育出版社 2000 年版,第 4 页。
⑥ 冯春林、崔兴盛等:《基诺族原始社会形态教育初探》,《昆明师范学院学报》(哲学社会科学版)1980 年第 5 期。

是现代社会中最常见、最普遍的教育组织形式①。

基于上述分析，我们认为学校教育生态系统是指在学校范围内，教师与学生之间及其与学校内外部教育环境之间教育功能相互联系、相互作用而形成的一个统一整体。本书所研究的教育传承生态系统是学校教育生态系统的子系统，是研究绝技绝活传承发生在学校时教师与学生之间及其与学校内外部教育环境的关系。

（四）教育传承生态模式

教育传承生态模式是本书的核心概念，是整个研究最终的落脚点，因此有必要进行界定。从生态学上来讲，生态模式是指基于多种生态学的原理，运用现代科学技术及管理手段所构建的用于指导人类各项生产、生活活动的范式②。各种生态模式的构建均以生态学基本原理为最主要的理论依据，诸如物质循环再生理论、多样性理论、生态平衡理论、生态位理论、生态因子的主导性、综合性理论等，其本身具有较高的经济效益、生态效益和社会效益③。教育传承生态模式是以学校教育教学为对象，引入生态学原理，通过政策、管理及技术途径构建具有综合性效益的范式④。显然，本书要研究的对象不是普通的教育教学现象，而是特指发生在教育生态系统中的绝技绝活传承，最终要实现的是绝技绝活传承的最优化，即本书中的教育传承生态模式，是指一种最优化的教育传承模式。传承模式是从传承活动的现象出发，通过归纳、抽象、统计等方式对传承活动存在的问题及影响传承活动的因素进行分析，得出一种能解决传承存在的问题并可供借鉴的方法⑤。但是我们必须承认传承是一个复杂的传递与继承的社会活动。传承主体和传承环境的复杂性决定了传承的复杂性。因此，传承模式不具有唯一性，而是发展的、变化的、多

---

① 左嘉琳：《从分离走向融合教师专业发展与学校功能研究》，硕士学位论文，河北师范大学，2005年。
② 贺祖斌：《中国高等教育系统的生态学分析》，博士学位论文，华中科技大学，2004年。
③ 霍明奎：《基于信息生态理论的供应链信息传递模式与传递效率研究》，博士学位论文，吉林大学，2015年。
④ 杨玲玲：《学校教育中民族文化传承困境研究》，硕士学位论文，云南财经大学，2015年。
⑤ 牛加明：《民间工艺活态传承的调查与思考——以贵州屯堡木雕为例》，《民族艺林》2016年第1期。

样的。传承过程中，随着社会各要素的发展，传承方式也越来越多样化。当前传承模式已由原来的家庭家族传承、师徒传承、民俗器物传承等传统的传承模式发展到现代的教育传承、技艺工作室传承等多种现代传承模式，传承效率也越来越高[①]。但不管哪种传承模式，它的出现都是符合特定的社会历史背景的，是时代发展的产物。同时，传承主体和传承环境的复杂性决定了每种传承方式都有其自身的优缺点。本书正是基于当前绝技绝活之教育传承模式的现状，试图去寻找绝技绝活之教育传承的规律，同时结合生态学、教育学的相关方法和理论，构建一种传承效率高且具有推广价值的绝技绝活之教育传承生态模式[②]。因此，本书研究的教育传承生态模式是特指绝技绝活传承的教育生态模式，是教育生态系统中一种高效的绝技绝活传承模式，即从教育生态系统中的传承活动现象出发，结合相关的生态学、教育学等理论和方法，探索一种高效的，可复制的绝技绝活之教育传承范式。

二 绝技绝活之教育传承生态的理论依据

教育生态系统下绝技绝活传承既要遵循技艺传承的规律和内在要求，又受学校教育生态系统内各因素影响。因此，从教育生态系统视角来研究绝技绝活传承模式问题，将会涉及技艺传承理论、生态系统理论、教育生态系统理论等，本节将对这些理论进行梳理，为后续研究提供理论依据。

（一）技艺传承理论

有关技艺传承理论的研究历史悠久而且内容非常丰富。最早期的柏拉图在《理想国》中提出"每种技艺都有自己的利益，但这种利益只有通过为他人服务才能获得"。因为"任何技艺都不是为它本身，而只是为它的对象服务的"。"没有一门科学和技艺是只顾到寻求强者的利益而不

[①] 韩澄：《北京传统首饰技艺传承研究》，博士学位论文，中央民族大学，2011年。
[②] 余嘉云：《生态化教学的理论与实践研究》，博士学位论文，南京师范大学，2006年。

顾及它所支配的弱者的利益。"[①] 再到卢梭"为了使他成为师傅,你处处做徒弟;你要知道,他从一小时工作中学到的东西,比起他记忆你一天的解释还要多"[②]。此后,有关技艺传承的研究一直受到理论界的广泛关注,下面从绝技绝活传承载体、传承内容及传承阶段来分析技艺传承理论,为后续绝技绝活之教育传承生态研究提供理论基础。

1. 活态传承理论

活态传承是基于非物质文化遗产的"活态流变性"特质而产生的理论思想,是将非物质文化遗产保护置于一种平衡、协调、发展的传承模式下。大部分的绝技绝活都被列入了非物质文化遗产保护目录,未被列入的亦具非物质文化遗产相似的本质特征。因此,绝技绝活传承必须以活态传承理论为基础。

"活态"最先是机械工程领域的专用名词,指是非纯化金属的自然活性溶解状态。20世纪中晚期后"活态"一词因常常出现在非物质文化遗产保护的研究中而被广为传播。活态传承的内涵关键在于"活态",所谓"活态"就是让文化富有生命力,以一种动态发展的形式存在并与其社会环境、文化环境相互适应。活态传承是相对于文物、景观等"静态"保护而言,以传承主体为载体并将这种文化的内容与其对应的多种外部文化环境因素融为一体的传承方式。从本质特征上来说,非物质文化遗产的"活态流变性"决定了其活态传承体系,具体来说"活态"强调传承载体必须是"活态"的事物,强调传承过程是在传者与承者共同参与互动的活动过程中实现传承,同时需要社会各界全面参与到保护与传承中来以确保生命力。"流变"则体现在传承内容随着项目社会背景体系发展而变化,意味着传承既要继承也要创新发展。活态传承最主要的目的就是让特色的民族文化在广泛流传中继承与保护起来。如学者王文章认为"非物质文化遗产活态流变性的基本特性,也决定了我们今天的保护不应是静止的凝固的保护,而是为了发展的保护。没有保护,难以发展;而

---

① 柏拉图:《理想国》(中译本),商务印书馆1997年版,第342页。
② [法]让·雅克·卢梭:《爱弥儿》(精选本),彭正梅译,上海人民出版社2010年版,第96页。

没有发展，保护也就失去了重要意义。"① 总之，活态传承就是在当前社会环境下，在保存文化精髓和核心要素同时用活跃、可持续的方式延续其文化形态的传承方式。

然而怎样才算是活态传承呢？活态传承应该遵循什么样的原则呢？对于活态传承原则的内容，不同学者虽有不同观点，但是主要集中体现在以下几个方面：第一，文化个性。非物质文化遗产源于民众个体和自觉意识，体现民众个体的精神需求。不同的非物质文化代表不同的文化个性，是不同民族生活发展历史及独特风土人情的表征。比如在日本传统工艺文化却以"活性"（或"活态"）的方式存在着，这种"活性"存在和发展的社会基础是日本人对传统工艺文化的守望，是一种生活价值观的继承和发扬。非物文化遗产项目之所以能源远流长就在于其标识性，失去文化个性的项目就会面临消亡。因此，保留非物质文化遗产的个性特征是实施保护的关键，也是活态保护中必须遵守的原则；第二，创新发展。从本质上说，民间创造力推动了非物质文化遗产的形成，保护与传承非物质文化遗产就是获得这种创造力。同时，为适应社会需求和时代变化，在不破坏非物质文化遗产的"纯真性"的前提下，进行创新发展是非物质文化遗产鲜活传承下去的决定性因素。正如德国哲学家加达默尔所认为"即使在生活受到猛烈改变的地方如在革命的时代，远比任何人所知道的多得多的古老东西在所谓改革一切的浪潮中仍保存了下来，并且与新的东西一起构成新的价值。"② 非物质文化遗产的活态传承就是随着历史的演进和时代发展变化更新，创造性地继承与发展；第三，整体性。整体性是指要全方位、多层次保护非物质文化遗产的精髓，其所有的内容和形式都要加以保护，包括传承人及其所依存的生态环境。③ 一种绝技绝活项目并不是单一的独在，而是与周围环境相互依存而形成的一个完整的文化结构。也就是说，非物质文化遗产本质上是流动的、发展的，无法被固定、割裂地保存下来，因为它存在于特定文化社会生活之中的活的内容，与周围环境和人群息息相关。因此在进行传承时，不

---

① 王文章：《科学保护非物质文化遗产》，《中国社会科学院院报》2007年第6期。
② 加达默尔：《真理与方法》，《时报文化》1987年。
③ 王文章：《非物质文化遗产概论》，文化艺术出版社2006年版，第58页。

能将绝技绝活单独进行封闭的技艺传承，而完全忽略其生存发展的背景和环境，否则就会出现文化碎片式传承，使绝技绝活丧失持续发展的能力"。在传承与保护时，"对具体文化事象的保护，要尊重其内在的丰富性和生命特点。不但要保护非物质文化遗产的自身及其有形外观，更要注意它们所依赖、所因应的构造性环境"①。

2. 缄默知识理论

缄默知识最早是由波兰尼提出，是指难以通过图表、文字和数字等形式表达且难以传递的知识，它必须通过学习者的亲自实践而体悟获得。绝技绝活正是这样一种缄默知识，是技艺中高层次最关键也是难以言明、难以学会的那部分隐性知识。从本质上来说，绝技绝活传承的过程也是承者获得缄默知识的过程。缄默知识获得的影响因素及其阶段是绝技绝活之教育传承必要的理论支撑。

从国内外学者对缄默知识获得的影响因素研究发现，影响学习者获得缄默知识的因素主要有三大类即学习者自身因素、认识方法和手段及社会因素。首先关于学习者自身因素，波兰尼认为人的身体是一种独特的事物，人们认识客观事物有赖于人们身体的各项机能的意识。也就是说，人们在认识外部事物时，包括了对自身所具有的文化及机能的认识。认识方法是学习主体在构建知识系统时所使用的相互联系组合的各种认识方法和手段的总和。苏联学者萨奇柯夫认为："科学发展的主要时代区别，不仅在于研究什么（虽然这一点也很重要），而且在于怎样研究和用什么方式研究。"② 在缄默知识的学习过程中，人们在有意识地学习怎么解决问题的同时会不断地"下意识"地保持具有自我意识的概念、方法、经验等，这些在缄默知识的学习中起着"工具性"的作用。社会因素主要是指知识、思维等从一个主体向另一个主体转换时会受到一定历史时代的社会价值取向制约，而社会价值取向是一定时代的社会文化心理定式决定的。社会文化心理定式是在地域和时间背景差异下由政治、经济、文化、心理等多因素共同作用而形成。帕森斯在专著《社会系统》中指出："科学一开始就是与整个社会的文化传统结合在一起的，它们彼此相

---

① 刘魁立：《非物质文化遗产及其保护的整体性原则》，《广西师范学院学报》2004年第4期。
② 方明：《缄默知识面面观》，博士学位论文，南京师范大学，2002年。

互支持——只在某种类型社会中，科学才能兴旺发达，反之，没有科学之持续和旺盛的发展相应，这样一种社会也不能正常运动。"① 此外，有学者认为："许多科学的假说、理论、隐喻和模型（不论科学家做出怎样的选择：是研究还是忽视各种各样的问题）其形式都是来自实验外的经验、文化和政治力量所决定的。"

关于缄默知识获得阶段的理论有三个代表观点：第一，艾拉特理论。艾拉特（M. Eraut）认为经验学习和日常化是缄默知识获得的两个阶段②。经验学习可以在自己的经验中学习、向别人学习和向书本学习。日常化阶段就是在不断重复练习的过程中将外显知识转变成缄默知识。第二，五阶段理论。德里费斯将缄默知识的获得分为新手、高级新手、胜任、熟练和专家五个阶段。这五个阶段是以对情景的理解力来进行划分，不同阶段缄默知识的不同体现在对情景理解的速度和效率上。此外，他们还将缄默知识分为缄默理解、缄默程序和缄默规则三大类。第三，哈耶克的转换理论。1965哈耶克首次提出了"个人在其行动中遵循的抽象规则与那种抽象的整体秩序之间的种种关系"，并认为"那种抽象的秩序乃是个人在那些抽象的规则加施于他的限度内对所遇到的具体而特殊的情形所作出的反应的结果"③。可见，哈耶克认为"缄默知识"是"知"转换到"无知"的桥梁和中介。其中缄默知识也经历了两个阶段：首先，人们掌握的显性知识内化为学习者本人都不知道的缄默知识；其次，人们自身已经获得的缄默知识促进或者指导学习者行动，从而使缄默知识变得显性化。总之无论是哪种获得理论，都离不开"反复操作"和"情景"，意味着在绝技绝活传承中承者必须有反复操作的机会以及有真实的操作经历，实现显性知识和缄默知识的有效转化才能最终获得绝技绝活。

3. 技能获得模型理论

从古今中外人类生存发展历史来看，所有活动都离不开对技能的掌握。然而，关于技能是如何获得这个问题的哲学研究，却是人工智能诞

---

① 巴伯：《科学与社会秩序》，生活·读书·新知三联书店1991年版，第71—72页。

② M. Eraut, "Non-formal learning and tacit knowledgein professional work," *British Jounal of Educational Isychology*, Vol. 70, 2000.

③ 罗建国、李建奇：《论哈耶克"自生自发秩序"原理视角下的学位授权政现研究》，《中南林业科技大学学报》（社会科学版）2009年第6期。

生后才开始。德里费斯兄弟共同提出的技能获得模型首先对这一问题进行解答。这一模型将人们在各种各样的非结构领域内的学习能力提升的过程（比如学习护理、开车和下棋等）划分为七个阶段，并对每个阶段的典型特征做出了详细的描述。七个阶段具体是指①：第一，新手（Novice）阶段。在这个阶段，初学者只是信息的消费者，没有任何经验，主要依靠教练的教导来进行，教练通常有意识地把技能的学习分解为与情境无关的动作或规则，让初学者照章行事。第二，高级初学者（Advanced Beginner）阶段。在这个阶段，学习者掌握了一定的技能，获得了处理实际情况的某些经验和能力，并开始根据需要和兴趣关注与任务相关的其他问题，有了初步融入世界的感觉。这时的行为规则（maxims）既包括教练开始时告知的那些规则，也包括自己在经验中总结出的新的规则。由于学习者在这个阶段对情境的关注只是初步的，因此，并没有完全摆脱规则的束缚，主体与世界的关系仍然是分离式的，并且运用分析思维来思考问题。第三，胜任（Competence）阶段。随着经验的丰富，这一阶段学习者了解的潜在要素和程序越来越多，他开始学着有针对性地选择一个行动的计划、目标或者与整个计划相关的视角来组织整个情境。在特定的情境中，他能确定哪些因素重要、哪些因素可以忽略，这样极大地简化和提高他的行动。德雷福斯认为，在以上三个阶段中，学习者还没有完全融入情境中，因此，他采取的决策方式是分离的、怀疑的。第四，精通（Proficiency）阶段。经过前三阶段，学习者已经掌握了应对问题的技能。到了这一阶段，他会越来越融入情境，会减少干扰，通过辨别情境来取代机械地遵守规则。在这个阶段，他能直觉地知道应该从哪一个视角来做出决策。第五，专家（Expert）阶段。处于精通阶段的学习者沉浸在技能活动的情境中，能直觉地意识到需要做什么，但是如何去做，还需要进一步的思考。进一步到了专家阶段时，学习者已经与情境完全融为一体，具备了直觉地辨别问题与解决问题的能力，所以仅凭对情境的感觉和熟悉程度，不需要有意识地思考，就能知道在什么时候应该做什么，而且还能直觉地意识到应该怎么做。在执行任务的时

---

① Hubert Dreyfus. "How Far is Distance Learning from Eduation?", *Bulletin of Science*, *Technology & Society*, Vol. 21, No. 3, 2001, pp. 165 – 174.

候，不会对计划的修改或将来可能出现的意外情况而担心，也并不会有意识地去解决问题和做出决策，而只是做好当下的事情；行动的发生是无意识的、自动的。这时，技能已经成为他身体的一部分。第六，大师（Mastery）阶段。专家有时会在某个方面觉得自己的技能够优秀，也会对对公认专家的行为感到不满。这时候他会思考，在他的专业领域内什么算作是优秀的。这种对当前行为的不满驱使着专家进一步寻找那些影响他们行为效果的潜在因素，甚至能达到自己风格的程度。这就进入了大师阶段。在这个阶段，学习者已经成为一名大师，他能够越过专家阶段的直觉视角，审慎地重新考虑一个新的视角。第七，实践智慧（Practice Wisdom）阶段。到第五阶段，学习者已经掌握了技能本身。到大师阶段，学习者已经形成了自己的风格。当这种风格演变成一种文化，就会对他人产生潜移默化的影响，从而形成了亚里士多德所说的实践智慧。

（二）生态系统理论

研究绝技绝活之教育传承生态，必然要以生态学的生态系统理论原典为依据，首先要廓清生态系统特征、组成、功能等基本相关理论。

1. 生态系统的特性

无论是自然生态系统还是人工生态系统都具有如下特征：

一是时空性。生态系统都是由一定时空内的生物与其所处的环境共同作用形成的实实在在的实体，以生物为主体而且与一定空间联系，形成一定空间结构和一定的地区特性[①]。

二是整体性。生态系统都是由各种大小不同的生命有机体与其环境形成的综合体，在生态系统水平上构成一个整体的功能单元[②]。

三是开放性。生态系统都是不同程度的开放系统，不断地从外界输入能量和物质，经过转换而成为输出，从而维持系统的有序状态[③]。

四是动态性。生物随着时间变化具有产生、发展、死亡的变化过程，具有发育、繁殖、生长和衰亡的特征。它的各项指标，如生产量、生物

[①] 戈峰：《现代生态学》，科学出版社 2008 年版，第 355 页。
[②] 丁圣彦：《生态学面向人类生存环境的科学价值观》，科学出版社 2004 年版，第 109 页。
[③] 曹凑贵：《生态学概论》，高等教育出版社 2006 年版，第 30 页。

的种类和数量不是固定在某一水平，而是在某一个范围内来回变化。生物进化和种群演替的过程是一个打破旧的平衡，建立新的平衡的过程。

五是自我调控性。生态系统中的生物与所处的环境经过长期的进化适应，彼此间逐渐建立相互协调的关系，内部具有自调节、自组织、自我更新能力。生态系统的结构越复杂，物种数目越多，自动调控能力就越强，但生态系统的自动调控能力是有限度的，超过了这个限度，调控也就失去了作用[①]。

2. 生态系统的组成与结构

生态系统主要组成成分有4种，一是非生物环境，包括参加物质循环的无机元素和化合物、联系生物和非生物成分的有机物质和气候或其他物理条件；二是生产者，是指以简单的无机物制造食物的自养生物；三是消费者，它们不能从无机物质制造有机物质，而是直接或间接依赖于生产者所制造的有机物质；四是分解者，是异养动物，其作用是把动植物残体的复杂有机物分解为生产者能重新利用的简单化合物，并释放出能量，其作用正与生产者相反[②]。

自然生态系统的结构主要包括两个方面：一是形态结构，指的是自然生态系统中的生物种类、种群数量、种群空间格局及时间变化，群落的水平和垂直结构，以及土壤、大气中非生物成分和消费者、分解者的形态结构。二是营养结构，生态系统中各成分之间最本质的联系就是通过营养结构实现的。营养结构是以营养为纽带，把生物和非生物紧密结合起来的功能单位，构成以生产者、消费者和分解者为中心的三大功能类群。自然生态系统中的营养结构是一种链网式结构，也就是通常所说的食物链和食物网，通过这种营养结构，生物与环境之间进行着密切的物质循环和能量流动。植物所固定的能量通过一系列的取食和被取食关系在生态系统中的传递，这种生物之间的传递关系称为食物链（food chains）。一般食物链由4—5环节构成，由这些食物链彼此相互交错连接成的复杂营养关系为食物网（food web）。一般而言，食物网越复杂，生态系统抵抗外力干扰的能力就越强。在一个具有复杂食物网的生态系统

---

① 李洪远：《生态学基础》，化学工业出版社2006年版，第117页。
② 李博：《生态学》，高等教育出版社2000年版，第198页。

中，一般也不会由于一种生物的消失而引起整个生态系统的失调，但是任何一种生物的绝灭都会在不同程度上使生态系统的稳定性有所下降。当一个生态系统的食物网变得非常简单的时候，任何外力（环境的改变）都可能引起这个生态系统发生剧烈的波动。生态系统中的生产者、消费者、分解者构成了生态系统中的食物链和生态链，非生物环境则是生态系统能量供给者和动植物生存的载体。这四个环节之间维持的动态平衡，是保持生态系统稳定和生物多样性的先决条件，缺少或削弱任何一个环节都将引起生态系统的退化。

3. 生态系统的功能

一般认为生态系统的基本功能有三个：一是能量流动。生态系统中各组分的存在、变化与发展都与能量有关，遵循一定的能量变化规律。生态系统中能量流动和转化严格遵循热力学第一定律和第二定律。第一定律是能量守恒定律，即能量既不能消失，也不能凭空产生，它只能以严格的当量比例，由一种形式转化为另一种形式。用公式表述是：第二定律是能量衰变定律，是指生态系统中的能量转换流动过程中总存在衰变、逸散的现象，也就是说，总有一部分能量要从浓缩的有效形态变为可稀释的不能利用的形态[1]。用公式表述是：这个定律也可表述为熵定律，其表达式为 $\Delta S = \Delta U$ 可逆$/T$。熵值变化的大小反映了一个不可逆变化的程度。一个系统总是自发地从有序状态向无序状态发展，即向熵增加的方向进行。当熵值达到最大状态时，体系的有序结构或状态便不复存在，系统走向崩溃。普利高津认为生态系统是一个开放的远离平衡态的热力学系统，具有发达的耗散结构。它在不断地能量和物质输入条件下，可以通过"有组织"地建立新结构，造成并保持一种内部高度有序的低熵状态；同时，生态系统又通过整个群落的呼吸作用而不断排除无序。此外，生态系统的能量流动是通过食物链和食物网两个渠道来实现的。二是物质循环，简称物质流，是指各种有机物质经过分解者分解归还环境中重复利用，周而复始的循环利用过程[2]。物质在生态系统中起着双重作用，既是维持生命活动的物质基础，也是能量载体。物质在生态

---

[1] 严耕：《生态危机与生态文明转向研究》，博士学位论文，北京林业大学，2009年。
[2] 蔡晓明、蔡博峰：《生态系统的理论和实践》，化学工业出版社2012年版，第54页。

系统中可以被反复循环利用，但一旦其循环受到干扰，便会引发一些资源、环境问题及生态系统功能的异常。物质循环有两种基本形式即地球化学循环和生物循环两种基本形式。三是信息传递。生态系统中生物与环境、生物与生物，通过一系列信息取得联系，生物在信息的影响下作出相应的反应及行为变化。生态系统各要素在信息影响下，各居其位、各司其职使生态系统有条不紊，维持平衡。生态系统中信息传递是一个复杂过程，主要有6个环节：信息的产生、信息的获取、信息的传递、信息的处理、信息的再生和信息的失效。

4. 生态因子作用特点

生态因子是指环境中对生物生长、发育、生殖、行为和分布有直接或间接影响的环境要素。生态因子对生物的作用主要有以下几个特点：第一，综合作用。环境中各种生态因子不是孤立存在的，而是一个组合起来的综合体，对生物起着综合的生态作用。第二，主导因子作用。主导因子是生态因子中对生物起决定性作用的那一个。主导因子发生变化会引起其他因子也发生变化。第三，直接作用和间接作用。生态因子对生物的作用可以分为直接作用和间接作用，区分其作用方式对认识生物的生长、发育、繁殖及分布都很重要。第四，交互作用。生态因子之间是相互联系、相互促进与制约，一个因子变化都能不同程度地引起其他因子发生相应的变化。第五，阶段性作用。生物生长发育不同阶段对生态因子的需求不同，同一因子在生物生长不同阶段有不同的作用。第六，不可替代性和补偿作用。各种生态因子对生物的作用虽然不同，但有各自的特殊作用和功能。从总体上来说，每个生态因子对生物的影响都是同等重要和不可替代，但是局部是能补偿的。生态因子的补偿作用只能在一定范围内作部分补偿，而不能以一个因子代替另一个因子，且因子之间的补偿作用也不是经常存在的。

5. 生态系统多样性与稳定性

生态系统稳定性或"稳态"是指生态系统抵抗环境变化和保持平衡状态的倾向。生态系统的稳定性是动态的，即外部环境不断变化时系统中生物类群也在不断变化。同时生态系统的稳定性是有一定的作用范围，也就是说，生态系统的自我调节机制是有一个限度，这个限度常被评为"生态阈值"。系统结构越复杂、功能效率高，对外界环境变化反应越不敏感，抵御剧烈生态变化的能力就越强，阈值就越高。生态阈值取决于生态系统的成熟性，系统越成熟，阈值越高。不同生态系统有不同的生态阈值，同一生态系统在其发展进化的不同阶段有多种不同的生态阈值。生态系统中生物多样性是生态系统稳定性的重要条件，Schulz 和 Mooney 提出了一个模型表述了生物多样性和生态系统之间的关系，表明气候、营养和土地利用等因素与生态系统之间存在反馈作用；历史演变和物种迁移直接影响着系统的组分和结构；结构和功能的多样性与物种多样性之间存在较优化的反馈[1]。总的来说，生态系统稳定性和多样性之间的关系具体体现在以下几个方面：1. 生态系统生物种类越多，食物链越复杂，能流、物流途径的复杂程度越高。系统自我调节能力就越强；2. 生态系统生物种类越多，遗传基因库越丰富，生物对环境的改变也越容易适应；3. 生物多样性保证了系统功能完整性及功能组分冗余。

（三）教育生态系统理论

教育生态学是研究教育生态活动、现象和规律的一门学科，它把教育看成一个开放的生态系统，来研究教育内部的结构及内部各部分之间的关系、教育与外部环境之间的关系。因此，教育生态系统是具有复杂结构的有机整体，具有相应的结构、特征和功能，与外部环境进行物质转换、能量流动和信息传递。

1. 教育生态系统的成分

教育生态系统的成分是指系统内所包含的各种相互联系、相互影响的因素。有学者把"教育生态系统分为两大部分即环境因素与主体部分"[2]。这种划分方法泛化了环境因素，也就是扩大了"环境因素"的内容，导致我们分析"教育生态系统与环境的关系"时，不明白"教育生态系统是包含环境，还是与环境是并列的关系"，容易让人产生迷惑感。教育生态系统应分为内部环境因素与主体两部分。这样划分既符合系统结构划分的原理，组分之间没有包含关系，又使整个系统与外部环境处

---

[1] 蔡晓明、蔡博峰：《生态系统的理论和实践》，化学工业出版社 2012 年版，第 13 页。
[2] 任凯、白燕：《教育生态学》，辽宁教育出版社 1992 年版，第 35 页。

于并列层面，使研究对象的关系更加清晰。第一，教育环境。一般来说，教育内部环境因素由内部自然生态环境、内部社会生态环境和内部文化生态环境构成。内部自然环境主要指学校的地理空间、各种自然资源、教学硬件设施等；内部社会生态环境主要指学校的教育管理结构、行政制度、资金配置、住宿制度、生活方式与现象等；内部文化生态环境主要指学校教育思维方式、意识形态、价值观念、道德观念、教育氛围等。教育内部环境因素对教育主体产生直接的影响，但主体与环境的和谐相处应是教育生态系统动态平衡运行的基石。第二，教育主体。从哲学的层面来看，"主体"和"客体"相对，指对客体有认识和实践能力的人。教育生态系统如果没有人的存在就不称其为有机体，也就失去了存在的意义。所以，本书认为教育生态系统主体部分是人，主要由教师、学生、教育管理者组成。就教育的形式和机构来说，教育分为正规教育（Formal education）和非正规教育（Informal education）。正规教育主要指学校教育，它是学生在有组织的教育机构中所受到的教育。就学校教育而言，教育的核心是教师和学生，教师是教育者，学生是学习者。教师和学生在学校和管理者的组织下进行教和学的活动。在学校的教育活动中，教师的教育离不开学生的学习，学生的学习也离不开教师的教育引导。教育管理者就为这种教育活动提供各方面的资源保障，保证教学秩序、生活秩序和工作秩序的正常进行。

即便是在非正式教育环境下也是如此。非正式教育也是教育生态系统的子系统，如各种培训教育、家庭教育、社会教育等。但不管这些教育是在何种环境和场域进行，都有教育者和学习者。在培训教育中，培训机构的教师、讲师和专业技术讲课专家就是教育者，学生及各种接受培训的人员就是学习者，教育管理者指为教育活动提供服务的人员，如培训中聘请的校长、教务主任等人员。在家庭教育中，父母、祖辈（或其他亲戚）就是教育者，取代了教师的角色，同时还扮演教育管理者的角色，而孩子则取代了学生的角色。在社会教育中，主要能对别人产生影响的人既是教育者（教师），又是教育管理者，而主要受到别人影响的人就是学习者（学生）。显而易见，非正式教育也同样有主体部分。

综上可知，教育生态系统是一个由客体部分和主体部分构成的特殊生态系统，客体部分（即内部环境因素）由内部自然生态环境、内部社会生态环境和内部文化生态环境三部分构成，主体部分由教师、学生和教育管理者三部分构成。

2. 教育生态系统的结构

教育生态系统的结构，就是教育系统内各要素之间的联系形式以及系统与外部环境诸因素之间的关系形式、配置状态。因教育生态系统具有整体性、层次性、结构性，所以从整体来看，它既具有宏观结构体系和微观结构体系，也具有纵向结构体系和横向结构体系，形成了一个时空交织、动静结合的复杂的网状结构。

宏观结构体系主要是探讨教育生态的内部结构及其与外部环境因素的关系，以确定教育的发展战略。微观结构体系主要是研究学校内部各组成成分的关系及其教育效果，教师的素质、教学态度、教学方法、人格魅力对学生学习的影响，以及家庭、社会对教育、对学生成长的影响。但宏观和微观只是研究的视角不同，在我们研究教育生态问题中往往同时会应用到。纵向结构是指教育生态系统发展演替的状态，教育生态系统的演替一般遵循由简单到复杂、由低级到高级的发展规律，如教育生态系统的演替一般经历了这样几个阶段：原始社会教育生态系统→奴隶社会教育生态系统→封建社会教育生态系统→资本主义教育生态系统→社会主义教育生态系统。这种演替是不可逆的，符合人类社会发展的规律。横向结构是指并列的、平行的结构，根据教育的规制可以将教育分为普通教育、特殊教育、职业教育；从工作部门划分，有师范教育、商业教育、艺术教育、军事教育、农业教育、工业教育、服务行业教育等；从工作对象划分，有干部教育、职工教育、农民教育、教师教育等；如从地域上划分，有农村教育和城市教育；从学制上划分，有全日制教育、半日制教育、业余制教育等；从社会范围上划分，有学校教育、家庭教育和社会教育等。

此外，也可以从教育的水平层次来看教育生态系统存在教阶结构。教育生态系统的教阶结构从幼教到小学、中学、大学硕士、博士、博士后，这种谱系结构本身反映了不同的教育层次，也反映了从简单到复杂、从低级到高级的教育过程，而这种结构与年龄层次密切相关。教育生态系统结构的诸因素之间相互联系、相互制约。各组成要素之间既要有量的适当比例，又要有质的相互配合，这样才能形成良性的教育生态结构，保证教育生态的平衡运行。

3. 教育生态系统的功能

教育生态系统的功能包括内在的育才功能和外在的社会服务功能。首先，是育才功能。在学校教育内部，有各种生态因子，这是教育生态内在功能正常发挥的基础和条件。在各种生态因子影响和作用下，教育内部三大功能团（引导、保障群，传导、开发群和继承、开拓群）从不同角度进行运转，使物质流、能量流和信息流源源流畅，价值流、知识流、能力流富集递增，从而在整体上产生巨大的生态功能和效应①。教育生态系统"育才"功能的发挥必须要有良好的环境条件，包括良好的校内自然环境、校内社会环境和校内文化环境，"三大功能团"要协调行动。引导、保障群是由学校决策层、管理执行层和服务保障层组成，其作用是保障教育能量、教育物质、教育信息的流入，保障教育活动正常进行；传导、开发群主要包括教师、思想政治工作者和实验技术人员等，其作用是：更多更好地将能量流、信息流传输给受教育者学生；继承、开拓群主要指学生，其作用是：保障学生接受的能量、信息能够储藏、编辑、转化和再造，获得各方面的能力和知识。

其次，是社会服务功能。教育生态系统在受到环境影响的同时，也作用于环境。教育对自然环境的功能是利用、认识、开发和保护，使之与自然环境和谐相处。而教育对社会环境的反作用则主要表现在四个方面：一是教育对政治的服务功能。教育总是为一定的政治服务的，这是由社会发展规律决定的。中国是社会主义制度，中国的教育事业就是为社会主义的政治教育服务。教育既为社会物质文明建设服务，同时又为社会主义精神文明建设服务。在中国，社会主义制度的优越性可以通过政治文明体现出来，政治文明又有教育的推动和促进。中国教育的根本任务是培养社会主义事业"有理想、有道德、有文化、有纪律"的建设者和接班人。因此，教育必须坚持"社会主义政治"的大政方针，把培养德才兼备的人才作为教育的根本目的。二是教育对经济的促进功能；"百年大计，教育为本"，教育是社会经济、文化发展的基础工程，教育

---

① 吴鼎福、诸文蔚：《教育生态学》，江苏教育出版社2000年版，第106页。

对经济发展具有很强的促进作用。在现代知识经济社会中，国家为了振兴经济，都把目光聚集在教育上。马克思、恩格斯指出，社会再生产是物质资料的再生产，同时也是劳动力的再生产。教育具有再生产人的劳动能力及改变劳动能力的性质和形态两个主要功能。近年来，中国教育对经济社会发展发挥着重要的作用：第一，拉动中国经济增长。2000年以来，中国高等教育进入快速发展时期，教育发展对饮食业、运输旅游业、文化用品制造和印刷业、基础设施等相关行业最终需求的拉动作用十分明显。第二，有利于解决就业问题。大力发展教育特别是高等教育，可以延缓低级教育的毕业生进入劳动力市场的时间，起到"蓄水池"作用。此外，发展教育还直接或间接地创造新的就业岗位。第三，通过提高人的素质促进中国经济社会发展。教育能够传播知识，提高人的职业技能和综合素质，提高劳动者承担工作的数量和质量，从而提高生产率。"优先发展教育，建设人力资源强国"是中国人才强国战略的具体表征。三是教育对科技的发展功能。马克思明确指出"生产力里面也包括科学在内"。教育可使学生在较短时间内系统地掌握前人和他人已有的科学技术成果。教育是科学知识再生产的有效途径，具有传递、积累、发展和再生产科学的社会功能以及使科学转化为生产技术的中介作用[1]。邓小平曾说"科学技术是第一生产力"，而科学技术必须要人才能掌握，而科技人才的培养又必须依靠教育。教育对科技的作用主要有：能完成科学知识的再生产；推进科学的体制化建设；具有科学研究的功能；具有推进科学技术研究的功能。此外，教育能够提高全民族的科学素质，向社会输出科技成果，为科技人才的培养做出巨大的贡献。四是教育对文化的影响功能。根据生态学的生克原理，文化作用于教育，教育也作用于文化。教育对文化的功能主要表现在：①教育具有传递与传播文化的功能。②教育具有创造、更新文化的功能。具体表现为：教育为社会文化的不断更新和发展，提供大量的、具有创造活力的人才；现代教育与文化创造紧密结合，成为促使文化变革发展的一个重要方面。③教育具有普及文化、提高人的文化水平的功能。首先，表现为扫除文盲；其次，

---

[1] 张显吉：《教育经济功能：马克思主义经济学视角的阐述》，《当代经济研究》2005年第1期。

表现为使原来少数人所掌握的知识、技能，被更多的人或全民所掌握；还表现为改变人们的生活方式等方面。④教育具有整合世界先进文化的功能。教育作为社会生态系统的子系统，对优秀民族传统文化的传承起着桥梁的作用，为优秀传统民族文化的发展提供了良好的载体。

4. 教育生态的系统原理

教育生态系统是一个动态的有机体，它时时与外界环境进行着物质、能量和信息的交流转换，体现开放性的特征。且教育生态系统内各个单元和因子之间互相联系、互相作用和影响，形成了在结构上复杂、功能上统一的整体。因此，形成了"1+1>2"的整体效应。教育与环境之间存在着相互依存、相互适应的关系。"牵一发，动全身"，一种生态行为的产生受到全局性的多因素影响，这都是整体效应的体现。美国20世纪70年代提出的职业教育（Career Education）观，即从教育的整体效应着眼而提出的教育工程，目的是以全局性措施来改变教育与劳动脱节的时弊端，以适应社会生活。

（四）学校生态系统理论

学校是一种古老的、广泛存在的社会组织。它始于人类知识及其传播的专门化要求，是有计划、有组织、有系统地进行教育教学活动的重要场所，是现代社会中最常见、最普遍的组织形式。它具有自己的组织结构、内在的生态形式和外在的生态背景。学校生态系统既具有生态系统的普遍属性，又有其特殊性质。任凯、白燕等人将其归纳为四项：一是社会的特殊缩影。学校生态系统是专门设置用于教育学生的社会的特殊缩影；二是一个存在着多种矛盾与冲突的系统。这主要表现为学校内文化的冲突，具体有教师与学生的文化价值取向、行为形态等；三是一个兼具积极与消极功能的系统。学校系统内部的多种矛盾冲突能得到合理解决，则有利于工作开展，从而使学校生态系统具有积极功能；反之，则会出现学校生态系统的消极功能，最终影响教育目的的实现；四是一种可以引导其发展变化方向的人为系统。学校生态系统内既有人为因素，也有自然因素。人为因素可以通过人工的有意安排而改变，自然因素有的虽然不能或不容易改变，但无论是哪种因素，只要不符合教育工作的需要，都可以引导其发展变化的方向①。

　　同时学校是一种生态组织，有其自身的结构和功能。它具有自己的组织结构、内在的生态形式和外在的生态背景。结构决定功能，功能反作用于结构。学校组织内的生态结构可以分为正式组织和非正式组织两大类。正式组织具体表现形式可以有以下几种类型：①从群体结合的角度来看，校内组织的生态结构分为两部分：教育对象（学生）和教育工作者（教职员工）。②从教育工作者的合作体系的角度来看，校内组织的生态结构由三个子系统组成：主系统（直接承担教育教学任务的系统，如教研室、年级组）、辅助系统（从人财物各方面保证和支持主系统的部门，如人事、财务、保卫、后勤、图书资料等部门）和指挥系统（管理和控制整个学校工作的首脑部门，如校长室、教务处等）。③从教育产生的结果来看，有健康的教育和不健康的教育，其中健康的教育对于特定地区教育事业可持续发展起推动作用，不健康的教育则阻碍地区教育事业发展②。此外，也有学者称为"好的教育"③和"不好的教育"。这些组织结构是为了完成学校的任务而经过正式设计的结构，成为正式组织结构。可见学校的特征是：具有固定的成员；具有明确的目标；具有精密的分工；具有严密的机构；具有严格的制度、规范；具有稳定的协调机能。除了正式的组织结构外，每一所学校中还存在着看不见、摸不着的非正式组织结构。这是一种潜在的组织结构，例如，在学生中由于各种利益和共同的兴趣爱好等因素形成的各种小团体，形成的各种关系，便是这种潜在的结构形式。非正式组织结构，虽未经过正规设计，但事实上却是发生于正式组织成员间的一种活动关系的模式，与正式组织形影不离。因此，学校生态组织的真正内涵实际上是一个正式组织结构和非正式组织结构的交错关系所形成的综合形态。这种组织形态体现了学

---

① 任凯、白燕：《教育生态学》，辽宁教育出版社1992年版，第185—188页。
② 张倩如：《江苏古代教育生态》，凤凰出版社2005年版，第4页。
③ 浙江大学周培植教授在其专著《好的教育：区域教育生态理论的研究与实践》中提出好的教育。虽未言明好的教育是什么，但是好的教育可以从几个基本的教育主题来审视，即：第一是区域教育生态理论的基本立场——敬畏生命；第二是区域教育生态理论的根本追求——教育：人是目的；第三是区域教育生态理论研究的主要策略、方法——生态智慧：一种哲学；第四是区域教育生态理论研究的特定范围——区域视角；第五是区域教育生态理论研究的重要内容——教育基因和教学伦理。

校生态的多样性和可选择性。

总之，学校是社会大系统中一个相对独立的支系统，与社会大系统中的政治经济系统、科学文化技术系统以及社会大系统中的其他支系统，都有直接或间接的必然联系。它在执行自己的任务、实现自己的教育功能时，不仅受到这些相关系统的影响，而且也受到自身结构状态的制约。从生态学的视角来看，学校的任务或功能因社会生态环境的演变而变化，除了原有的传统任务（传授文化科学知识和社会思想意识），随着社会的文明与进步，学校的任务正朝着多元化（促进经济、科技发展、咨询和参谋）的方向发展，历史赋予它许多新的使命。作为一种生态组织，学校要向适应社会对它的要求，圆满完成自己承担的任务，必须完善自身的生态系统，以维持学校与这个社会生态系统的平衡[1]。

三　绝技绝活之教育传承生态系统分析

绝技绝活的教育传承生态系统是本书的一个中心概念。建构绝技绝活之教育传承生态模式就是从绝技绝活的教育传承生态系统结构与功能出发，统筹设计各种生态因子，以建立一个健康平衡的传承生态系统，提高学校的办学效果和绝技绝活传承效果。绝技绝活之教育传承生态模式的构建不可能脱离绝技绝活之教育传承生态系统自身规律而产生。绝技绝活之教育传承生态模式能否实现良好的传承效果，前提是绝技绝活之教育传承生态系统结构稳定与系统平衡。因此，探明绝技绝活之教育传承生态系统内部结构，找寻其系统平衡形成的规律，对绝技绝活之教育传承生态模式构建有巨大的理论价值。

（一）绝技绝活之教育传承生态系统的结构
1. 基本组分划分

一个发育完整的自然生态系统是由非生物成分（环境系统）和生物成分（生命系统）组成，并通常将其划分为4个基本组成成分，即无机环境、生产者、消费者、分解者。本书所研究的绝技绝活之教育传承生

---

[1] 任凯、白燕：《教育生态学》，辽宁教育出版社1992年版，第181—185页。

态系统因其身存在的特殊性，决定其与自然生态系统的组分不相同。教育人类学认为民族是由其成员通过共同持有的文化得以维系的，文化则是通过教育得以传播的，而民族的文化和教育都产生并深深植根于特定的生态环境①。绝技绝活传承是一个动态的"传者"和"承者"的互动过程，这个互动必须是在某种条件和环境下进行的。传承活动必然要受到这些条件和环境的影响。同时，传承活动又反过来也对这些条件和环境产生反作用。因而，绝技绝活的教育传承必须根植于一定的环境中并受其影响，只有在与环境的相互联系、相互作用的过程中，才能完成有效的传承。这种互动过程和相互作用便是发生在绝技绝活之教育传承生态系统中。可见，与自然生态系统一样，绝技绝活之教育传承生态系统是具有一定结构和功能的有机整体，且是在传承主体与传承环境之间相互关系中形成的有机整体。然而，从绝技绝活传承过程的基本要素来看，绝技绝活之教育传承生态系统可以划分为传承主体与传承环境两大类，其中传承主体包括传者和承者，传承环境分为学校内部环境及学校外部环境。同时，绝技绝活之教育传承生态系统各要素之间存在着生态关系，它们相互联系、相互制约、相互影响，每个要素的变化都会对其他要素产生影响，并且每个要素的价值与作用都要通过其他要素来体现，各个要素就是在不断的作用过程中实现着绝技绝活之教育传承生态系统的动态发展。绝技绝活之教育传承生态系统具体组成和要素，如图 2 - 1 所示：

从图 2 - 1 中可以看出，传承主体包括传者和承者，传者是指那些拥有绝技绝活并参与学校人才培养的技能大师。传者一方面扮演着技艺发展者的角色，要不断钻研创新技艺以求技艺精益求精；另一方面还承担着师者的任务，用恰当的传授方法将绝技绝活传授给承者，培养新的技能大师。可见，传者在教育传承生态系统中扮演着主体的角色，举足轻重，不可或缺。承者是指在学校接受绝技绝活传承的学生，包括专业学习的全日制学生、培训班学生等。在传统的师徒制下，绝技绝活接受者处于被动的地位，但是随着传承模式的不断演进，教育传承模式下越来越倡导发挥学生（徒弟）的主体作用，鼓励学生质疑和反思，更有利于

---

① 龙叶先：《苗族刺绣工艺传承的教育人类学研究》，硕士学位论文，中央民族大学，2005 年。

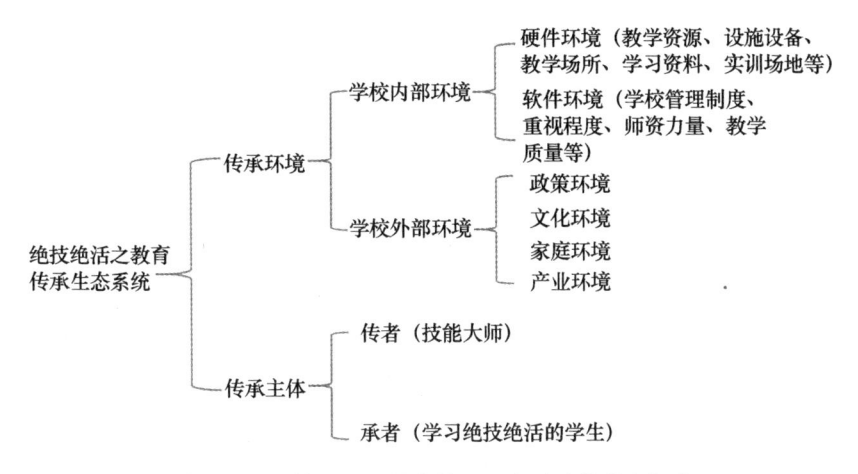

```
                                ┌─ 硬件环境（教学资源、设施设备、
                                │   教学场所、学习资料、实训场地等）
                   ┌─ 学校内部环境─┤
                   │            └─ 软件环境（学校管理制度、
                   │               重视程度、师资力量、教学
            ┌─传承环境─┤               质量等）
            │      │            ┌─ 政策环境
            │      │            │  文化环境
            │      └─ 学校外部环境─┤  家庭环境
绝技绝活之教育─┤                    └─ 产业环境
传承生态系统  │
            │       ┌─ 传者（技能大师）
            └─传承主体─┤
                    └─ 承者（学习绝技绝活的学生）
```

图2-1 绝技绝活之教育传承生态系统的基本组成

绝技绝活的传承与创新。绝技绝活接受者主体意识的觉醒是教育传承生态系统演进的结果。传承环境分为学校外部环境和学校内部环境，其中学校外部环境指的是由学生家庭、政府部门、绝技绝活产品生产厂家等方面形成的有关绝技绝活传承之家庭、政策、文化、产业等环境。学校内部环境是指用于绝技绝活传承所需的设施设备、场所、材料、仪器等硬件环境及学校重视程度、教师资质、教学质量、管理制度等软件环境（为了突出技能大师对技艺传承的主体性，我们将服务于传承的其他教师即传承辅助者置于学校内部的软件环境中来进行研究）。传者是绝技绝活的输出者，承者是绝技绝活的输入者，这两者之间的知识、技艺、文化传输和交流受到传承环境的影响和制约。总之，在绝技绝活之教育传承生态系统中，传承主体之间及主体与环境之间存在一定的结构形式和功能，并可以按照生态学原理进行人工调控与设计，使系统的平衡得以维持并良性发展，从而实现系统最优的传承效果。

2. 时间结构分解

任何一个生态系统都是动态变化的，其内部构成要素会随着时间推进而不断变化，这便是时间结构。绝技绝活之教育传承生态系统在内外部环境的作用下，以绝技绝活传承人培养为时间轴，会经过一个由选配阶段、传授阶段、评价阶段、应用与创新阶段的动态进化过程。

(1) 选配阶段

某一学校由于所处地方资源、办学特色、专业基础或历史渊源等，开始承担绝技绝活传承人培养的任务，逐渐形成了以学校为中心的绝技绝活传承生态系统。这一阶段，绝技绝活传承效果并不明显，面临着主体学校的选择无规划性，大多是学校自发性行为，对绝技绝活专业的教育教学处于初创阶段，合适的技能大师才从传统的家庭传承或师徒传承走进校园等问题。因此，这阶段的主要任务是选配合适的主体学校，引入绝技绝活技能大师，制定传承人选拔制度，完善绝技绝活人才培养方案及条件，形成以绝技绝活传承为纽带的教育传承生态系统。

(2) 传授阶段

技能大师和绝技绝活的学习者进入主体学校后，绝技绝活之教育传承生态系统便正式进入传授阶段。学习者在教育传承生态系统内学习绝技绝活及技能大师通过教育传承生态系统将绝技绝活传授给学者是这一阶段的主要呈现状态，这一阶段传者和承者之间紧密互动，也是绝技绝活之教育传承的关键阶段。传授阶段主要是如何调动学校内外部的影响因子，整合多方资源，促进技能大师能最大效率地将技艺传授给学习者，学习者能最大限度地学习并掌握绝技绝活，从而培养出新的绝技绝活人才。

(3) 评价阶段

评价阶段主要是指学习者经过学校专业学习和技能大师的技艺传授到达一定的技艺水平，并且即将要从学校毕业，需要对承者的学习进行总结性评价。这一阶段将聚焦于如何去评价承者的学习效果，其已达到的技艺水平是绝技绝活传承评价的最重要指标。同时，对整个教育传承系统开展效益评估，既是对绝技绝活之教育传承模式的检测，又能为下一个循环提供借鉴。

(4) 应用与创新阶段

经过前三个阶段，由绝技绝活之教育传承生态系统产出的人才或工艺品将进入相关的领域应用，接受市场的检测。同时，随着社会需求的变化，绝技绝活被新的传承人掌握后，可能产生新的工艺和技术。这一阶段学校外部环境将会发生较大的变化并会给出及时的反馈，与此相应，绝技绝活之教育传承生态系统为了适应外部环境的变化必须进行新一轮调整，即创新或改进技艺并将绝技绝活投入应用领域产生经济或社会效益。可见，绝技绝活应用与创新阶段既是一轮绝技绝活传承的结束又是下一轮绝技绝活传承的开始，只有及时进入应用与创新阶段才能确保教育传承生态系统持续不断地进化。

3. 空间结构解析

绝技绝活之教育传承生态系统是以实现最优传承效果为目的而形成的多层次复合系统，各系统组成部分彼此链接有机整合成一体，但是在绝技绝活之教育传承生态系统内的地位是不平等和有层次的。我们可以从绝技绝活传承的水平方向和垂直方向来分析系统的空间结构（图2-2）。绝技绝活传承的水平方向包含了传承共同体、学校的软硬件环境及学校外部环境三个层次，其中处于最核心层的是传承共同体，由传者、承者构成。传承共同体作为最核心层承担着绝技绝活传承中最重要的任务，大部分的绝技绝活传承活动在这一层次发生并完成。这里必须说明的是此层的传承活动起始于社会需求，即所有的传承活动必须是在遵循或迎合社会需求而进行，脱离了社会需求的传承将是无源之水无法长流。学校内部环境和学校外部环境分别处于系统的中间层和外层。学校外部环境将政策、产业、家庭和文化等多方信息融合形成社会需求，并通过学校内部环境来转化成具体的教学要求输入到核心层，从而影响传承主体，由此也形成了相互联系。从垂直方向看，绝技绝活之教育传承生态

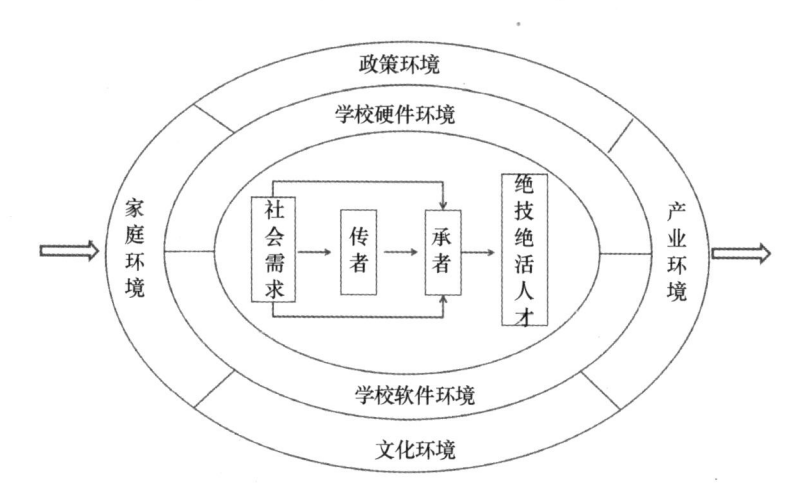

图2-2 绝技绝活之教育传承生态系统的空间结构模型

系统呈现的是传承主体之间通过传承活动而形成的绝技绝活人才培养过程。在社会需求的驱动和指引下，作为传者的技能大师将绝技绝活的知识、技艺和文化传递给承者，承者通过学校的学习和自我内化成为绝技绝活人才，最终输出到社会。在这一过程，外部环境转化成社会需求对传者产生影响从而影响承者，同时又直接作用于承者，比如家庭环境中家人的支持度直接影响承者。

（二）绝技绝活之教育传承生态系统的功能

与自然生态系统一样，绝技绝活之教育传承生态系统既具有其独特的结构，亦有着一定的基本功能，不断地接收输入并产出产品，促进系统本身有序地发展进化。绝技绝活传承的社会需求是推动系统功能运作的最直接动力，整个系统最终要实现的就是绝技绝活传承效果最大化。然而，与自然生态系统三大功能相比，绝技绝活之教育传承生态系统中能量流动、物质循环和信息传递功能所呈现的形式和运动的规律不同。同时，系统通过这些功能为社会提供绝技绝活的人才、产品和文化，与外界环境相互作用中形成一个动态平衡的复合性生态系统。

1. 物质流

在生态系统中的物质循环是指各种化学元素在生物与环境之间循环往复的变化过程。物质在生态系统中既是维持生命的物质基础，又是能量的载体，由109种化学元素所组成。绝技绝活之教育传承生态系统中物质是指用于绝技绝活传承的人力、物力和财力，这些元素在绝技绝活之教育传承生态系统中传递，在绝技绝活传承的各环节间传递并联结起来构成物质流。

（1）人力循环过程

绝技绝活之教育传承生态系统中人力是参加到绝技绝活传承中所有人的劳力，包括承者、传者和服务于绝技绝活传承的辅助者三大类劳力。其中传承辅助者是指服务于教学的教辅人员和管理人员及专业基础课教师。人力从外部进入到学校这个储存库后，分别成为传者、承者和传承辅助者，传者和传承辅助者服务于绝技绝活传承，促使承者成才。承者最终通过就业或创业进入社会成为绝技绝活人才，绝技绝活人才又可以通过学校选聘重新进入下一个循环（图2-3）。传者和传承辅助者一般比较稳定在教育传承生态系统里，但也存在系统平衡遭到破坏时流失到系统外的情况，不能进入下一个循环中。

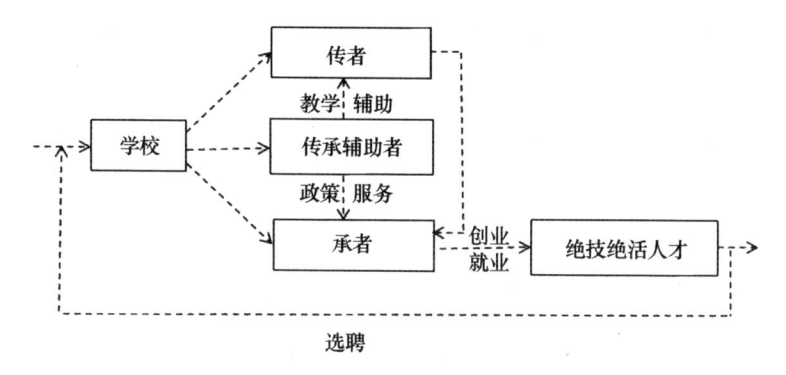

图2-3 绝技绝活之教育传承生态系统的人力循环模型

（2）物力循环过程

绝技绝活之教育传承生态系统中物力是指投入到绝技绝活传承中可供使用的全部物资。传承物资进行教育传承生态系统后变成传承场所、设备、传承资料等。传承资料在传承和承者的使用中变成教学资料和学习资料，传承场所和设备则帮助传承和承者更好地学习和教学。学习资料和教学资料又通过传承主体带入生产领域变成绝技绝活产品，最终产品转化为经济效益后又通过教育投入进行循环（图2-4）。

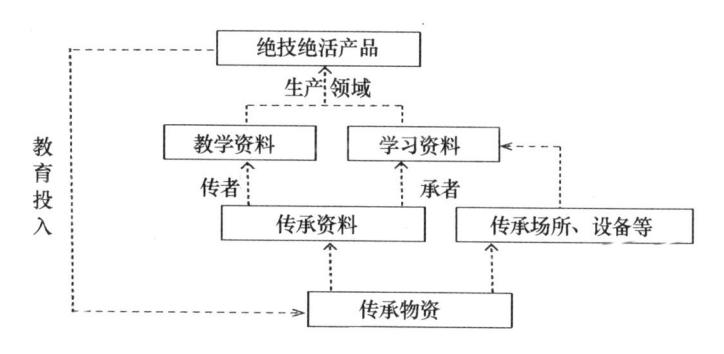

图2-4 绝技绝活之教育传承生态系统的物力循环模型

（3）财力循环过程

绝技绝活之教育传承生态系统中财力是指用于绝技绝活传承的资金。财力一方面通过工资支付转移到传者身上，传者在得到生活保障的基础上从而愿意将绝技绝活通过教学活动传给承者；另一方面通过购买教育教学设施设备、教学资料等，财力转变成教学条件用来保障绝技绝活的传承。承者通过学习成为绝技绝活人才后进行社会生产领域，从而产出产值成为社会经济发展的组成部分，用于社会发展的各方面建设。因此，生产产值中的某部分可能通过教育投入、政府购买等方式转化为下一轮的资金投入（图2-5）。

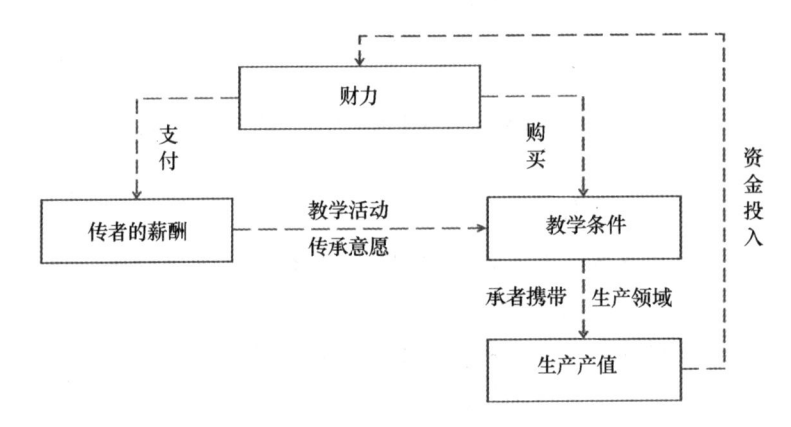

图2-5 绝技绝活之教育传承生态系统的财力循环模型

在财力循环中，周转率和周转期是反映生态系统物质循环效率的重要指标，而绝技绝活传承学校教育生态系统中物质循环的效率决定着技艺传承的效果。如果投入系统的人力、物力、财力能快速、有效地在绝技绝活传者的各环节中流动并被利用，就会获得较好的传承效果，即周转率就较高，周转期就较短，传承的效果就很好。

2. 能量流

作为永恒不变物理量的能量伴随着世界万事万物发展变化，一切生命活动就是能量流动的过程。能量流动是生态系统的基本功能之一，生态系统中各组分的存在、变化及其发展都与能量密不可分。任何生态系统中能量流动都是呈单向且递减趋势，同时生态系统的有序运行需要源源不断的能量供给。生态系统的能量最主要的来源是太阳光能,它沿着生产者—消费者—分解者进行单向流动并逐渐递减,是因为在流动过程中存在因呼吸消耗、排泄、分泌和不可食、未采食等消耗一些能量。这是自然生态系统能流的基本规律。

绝技绝活之教育传承生态系统的最主要的能量来源就是绝技绝活,包括绝技绝活制作工艺、绝技绝活知识、绝技绝活文化。它也有类似自然生态系统的能量流动途径,是沿着传者—承者—新的传承人进行流动,传递过程中会因为传者的传授方法和传承意愿、承者学习能力、传承环境影响等方面原因使绝技绝活能量流失甚至使绝技绝活消失,但也有可能因为传者、承者的创新而增加,比如绝技绝活变得更有生命力(图2-6)。绝技绝活传承之学校教育生态系统能流与自然生态系统能流不同在于:系统最终的能量有可能变弱也有可能变强,即附着在传者身上的绝技绝活通过教育传承流动到一般承者时,会因为承者学习能力或学习态度等原因而流失一部分,传者在应用的过程中又因为外部环境等因素而流失一部分后再流动到新的传承人身上,这时传者身上的绝技绝活因无法全部流动下来而逐渐递减。但还有另一情况是传承到一般承者会流失一部分能量,然而一般承者通过进一步强化学习会成为高水平承者又使能量增加,高水平承者可能受传承环境需求影响而进行创新应用

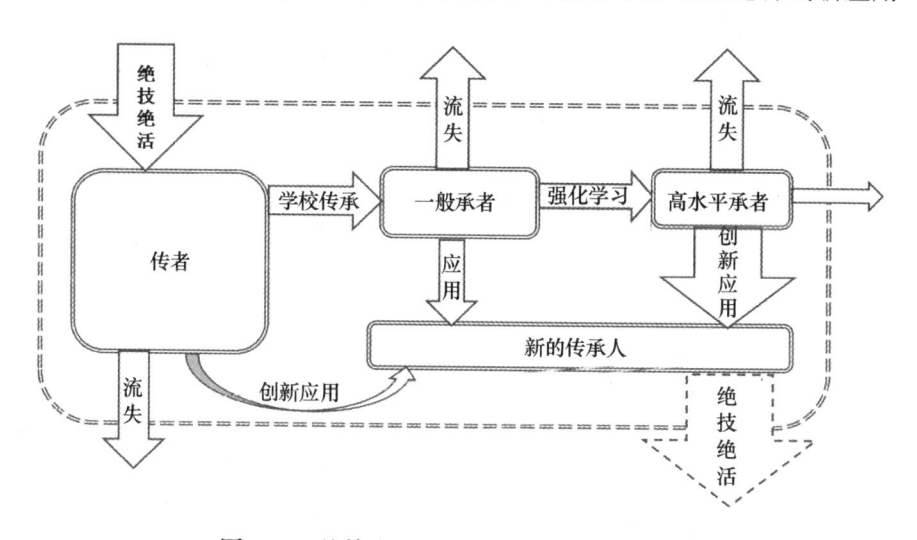

图2-6 绝技绝活之教育传承生态系统的能流

(改进或优化技艺),新的传承人技艺水平将高于传者,这时绝技绝活的能量便增加了。因此,要提高系统能流效率及生产力,就必须提高三方面能量的使用率,即不断提高学校内外部环境的质量,调动传者传授及承者学习并创新绝技绝活的积极性。

3. 信息流

(1) 绝技绝活传承信息流的过程

信息是由信息源发出的各种信号被使用者接受和理解,由事物发出的消息、情报、指令、数据、信号等组成,是事物的表征而非本身。生态系统中生产者、消费者和分解者在信息的影响下作出相应的反应及行为变化,做到各居其位、各司其职协调发展。信息传递是绝技绝活之教育传承生态系统功能之一,是系统主体间关系协调、主体与环境相适应的基础,也是系统失衡时进行调控的基础。绝技绝活之教育传承生态系统中信息的流动主要发生在传者与承者之间,环境与传者、承者之间,其环节包括四个基本过程如图2-7所示。

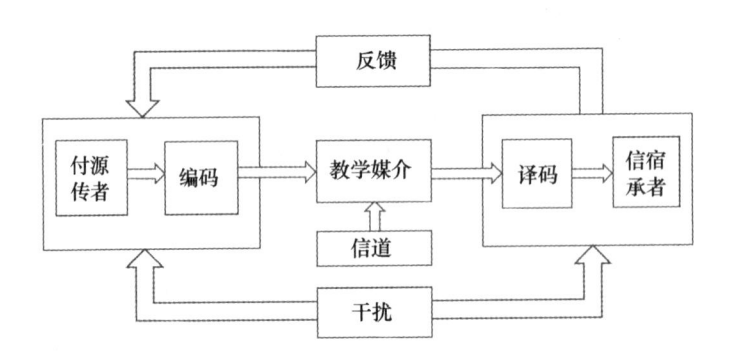

图2-7 绝技绝活之教育传承生态系统的信息流

第一,传者的信息产生。系统中的信息是在事物运动和变化时自然产生,作为信源的传者将接受到的传承环境信息及自身绝技绝活技艺信息综合,便形成了绝技绝活之教育传承生态系统中的信源,随后将信息通过知识的教授、技艺的传承与行为示范进行编码。

第二,教学媒介的信息传递。绝技绝活之教育传承生态系统中信息传递的信道是所有一切教学媒介。传承的信息是通过教学实物、标本、挂图、模型、多媒体等教学媒介传递给承者。

第三，承者的信息接收。信息接收是指来自传承的信息被识别或被感知。作为信宿的承者通过译码将传者通过教学媒介传递过来的有关绝技绝活的信息识别。

第四，传承环境的反馈与干扰。绝技绝活传承环境通过反馈和干扰成为绝技绝活之教育传承生态系统信息流的环节。承者完成学校技艺学习后进行社会生产领域应用，便会产生新的信息，新的信息通过传承环境反馈给信源。同时传者和承者也会受到来自传承环境的噪音干扰，影响最终的信息传递效果。

可见，绝技绝活之教育传承生态系统中各类信息在传承主体之间及传承主体与传承环境之间交换、流动，从而使系统成为一个统一的整体。因此，绝技绝活之教育传承生态系统中信息传递的时效性决定于信源与信宿之间是否建立有效的信道进行沟通与交流，以避免错误信息或信息错误传递而造成的生态系统失衡。

（2）绝技绝活传承信息的传递熵值

熵表示的是系统固有的、规律性的本质。在没有外界作用下，一个系统的熵越增，不可用能就越大，动力越小；换言之，一个系统的熵不相同时，对于相等的进程，它们的利用价值大不相同。在绝技绝活之教育传承生态系统中信息传递过程中不确定性信息的减少是我们追求的目标[1]。信息传递不是一种简单的过程，而是由发送者、传播渠道、信息、接收者、传者与受者之间的关系、传播发生的场合，以及信息所涉及的一系列事件构成，是一个复杂的系统，称为传播子系统。由于受众接受多种信息，而且受众的记忆分为长期记忆空间和短期记忆空间，为了占领受众的长期记忆空间，信息必须特性鲜明，强化重复[2]。

根据香农公式：$C = W\log_2(1 + S/N)$

绝技绝活信息送达率 C 与发送广度 W 成正比，与信噪比 S/N 成正比。信噪比是指发送教育所含信息与其他教育所含信息送达受众的到达率之比。根据信息熵理论，接受子系统具有熵增加的趋势，随着时间的

---

[1] 徐君：《基于熵理论的资源型城市转型与产业演替机理研究》，博士学位论文，西南交通大学，2007年。

[2] 于馨燕：《信息熵理论在广告活动中的应用研究》，《企业经济》2007年第3期。

流逝对绝技绝活信息的记忆会流失。为了强化对信息的记忆,传播应该是持续地、长期地、不间断地向接受子系统输出负熵,培养潜意识中的记忆。一个孤立系统的熵永不减少,这叫作熵增原理[①]。根据这一原理,以熵变为判据,不仅可以判断过程进行的方向,而且还能给出孤立系统达到平衡的条件。熵增原理揭示了一切自发过程都是不可逆的这一共同本质。为了打破平衡,必须与外部系统交换熵,从外部系统得到的熵称为负熵,目的是使本系统的熵值减少,更具有活力。在信息论中,熵表示的是不确定性的量度,在绝技绝活信息传递过程中信息的不确定的量度数值就是熵值。在绝技绝活传承系统的信息传递沟通中,不能忽视那种自发性的、在人际关系中形成的非正式信息传递的作用,它也可能给系统信息传递的确定性造成很大影响。不仅与承者群体中出现的恶性的非正式信息传递有联系,传者群体之间的隔阂也与非正式信息传递有关。因此,绝技绝活之教育传承生态模式需要有效减少不确定信息,增加信息的吸收和利用率。

(三) 绝技绝活之教育传承生态系统的影响因子

影响因子是环境中对生物个体或群体的生活或分布有影响作用的因素,通常分为生物因子和非生物因子[②]。绝技绝活之教育传承生态系统中的传承环境不等同于这里的环境,应该从广义上来理解它。广义的环境是指某一主体周围一切事物的总和。环境既是相对的,又是具体的,相对每个具体主体及研究对象而言,环境都有其特定的内涵[③]。相比自然生态系统来说,社会生态系统因涉及许多人本环境(即以人为载体的环境因素)而使整体生态环境具有复杂性。人本环境由于是以人为载体,其本身可以作为主体(例如前文提及的传承辅助者),同时也可以成为其他主体的环境。不同的立场角度下环境也会发生变化,比如以承者为主体,那么传者和学校内外部环境都属于影响因子,影响承者的技艺学习;如果以传者为主体,那么承者和学校内外部环境变成了影响因子,作用于

---

① 于馨燕:《信息熵理论在广告活动中的应用研究》,《企业经济》2007年第3期。
② 戈峰:《现代生态学》,科学出版社2008年版,第179页。
③ 曹凑贵:《生态学概论》,高等教育出版社2006年版,第247页。

传者的技艺传授。在绝技绝活之教育传承生态系统中绝技绝活传承是主体，我们在此基础上分析教育传承生态系统中影响绝技绝活传承的生态因子。根据实证调查和相关专家访谈发现，绝技绝活之教育传承生态系统中影响绝技绝活传承的因子主要有传者、承者、学校内部环境和学校外部环境四大类。

1. 传者因子

传者因子是指技能大师的传承意愿和传承方法。虽然说"师傅领进门，修行靠个人"，但是教师作为教学工作的实施者，对学生学习的效果有着最直接的责任关系。相对于其他学习活动，在技艺传承的过程中作为传者的技能大师对承者的学习效果产生的影响更直接更重要。从绝技绝活传承的实践来看，传者的传承意愿和传承方法因素最直接最关键地影响到承者，从而对传承效果产生作用。传承意愿是指传者对绝技绝活传承的看法和愿望，即传承是否愿意将承者当成自己的继承人，是否愿意将绝技绝活传承给承者，是绝技绝活传承的基础。传承方法是传者传授技艺时所使用的手段和技巧，传者方法得当，绝技绝活传承效果好，反之则传承效果不佳。

"大师会指导，对学生的错误会耐心地指导，但他也不会说你错，会亲手示范，很负责""学习氛围不同，在技能大师那里学习，艺术氛围更加好，会轻松很多，可以想画什么就画什么，用电脑的话就会生硬很多，学校专业课堂的硬性要求会多很多"。（某学校学习广彩的学生访谈）

2. 承者因子

承者因子主要包括基本素质、学习动机、学习兴趣、学习沉醉感、年龄、性别、家庭收入等方面，同样的传承条件下承者因子的质与量不同，其传承效果也会不同。与其他类型的学习一样，绝技绝活传承效果受到了学习者本身的影响，也就是说，承者本身的各项因素影响最终传承效果。其中基本素质是指稳定并长期在承者学习技艺中发挥作用的技能素质，包括对技艺的认识基础、美术功底、历史文化素养、创作素质和学习力等。学习动机就是学习技艺的目的，即对学习技艺的预期结果，有没有学习动机直接影响技艺接受人是否愿意去学习技艺，自然会对技艺传承效果产生影响。从国内外关于学习兴趣的研究来看，学习兴趣是人发自内心地对某种学习的需要，并且这种需要是主动的、积极的。绝技绝活的学习过程大都是漫长而枯燥的，如果学习者本身缺乏学习兴趣，就很难达到理想的学习效果。学习沉醉感对于学生是否能投入到学习活动中有重要的影响，绝技绝活是一种缄默知识，它需要学艺者能全身心地投入到其中才能领会。

"人的素质很重要，学习技艺的人要聪明，选徒弟要选有悟性的徒弟。"（广彩传承人技能大师周××）

"我作为一名男生来学刺绣，主要是因为对湘绣感兴趣，认为它有美感。学习一时间后发现由兴趣转变为喜欢，所以一直非常认真地学习湘绣，同时想毕业后在这个领域有进一步发展。"（学习湘绣技艺的张×）

"我看织锦这个行业比较好，我自己本身也很喜欢。"（学习黎锦技艺的刘××）

"学这个专业跟别的专业相比还是很不错的，因为前途比别的专业好些，毕业后学校安排的实习岗位、待遇还可以。"（学习玉溪窑技艺的张×）

"这个专业有的时候可能会有点儿枯燥，但是如果真的喜欢的话，用心融入进去就会越来越有信心，越来越喜欢。平时的话就按照要求制作，空余时间就可以按照自己的想法制作。"（学习黎锦的王×）

3. 学校内部环境因子

一般来说，学校内部环境因子包括学校的校风、课程设计、师资力量、设施环境等因素。学校作为学生学习和生活的场所，学生的思想与行为不可避免会受到学校诸因素的浸染。激烈的中考升学、择校竞争等现象的出现就是不同的学校环境对于学生的影响之大的现实反映。在绝技绝活传承中，学校是否提供良好的技艺学习环境，充足的经费、制度、师资等直接关系到传承效果。本书主要是从学校的环境营造、经费投入、制度重视、师资培养等方面来分析学校内部环境因子。

"学校的招生、专业平台建设、大师、宣传、实习基地都会影响学校办专业传承文化。"（剪纸大师韦×）

4. 学校外部环境因子

根据绝技绝活之教育传承生态系统结构，传承环境因子则包括产业环境、政策环境、文化环境、家庭环境等。其中政策因素主要体现在政府各部门对绝技绝活之教育传承在政策和法律法规上的支持，特别是在公立办学占主导的教育环境下，其影响显得更为重要。文化环境则体现在通过文化引领在宏观层面上营造良好的外部文化氛围，从而对传承效果起着影响。家庭环境对于学生的学习影响已经有过大量的科学论证。如卢智泉等指出家庭因素，诸如单亲子女、父母的文化程度、父母的职业及家庭经济收入对子女的学习成绩都有一定的影响[1]。在对绝技绝活接受人的调查中，我们发现绝技绝活接受人的家人是否支持学艺、家人是否了解其所学技艺对于传承主体是否选择学习技艺甚至将技艺当成职业具有重要的推动作用。产业环境是绝技绝活传承的活水头，没有产业环境，绝技绝活得不到应用，发挥不了价值，自然会影响传承。

学习陶艺的刘同学说道："我是抱着试试的心态，我爸爸在建水是做陶艺的，原来我是要读高中的，我爸爸让我来读这个学校。"……专业……同学也认为"我父亲是做这个的，我以前觉得做陶艺很赚钱，那些东西也很漂亮"。

（四）绝技绝活之教育传承生态系统的调控

教育传承生态系统中构建绝技绝活之教育传承生态模式就是遵循系统的平衡规律，有效控制各个影响因子，使绝技绝活之教育传承生态系统保持平衡。绝技绝活之教育传承生态系统一直处于运动和发展之中，

---

[1] 卢智泉、张国毅、侯长余等：《家庭因素对学生学习成绩的影响》，《中国行为医学科学》2000年第1期。

因此其系统平衡也是一种相对稳定的状态，只要影响因子产生的阻碍或干扰是发生在阈值范围内都可以进行调节。但如果不进行有效调控，系统就会失衡，最终导致绝技绝活失传。绝技绝活之教育传承生态模式构建的最终目的就是保持系统平衡，实现绝技绝活传承的持续性。

1. 系统平衡的表征

生态平衡就是生态系统的一种良好状态，就是"一定的条件下，生态系统各部分的结构及功能均处于相互适应与协调的动态平衡之中，这就是通常我们所说的生态平衡"[1]。绝技绝活之教育传承生态系统平衡就是传承的各要素在系统中相互协调，传承主体与传承环境相适应，传承功能良好，传承效果明显的一种状态。绝技绝活之教育传承模式必须是能使其所依赖的教育传承生态系统达到平衡，才能实现最大的传承效益。绝技绝活之教育传承生态模式在构建时要充分考虑内外部环境情况，根据实际情况科学、合理地规划，保证系统结构合理，并且最大限度发挥其功能，实现功效最大化。绝技绝活之教育传承生态系统平衡突出表现在以下几个方面：

（1）传承各要素之间关系协调

可以从传承主体间的关系及传承环节上的协调来体现。传者与承者作为整个系统的主要两大支撑要素，是有关教育传承生态系统平衡的重要因子。传者与承者的关系应该是融洽无间，即传者必须愿意并能全心全意地投入到绝技绝活传承中去，同时在传承中又能实现自身发展的新高度；作为承者的学生，要树立起传承主体意识，充分发挥自身主动学习技艺的积极性。相对传统传承模式，绝技绝活之教育传承涉及的环节更多更复杂。因此，传承环节上的协调是指绝技绝活之教育传承生态系统内部各环节要根据系统结构和功能合理布局，达到相互协调、相互配合的状态，使结构达到最优化，保证系统功能的有效发挥。

（2）传承系统能动态适应内外部环境

绝技绝活传承不应在"真空"的环境中传承，而应置于真实的产业、学校、文化、家庭等多重环境中，才能保持绝技绝活的生命力。绝技绝活之教育传承生态系统的平衡也体现在对学校内外部环境的动态适应上，

---

[1] 马世骏、李松华：《中国的农业生态工程》，科学出版社1987年版，第301页。

一方面根据绝技绝活传承的外部环境的变化，能相应地调整传承方式、传承内容和改善传承机制来达到外部环境的要求；另一方面通过内部结构的完善、功能优化促进内外部环境得到改善，使学校内外部环境朝向有利于系统生存发展的方向演化。具体来说，绝技绝活之教育传承生态模式在传承目标的设置、传承内容的安排、传承手段与方法的制定等方面都要与学校内外部环境的客观条件和要求相适应，使传承资源的总输入与传承效果的总输出大体平衡，甚至能产生增值，才能使绝技绝活传承持续而健康发展。

（3）传承系统结构与功能有序平衡性

绝技绝活之教育传承生态系统是传承主体之间的结构融合性与功能互补性结合形成的有机系统，系统的传承活动发生于各传承主体相互作用期间，并且其相互作用是通过一定的传承机制而联结在一起，同时传承资源的持续供给和良好的传承环境是系统有效进行绝技绝活传承的环境保障。当内外部环境中出现阻碍系统发展，干扰系统原本生成的稳态机制时，绝技绝活之教育传承生态系统结构有序平衡性被打破，并造成系统功能紊乱，可能出现系统无法进行绝技绝活传承活动甚至崩溃解体，但良好的绝技绝活之教育传承生态系统具备自组织与自适应等复杂属性，通过一定的调控措施能够及时进行要素结构优化和整体功能的提升，从而保证有序平衡，使得系统在平衡到失衡再到新的平衡的动态过程中不断发展演化。

2. 系统调控手段

绝技绝活之教育传承生态系统对内外发展环境变化的适应、调整，并不是任意适应，也不能随意调整、自由调整，而是以有利于绝技绝活传承、有利于民族文化发展、有利于高技能人才培养、有利于产业经济发展等为目的，也就是绝技绝活之教育传承生态系统调控是在人类的意愿下进行的。主要可以从传承主体选配、传承环境改造、传承功能优化等方面进行。

（1）绝技绝活之教育传承生态系统的主体选配

自然生态系统中的生物调控主要是对生物个体及种群的生理及遗传特性进行调节，以增加生物对环境的适应性及提高生物对环境资源的转化效率。从绝技绝活之教育传承生态系统的主体选配，主要有两个层面的调控。一是对传者进行合理选配,将恰当的技能大师引入到绝技绝活之教育传承生态系统中来,主要考虑技能大师是否具有进行学校教育教学的意向和能力,同时为技能大师提供良好的个人发展平台也是重要的方面。二是对承者进行合理选配,从绝技绝活之教育传承生态系统规律来看,作为承者的学生是影响系统功能的主要影响因子,因此,挑选优秀的学生进入绝技绝活传承活动中显得尤为重要。总之,主体选配的最终目的是增强传承主体对学校内外部环境的适应能力及克服各种因素带来的阻碍,提升各类传承资源在绝技绝活之教育传承生态系统中的转化效率。

(2) 绝技绝活之教育传承生态系统的环境改造

环境改造是为了增加绝技绝活之教育传承生态模式的效果而进行的一种系统调控措施。一方面可以通过争取良好的外部环境,比如政策的支持、资金的投入以及文化社会环境对绝技绝活传承的认可度等,调控这些传承资源输入系统的数量、内容和方向。另一方面改进学校内部环境,包括学校增大绝技绝活传承的支持力度、改善学校与传者的关系及教育教学设施设备等。

(3) 绝技绝活之教育传承生态系统的功能优化

绝技绝活之教育传承生态系统的功能优化重点在于结构的调控,即结合传承规律,协调传承中各主体及各环节之间的关系,将各组成部分进行合理布局,系统与外部环境之间交流通畅,从而使系统的能量流动、物质循环和信息传递更加有效快速。绝技绝活之教育传承生态系统功能调控主要包括以下三个方面:一是建立各传承主体之间的良好关系。如技能大师与传承辅助者在传承内容上互补、技能大师与学生之间稳定的授受关系、技能大师与学校之间融洽的合作关系。二是建立各传承因素在时间上、空间上的最优组合排列。要求充分利用现代教育教学先进方法将传承内容合理设计融入教学方案,同时整合各种传承方式的优势形成合力。三是建立系统各组分在能流、物流、信息流上的最优运行方式。如传承资源多环节循环利用、传承相关主体共生共荣。

第 三 章

绝技绝活之教育传承生态的演进

对绝技绝活之教育传承生态理论的分析，是绝技绝活之教育传承生态模式的基础与依据。然后，纵观绝技绝活传承史，发现不同时期有不同的主流传承模式并不断演进，现象背后蕴含着丰富的模式演进规律。本章在对不同时期绝技绝活传承模式进行梳理的基础上，进一步研究绝技绝活传承生态的演进，以期通过对不同模式间的关系及其变化的分析，追溯不同绝技绝活传承模式所反映的不同社会历史阶段的传承生态样态，找出其演变的原因与规律，并探求这些传承生态规律对教育传承的价值和借鉴，以构建符合当前社会背景的绝技绝活之教育传承模式。绝技绝活之教育传承模式是对于传承的结构与动态教育过程发展的简化表述，由表及里，从抽象的概念界定和复杂的动态过程中提炼出一般范式。基于已有研究，笔者认为，绝技绝活传承模式包括传承主体、传承目的、传承内容、传承方式和传承特质五个基本要素，这五个要素构成了一个完整的循环式的动态系统。同时，结合对相关史料记载的研究和田野考察所获取的文本资料，发现绝技绝活传承主要分为家庭传承式、民俗器物传承式、师徒传承式、作坊——工厂传承式、教育传承式五类，每种传承模式都有其产生、发展、衰退的一个过程，且每种传承模式的存在都有特定的社会历史背景，或者说是与一定的社会发展历史阶段相联系。可见，只有透过模式演进现象，从传承主体、传承内容、传承方式、传承目的及传承特质五个维度来剖析绝技绝活传承这一动态教育过程的本质，才能充分挖掘在不同时期传承模式演替背后的规律及价值。

一 传统的绝技绝活传承模式

（一）家庭传承式

家庭是社会的细胞，是人类自身再生产的基本单位，也是文化传承的最基本组织。家庭在人类社会历史上存在久远，学术界对家庭的起源问题众说纷纭。中国历史上，夏、商、周以前可统称为远古时代，距今有四千多年，虽无文字记载，但学者从传说和神话中推演，远古时期家庭已显现雏形。春秋战国之际，随着生产力水平的进一步提高，开始出现个体家庭。与之相伴的是由一个个有血缘关系的个体家庭组成的家族的产生，并且直到近代社会转型时期这一直是中国社会结构的主流。但"家庭"一词则到南北朝时期才出现，而"家"这个字在殷墟出土的甲骨文里就能见到。从社会学的角度来看，家庭是社会的基本单位，在人类共同生活的环境中，以一定的婚姻关系、血缘关系或收养关系组合起来。个体家庭作为整个社会物质生产、人类自身生产的基本单位，对社会的正常运转和发展具有重要的作用和意义，对于文明的延续和发展具有重要的促进作用。本书所讲的家庭，主要是指个体家庭，同时也包括由个体家庭组成的家族。

所谓家庭传承，即以家庭为基本单位，指在家庭家族内部成员之间的传承，长辈将绝技绝活的技术技巧、方法流程、关键要领、注意问题等逐一传授给后代，后代模仿长辈的工作程序套路或工艺制作流程，通过自己的不断摸索来掌握其中的原理[1]。以一对一或一对多为主要方式来进行技艺传播，表现在传统手工艺、医术以及其他诸多专业性、技艺性较强的行业领域中。为了保证家族技艺的绝对优势，一般不传外人，而在中国宗族中，以父系为家族传承的脉系，确立了男性在家庭中的地位，传承也以男性的继承为正统，但也有例外。技艺传承注重习得技能并能够在已习得的知识、技能基础上创新，进而实现家族手艺长远、可持续发展，与此同时，也反映出对民间乡土文化和乡土文化的传播者的关照

---

[1] 车博：《黔东南苗族乐器制作技术传承及影响因素探析》，硕士学位论文，西南大学，2011年。

和尊重。下面从传承主体、传承目的、传承内容、传承方式及传承特质五个维度来分析家庭传承的内在本质。

1. 传承主体

从传统的伦理观上讲，家庭传承中传授者一般为家庭中的长辈，受授者主要是家庭中的晚辈。古代世袭技艺一方面是家族非物质文化的遗产，另一方面作为谋生资本，胜于金钱与土地。颜之推在《颜氏家训》中倡导"家财万贯，不如薄技在身"。况且独门精湛的技艺作为一种无限的资源，家族本身往往不惜各种代价以确保技艺私密性。核心精艺子继父业，绝不向外人传授，家庭成员"传男不传女"，甚至"传媳不传女"也是约定俗成的规定。但是对于不同的传统技艺，受授者有时也由性别决定，比如，在钧瓷技艺的传承中传授者（父辈）把技艺当作财产的一部分遵循众子承袭的原则传承，受授者（子辈）承袭技艺。这种传授是非公开的，家庭中将男性后裔作为培养人，从小在父亲的带领下接触手工艺，先充当父亲的助手，耳濡目染中习得手工艺的具体操作，进而成为家族的继承人。因此，从传统的家庭传承上来看，家庭手工艺的传承，既是家庭技艺的继承，也代表着家庭权力的交接。然而，对于诸如蚕桑等技艺来说，其家庭家族传承者主要为不脱离农业生产的女性，"蚕女勤苦""工女机杼"等都反映了这一事实。蚕桑多用于生活纺织，她们认为缝衣服、哺育幼儿、纺织、做饭，自古以来就是妇女的分内之事，女性的生活状态也是围绕操持家务而展开的，这是女性勤劳持家的标志，因此家庭内蚕桑技术传承主要是在姑妇、母女、姐妹间展开，这种传授是公开性的，在采集桑叶、培育蚕种的过程里，传授者将种桑、养蚕、织绸等专业性的技艺技巧教给受授者，学习者自幼在这种技艺氛围里成长，通过自然习得掌握技艺。

随着社会经济的发展，手工艺逐渐成为一种谋生的职业，技艺的垄断成为必然。家庭或家族的继承是技艺垄断的主要手段，技艺传承的过程是循序渐进，以血缘为纽带，血脉中流淌着孝道与亲情。然而，在当代家族技艺传承中，面对家长权威削弱，家庭观的改变，技艺的传承并没有因为时代的变迁而消亡，时代赋予传承者的更多是一种对于传统手艺的尊重。作为传承者毕生的职业追求，从单一保留技艺的本真性到给予传统手艺以新的灵气。由此给传承主体所带来的选择，呈现出不拘泥于血亲姻亲，不拘泥于男性女性，不拘泥于亲缘关系，而是面向社会，在家族传承的同时进行业缘传承、地缘传承的多元化的传承趋势。

2. 传承目的

家庭传承的技艺保持了工艺传统，因此成为同行业内的独门技艺，奠定技术口碑，尤其是一些"老字号"的门面在一定区域内已经形成了绝技绝活的诚信，为保留这种诚信环境，一般都由家庭的形成来继承繁衍，也凸显出技艺持有者对于精艺的"知识产权"意识。受传统伦理观的影响，家庭家族传承形式中，以家族方式承袭父辈技艺的传承人都会提及"责任""义务""使命""家族荣誉"等词汇以及父亲临终前嘱托的人生感悟，自古"孝"为核心，以家为出发点，所谓"修身齐家治国平天下"，"忠"和"孝"同等重要。祖辈培养家族绝技绝活继承人，也是避免出现"人亡歌息、人去艺绝"的现象，肩负着家族的荣誉，技艺传承是世代相传的使命。在古代，家庭家族传承属于男耕女织、自给自足的小农经济时代的主要生产形式，其主要目的是满足自给自足的小农经济时代的家庭生产生活，作为家族人员谋生的一种手段。随着社会的发展，生产目的的转变引起家庭家族传承目的的转变，成为获取经济效益的一种途径，传统手艺日益成为一种现代职业，承袭者热衷并将秉承着从一而终的态度。在传承的同时使其物质生活水平进一步提高，以社会服务为导向，发展生产力，对社会的贡献也就不言而喻。

3. 传承内容

家庭传承的内容主要是祖祖辈辈相传的某项绝技绝活，包括知识、经验、相关技术流程、传统民俗习惯等。只有技艺精湛才能立于不败，在家庭中，一般一辈子都从事一项技艺，有些人能够在自己的这项技艺方面达到炉火纯青的境界。除此之外，接受者还会受到社会伦理道德、行业道德等方面的教育。如此可见，其传承内容并不局限于祖辈流传下来的传统技艺，承袭者在模仿学习时也许会面临传统技术手法无法突破的瓶颈，需要弥补传统技法的缺陷而有所创新，继而传递给后代。我们认为，传承内容是日益丰满的，历经接受和创新两个阶段，是基于循序渐进的技艺积累而突破固有形式后融合而成，同我们所说的哲学中量的积累和质的飞跃一样，二者共同构成了沿袭的内容。

具体来说，传承内容根据绝技绝活分类方式的划分而有所不同。从历史范畴分类，主要包括原始手工艺，如彩陶、骨雕、石雕等；传统手工艺，如椰雕、黎锦、制糖、竹编工艺、制盐、景泰蓝、雕漆、玉器、金银器皿等；现代手工艺，如纤维编结壁挂、棒针编结等。按社会属性关系分类包括宫廷手工艺（后称特种手工艺）、民间手工艺、少数民族手工艺等。按产品分类，有雕塑手工艺、印染手工艺、织锦手工艺、陶瓷手工艺、刺绣手工艺等。不同的绝技绝活类型，其承袭的内容、流程、技术手法也有所区别，湘绣工艺技法的传承内容主要包括技法传承，纹样传承以及湘绣自创工艺技法。其中技法传承和纹样传承更多的是借鉴和吸收父辈所总结的经验之后，自创工艺技法就是我们之前所说的承袭者的自身感悟与创造，漫漫历史长河中，沉淀下来的文化与时代气息交织，追随时代潮流又不失文化艺术的内涵。湘绣工艺技法传承主要是传授基本的针法，譬如对苏绣、"顾绣"针法、粤绣"凹凸"技法、湘西苗绣和湖湘民间刺绣工艺的吸收与改进。在湘绣中，在汲取苏绣的套针上加以发展，才创制了掺针，被广泛应用。这既是湘绣创始人对针法改进后的结果，也是对苏绣中的顾绣针法的继承和发扬。清代湘绣《荷塘鸳鸯图册》就是典型借鉴顾绣传统的风格，画面上追求匀、平、净、雅的效果，辟丝极细，针法注重光影变化。近代湘绣绣虎在于表现其皮毛的质感取胜，于是湘绣艺人余振辉创造了鬅毛针。而鬅毛针正是在接掺针基础上发展起来的一种绣狮、虎皮毛的针法，它的特点是变换施针方法，使刺绣的线条有聚散状地撑开。因此，湘绣在技法上深受苏绣和顾绣的影响，从掺针到鬅毛针法的创制，湘绣均汲取苏绣、顾绣的针法加以发展，形成了湘绣独特的针法体系，使湘绣产业与其他绣种有了不同的面貌。纹样传承主要是对中国书画艺术、祥瑞图案、传统卷草纹、团花、折枝花纹样骨式的借鉴与运用。湘绣自创工艺技法主要是自创针法，并融入色彩丰富与"以针代笔"的湘绣特色，近现代湘绣工艺产业的新材料、新工具，湘绣产品的近现代营销方式。

再如醴陵釉下五彩传承人陈利继承了父亲陈扬龙的技艺，并将这份事业"薪火相传"。在长期的创作中，他借鉴中国工笔画中"三矾九染"的绘画技法，即用薄薄的色水通过多次的渲染让画面达到厚实的质感，尝试在色料中加入多量茶水，以很淡的色彩层层分染，经过多年研究实验，最终烧制成功。其成品画面自然生动，艳而不俗，清新雅丽，整个瓷器温润如玉，产生一种的诗意般的意境效果。创制"薄施淡染"技艺，此后这种技法绘制的作品风格叫作"扬龙薄彩"。此技法丰富了传统的"单线平填"分水技艺，在传承中创新，在醴陵得到广泛的推广。家庭家族传承是醴陵釉下五彩瓷烧制技艺中重要的传承方式，至今仍有所保留。从上述分析来看，不管哪一类绝技绝活，家庭家族传承的内容都具有相似的环节，均需要学习者举一反三，触类旁通，并要求继承者具有较高的精神素养，最终能够完整准确地习得家族真传。

4. 传承方式

家庭家族传承过程中所采取的是言传身教、口传身授、耳濡目染的传承方式，于实践中通过实际生产环节进行讲授、示范，其实现的是一种自然状态的传承。南朝范晔《后汉书·第五伦传》："以身教者从，以言教者论"，既用言语来教导，又用行动来示范。言传是用言语讲解、传授，所继承的技艺一般较突出事物原发性的特点，虽是简单的口诀表达，却积淀着祖先前辈多代人对这种技艺的总结，其经验性与直观传递的传授方式让习艺者较易较快地掌握要点；身教，以行动示范。是一种综合传播形式，是见效最快、效果最显著的一种传承形式，身教可以让授艺者在传艺时既可以口传心教，把技艺经验和核心秘诀言语诉之，还可以现场展示，亲身示范，循循善诱，让习艺者易较快地掌握核心技艺。早在春秋战国时期，技艺传授和训练方式在先秦古籍《管子》中就已有明确记述。《管子·小匡》说："令夫工群萃而州处，相良材，审其四时，辨其功苦，权节其用，论比、计制、断器，尚完利。相语以事，相示以功，相陈以巧，相高以智……"相语以事即互相谈论工事；相示以功即相互展示成品，在家庭之中即"父子兄弟"相互展示成品，取长补短；相陈以巧即相互比赛技巧，在传授时，简单技术运用模仿便可。但高难度动作需长者反复示范，"相示以功，相陈以巧"，诸子之间相互激发，彼此吸收而又各领其道，使得家庭技艺在传承中得以拓展与分化；相高以智即彼此提高技能，专业技艺经过家庭数百年传承发展依托于诸代传人之间对于技艺的钻研与突破。此为完整、系统的一套传承过程，要求习艺者手到、眼到、心到，达到世业专攻一技的状态。

总之，家庭传承中绝技绝活的形成过程与其他操作技艺形成的过程一样，遵循着操作技艺形成的规律：都是以点到面，以掌握局部动作阶段到动作协调和完善阶段。在初学时，学习者的注意范围比较狭小，只能集中在个别动作上，并且不能控制动作的细节。绝技绝活的学习始终离不开反复练习，同时学习者自身的个性特征对技能的提高也有很大的影响。

5. 传承特点

家庭传承是与自给自足的小农经济相适应而产生发展，其特点主要体现在以下几个方面：①自然性。家庭家族传承属于家庭生产过程中一种处于"自然"状态的传承模式，并无相关的制度、法律进行保障、规范。与学校教育模式相比，并没有具体的制度或者法律条例进行约束和保障。正因为缺失相对健全的传承机制，所以更容易受到外来因素的冲击，这也是该模式不同于其他模式的主要特点之一；②保密性。家庭家族传承中出现过对传授者、承习者的身份具有严格要求，传承内容保密的现象。在研究中发现，由于在某些生产环节上，生产技术属于某些人所独有，为了保证其经济利益或者出于其他原因，该技术往往只在一定范围内流传，且对于传授者、承习者具有严格的要求；③权威性。传承者对于被传承者具有绝对权威，传承者与被传承者深度接触，不但生产在一起，而且生活也在一起；④简单性。传承技术相对简单，无法传承相对复杂的协作式的技艺，相关技艺传承也只能多是相对简单的内容，需要复杂机械设备的、多人合作的技术则一般在大规模生产中才能得到传承。

（二）民俗器物传承式

中国乃"声明文物之邦"，"文物以纪之，声明以发之"，在漫长的历史岁月中形成了璀璨绚烂、丰富多样的文化。一般认为文化包含器物、制度和观念三个层面。文化既是一种保留，也是一种变化，许多绝技绝活传承到今天，已成为一种独特的民俗文化。要了解何为民俗器物传承模式，首先要清晰"民俗"与"器物"的概念，并从器物与民俗两个方面讨论绝技绝活传承中民俗器物传承模式。所谓民俗即民间文化，是指一个民族或一个社会群体在长期的生产实践和社会生活中逐渐形成并世代相传、较为稳定的文化事项，可以简单概括为民间流行的风尚、习俗①。可以具体理解为：人民的风俗习惯；民众的生活、生产、风尚习俗等情况。民俗是人民传承文化中最贴切身心和生活的一种文化——劳动时有生产劳动的民俗，日常生活中有日常生活的民俗，传统节日中有传统节日的民俗，社会组织有社会组织民俗，因此，绝技绝活也有其特定的民俗。总之，民俗就是一种源于人民，传承于人民，规范人民，又深藏在人民的行为、语言和心理中的基本力量。所谓器物，多以物质形态存在，器物从古至今所蕴含的文化能够代表一个国家的历史和文化发展水平。传统器物包括宝石红、瓷器、金瓯、陶器、玉器，其主要功能是生活实用性，装饰性，祭祀礼器，也喻示着权力、身份和地位。历代传世的民俗器物，即使小到碗筷、瓮罐和针剪，不仅仅只是物质性的东西，而且也是人类创造的精神文化的见证，并在使用过程中形成一定的风俗习尚。但是民俗器物传承具有一定的封建迷信色彩，其禁忌是人们出于对某种神秘力量的畏惧、基于某些经验、观念和情感而形成的行为指向和行为方式上的自我限制。

所谓民俗器物式传承指以与绝技绝活相关的民俗、器物为载体，传递绝技绝活的知识、文化和技艺的信息。从流传文字、绘画资料、出土文物以及自古到今一直流传延续的民俗和器物中，可以发现大量与绝技绝活相关的内容，而且这些内容丰富多样，几乎涵盖了传统技艺的方方面面。可见，民俗器物式传承对于绝技绝活起到了普及、传承的作用，同时也为后世传承和研究提供了实物或理论证据，具有重要的价值和意义。其特质体现在：

1. 传承主体

民俗器物传承式不具备特定的传授者与授受者，而且作为"传授者"的器物并非都是有明确意识进行传授，有的只是其衍生出的功能和作用。器物一般除了起到装饰作用外，有可能还有某种信仰或理念的物化反应，而诸如仪式、节日表演等则主要具有表演、示范的作用。

2. 传承目的

民俗器物具有传统性、延续性、规范性、民族性等一些特征，对其

---

① 赵荣、王恩涌等：《人文地理学》，高等教育出版社2000年版，第108页。

中的人具有教育、规范的功能。民俗器物传承以生产发展和教化为主要目的。民俗器物是民族文化的重要组成部分，是一个民族特有的文化事项。特别是蕴含绝技绝活文化的民俗器物，具有规范技艺和统一教化的作用，蕴含着深刻的教育学意蕴。

3. 传承内容

民俗器物式传承虽然是通过物化的载体来实现的，中西方对民俗的划分标准不一，不同的民俗学家由于不同的学术背景和特定的课题需要，都有自己的一套说法。英国的班恩女士（C. S. Burne）在《民俗学手册》中大致是把民俗按精神领域、行为领域、语言领域划分为三大类。国内学者普遍以生活形态为依据对民俗的进行分类，包括：1. 物质生活民俗，主要有生产民俗，如农业、渔业、采掘、捕猎、养殖等物质资料的初级生产方面；工商业民俗，如手工业、服务业和商贸诸业等物质资料的加工服务方面；生活民俗，如衣、食、住、行等物质消费方面。2. 社会生活民俗，主要分为：社会组织民俗，如家族、村落、社区、社团等组织方面；岁时节日民俗，如节期与活动所代表的时间框架；人生礼俗，如诞生、生日、成年、婚姻、丧葬等人生历程方面。3. 精神生活民俗，分为游艺民俗，如游戏、竞技、社火等娱乐方面；民俗观念，如诸神崇拜、传说、故事、谚语等所代表的民间精神世界。民俗、器物如此多维度地划分使得其传承内容具有多样性，这些民俗器物反映着民俗文化的丰富的物质或实物世界，具体包括民间生产、生活、岁时节令、民间文艺、宗教信仰、礼仪、民间组织（如家庭）等；"民俗活动中产生、流传、使用的赋有特征的典型器物"，指出了民俗文物的形式是物质的，有形的，静态的"物"。这些"物"是广大民众所创造、享用和传承的民间生活文化中的物质文化遗存和精神文化的物化遗存，记忆的是民间传统和习俗生活中的文化。诸如陶瓷、玉器等民俗器物基本都真实反映了各个时代绝技绝活生产和运用的状况，不仅有效地推广、普及绝技绝活知识和技能，并且为后世的研究保存了一手资料。在藏民族传统艺术表现形式中，酥油花可以被认为是雕刻艺术的一种独特形式，是在用草绳、竹竿、棍子等搭成的"骨架"上涂上油泥，待其"定形"后用各种颜色的酥油上色，做出各种佛像、人物、鸟兽等形状。值得一提的是，酥油花是塔尔寺三大绝技之一。酥油花不仅仅是一种精湛的雕刻技艺，在其作品中也体现着浓厚的藏民族的独特民俗民风，在这门技艺里包含了藏民们的宗教信仰、对家乡的情感、对生活的热爱。酥油花主要是由塔尔寺内的艺僧来制作的，在制作之前艺僧们会先沐浴，做宗教祈祷仪式，酥油花要在正月十四日当天制作完成，不能早也不能晚，在晚上的"觉阿却巴"（也就是酥油花灯会）中使用，酥油花的图案有佛像、人物、花鸟等，伴着正规的宗教音乐缓缓前行。太阳落山后，酥油花要被送进寺庙，艺僧们都小心翼翼地用冷水对酥油花淋喷，这个过程叫作"净陈"，为的是让酥油花雕像上面的灰尘弄干净以供第二天摆入寺庙供人拜祭之用。可见，酥油花制作的每个环节都作为传承内容逐一完成，艺僧们甚至把酥油花技能能够精准地传给学生作为自己毕生的最高目标。

4. 传承方式

以与绝技绝活有关的民俗、器物为载体，传递一定的绝技绝活文化及信息。民俗器物传承运用口口相传、观摩体悟等方式，通过民俗器物本身流传于世，使接受者获得语言传承所不及的直观信息。口口相传即不著文字，口头相传。观摩体悟包含两个层面的含义，一是指互相学习，观察模仿；二是指交流经验，个体要有所感悟。民俗器物是传承的载体，只要具备一定的保存、保养环境或条件，它就可以保存和传承下去。由于民俗文物是社会历史的产物，是历史的化石，是不可再生的资源，所以，其保护和传承，完全是一对一的、不允许任何变化的原样保护和传承。

5. 传承特点

与其他传承模式相比较，民俗器物传承模式具有如下特点：第一，传授主体不一定都有明确的传授意识。鉴于该模式自身的特征，传授者并非都是有明确意识进行传授，有的只是其衍生出的功能和作用；接受主体多是一种自觉的、潜移默化的行为，没有强制的外力驱使，在潜移默化中接受了相关的知识、思想、理念；第二，传授者与接受者之间可以跨越时空。由于传授内容具有多样性，以器物、符号等为载体，可以脱离某一具体的人而独立存在，从而使传授者和接受者可以跨越时空，这也是该模式独特之处；第三，传承行为具有随机性。由于没有相关因素的约束限制，所以该模式的传承行为具有很大的随机性；第四，民俗器物传承具有物质与精神、实在与信仰双重特性。从民俗器物的概念中我们可以看到，这种传承方式传承的是民间传统和习俗生活中的文化，几乎涵盖了历史上和当代民间社会生活的衣食住行、婚丧娶嫁的生产、生活、信仰、节日、礼仪活动诸多方面的内容。民俗传统的思想和精神实质都是通过民俗器物的物质外壳而渗透其文化内涵的，它保存的是人类物质民俗中的技艺。

（三）师徒传承式

师徒传承式是建立在传统社会的择业问题上，拥有绝技绝活是传统社会中获得生存发展机会的重要途径。清·李绿园《歧路灯》所说，不耕而食，不织而衣，遨游海内，艺不压身，即为"艺多不压身"。由于封建社会实行重农抑商的经济政策，手工艺人地位非常低下，一般只有贫困人家的孩子为了维持生计，补贴家用，才去做学徒。清苦人家为缓解家庭负担，并让孩子找到一项谋生的手段，一般情况下会考虑让孩子拜师学艺。传统社会中对于技艺的垄断是为了维护其利益，市场环境和技艺资源让技艺的持有者采取了一种保守封闭的态度。师徒制度的文化传承在中国古代已有之，无论是古代官僚体制、传道授业还是手工制作技术传承，都秉承师徒传承的传统，师承关系秉持尊师重道、尚礼崇德，师傅的经验会被徒弟记录、整理、运用并流传下来，是我们这个社会经济、技术、文化延续发展的最原始，也是最广泛、最有效、最具代表意义的关系形式。其主要特色体现在：

1. 传承主体

传承方式的主体就是师傅与徒弟，其中师傅就是最好的传道者，而徒弟就是授艺人。受宗族观念的影响，随师求艺需具备地缘或血亲的关系，收徒的规矩和礼仪也较为复杂，徒弟要拜师，需要相应的人引荐，师傅通过考察人品、悟性、资质择徒。拜师学艺有一套庄重的礼仪，拜师意味着将来学有所成时能够被业内人士所认可和接纳，举行拜师礼，也就被承认是某项绝技绝活的传承人，譬如光绪年间的投师字据就表示师徒二人存在着依附关系。学艺是一个漫长而艰苦的过程，年复一年，日复一日地与师傅在一起，新入门的弟子主要工作是侍奉师傅的生活起居，不会直接得到师傅的传授，朝夕相处中师傅会树立绝对权威，弟子从师傅的言行举止中习得精华。师徒情感在日月的累积中加深,"师徒如父子"就意味着师傅将徒弟视为家庭中的一员,在传艺过程中师傅对徒弟全面了解,影响其身心的发展,同时培养师徒默契,继而更好地传艺施教。师门求艺是以契约形式存在的,各种制约关系保证师徒之间的共存以及技艺的秘传。师傅招收徒弟,不仅是传授技艺,而且增加劳力,在传艺界一直流传着"师傅领进门,修行在个人",但是劳力和传艺之间的矛盾一直存在,师傅将毕生心血和经验传授给弟子,可能培养出好的劳力,也可能培养出同行的竞争对手。因此,传统社会对师徒的约束相当严格,徒弟不得违背师门条规,如违反师徒协定,将被清理出师门,手工艺者将行业内的信誉看得相当崇高,这对徒弟是一种严格的约束。

2. 传承目的

师徒传承式使得许多绝技、绝活、绝艺得以延续,造就了一代又一代的传承人。这种传承方式将知识技术在后人身上递承相传,让后人得以学习某个前人或某种流派的独特传统,进而促使绝技绝活得以维系和发展。传统技艺在被承袭的过程中,也培养了技艺精神,因此,传统的手工业文化如同不断的血脉,维系了优秀的技术流派。

3. 传承内容

为了保持竞争的优势,技艺传承保持着相对保守的性质,徒弟与师傅之间的渊源关系,是维系技艺的门派,尤其是针对"绝技绝活",更是要保证技艺传承的正统血脉。由此,传承内容一般分为两部分,一是与传统技艺相关的知识、经验、见解、体验;这部分的内容对学徒来说是至关重要的,生产技艺是一个行业赖以生存的根本,有些绝技甚至可以决定整个行业的兴衰,尤其是生产的谚语和口诀,更是世世代代的艺人在实际操作中总结出来的成功经验,是行业技能的重要载体,是无数人智慧的结晶,这些是学徒在习艺过程中应该重点掌握的地方,也是师承内容最为核心的部分。二是为人处世的德艺传承。这部分对其以后的生活劳作和为人处世有着指导性的作用和意义,要求学徒思想正派,行为端正,诚实善良,尊师敬祖,善待同行,这些艺德的传承对徒弟来说是非常重要的,能使他们很快适应并习惯其发挥艺术才能的内部和外部环境,更快地进步和成长。

4. 传承方式

师徒授受一般分三个层次：言传身教，心传神授，自悟自解。首先，言传身教最为基础，在传授过程中，徒弟要跟随师傅逐步学习与模仿，须记忆在心；"当徒入门之处，必先教以用刀，试刻粗货，有师于竹边（南京粗货皆以竹制）画就墨迹，令其照纹雕刻，并须于余时刻以粗画，由浅入深，迨至不需墨迹，自能空手刀刻寻常花卉，始能令刻次等精货。"① 其次，心传神授即"以心传心"，师徒长时间练习、揣摩、沉思、切磋，方可逐步达至心灵融合与意会；徒弟比较系统完整地掌握技艺的流程，才真正开始跟随师傅学技艺，遭遇的各种问题和困惑，师傅都会根据自己的经验一一解答，尤其是对于技艺的口诀和世代承袭的诀窍，就是最直接的技艺要领。最后，自悟自解，对师徒传承方式而言，师傅讲得比较零碎，主要是靠亲身演示来完成这一学习过程，这就需要学习者具有一定的天资和勤奋，毕竟师傅不是专业的教师，并且大多数文化程度都不高，所以徒弟的灵活性和兴趣爱好就显得尤其重要。

5. 传承特点

传统的师承关系具有明显的封建家长制特点，老师对学徒实行的是家长制管教。在行业活动中，老师是技术权威，居于主导地位。在伦理关系上，老师又充当学徒父亲的角色，事权高度集中于一身，所以有"师徒如父子""徒弟技艺高，莫忘师傅教"等说法；师徒授受具有一定的"范式"，因行业不同，师傅秉性资质各异，但凡名师除自身身怀绝技以外，其教授艺术亦与众不同即"独门范式"，涵盖着师傅的心得与绝妙之处，成为师承文化的重要组成部分；师承技艺具有明显的流动性，或是人口迁徙，或是异地谋生，无形中带动了技艺的传播和推广。以契约形式存在的师徒关系在徒弟满师后可自行解除，另立门户，徒弟也可教授技艺完成其手工艺者的生涯。另外一种就是因师傅声名远扬，名师的感召力吸引众多外来求艺者，求艺者将习得的技艺带回故乡，自成一派。这是与家庭家族传承最显著的区别。

---

① 彭泽益主编：《中国近代手工业史料集》（第一册），中华书局1962年版，第337页。

二 现代的绝技绝活传承模式

（一）工厂传承式

随着生产技术和社会经济的不断发展，有关绝技绝活的生产进一步专业化，生产流程进一步相互分离。在这种背景下先后出现了如"机户"、染坊、服装铺等各类绝技绝活生产作坊。然而工业革命的发生使得大规模工业化生产，逐渐取代了手工作坊和工厂生产，成了中国绝技绝活生产的主要形式。近现代工厂中的生产基本实现了机械化、自动化，同时与生产方式、生产设备改变相伴随的是生产技术的变化，从而带来了相应绝技绝活传承的变化，即工厂式的绝技绝活传承模式逐渐取代了传统的作坊式师徒或家庭传承模式。所谓工厂传承式就是绝技绝活传承发生在机器化生产的现代工厂里，绝技绝活由工厂的师傅或技术人员传道给工人，同时也完成了产品的生产。其主要特质体现在：

1. 传承主体

绝技绝活的工厂传承模式中的传承主体是工厂的生产工人，其中施教者是车间的师傅或技术人员，受教者是工厂的新手或生产工人。工厂中技术传授者来源主要有：一是各级各类学校的毕业生；二是从社会招聘或引入的技术熟练师傅；三是在本企业中成长起来的师傅。而技术承习者来源主要有：一是相关院校招聘的各类毕业生；二是从社会上招聘的各类务工人员。不同性质的生产企业对应聘者的要求不同，即使同一企业的不同工艺车间对应聘者的要求也不相同，如对绝技绝活的关键技术环节或难度系数较高的操作程序则需要专门的毕业生，而对一般难度的技术操作工人要求相于低一些。

2. 传承目的

与家庭生产自给自足的性质不同，近代的工厂均是以获取经济效益作为其生产的主要目的。生产目的在一定程度上决定了技术传承的目的，也就是说，工厂中绝技绝活传承的主要目的是为了获取经济效益。当然，这并不能否定在绝技绝活传承过程中有其他目的的存在。此外，在近代官营的工厂中，由于其生产的最终产品并不作为商品在市场上大量出现，而主要是供政府使用，所以传承目的与普通工厂并不相同，主要是为了满足政府所需。

3. 传承内容

工厂传承模式下，绝技绝活传承内容与生产范围密切相关。无论是家庭作坊，还是近现代的工厂，其有生产内容基本都绝技绝活的原料制作、产品制作、产品精细加工等范围之内，只是不同生产方式或者同一生产方式中不同规模的生产单位所涉及环节的多少不同，与此相应传承的内容也会不同。由于其生产规模较小的工厂，往往只是涉及绝技绝活产品生产中的某一部分，特别是随着生产分工的不断细化，小型的工厂只做其中某一道工序。另外，从传承内容的性质来看，与传统的传承模式相比，其培训内容除了绝技绝活的技术以外，还包括了解、熟悉各种规章制度及相关事宜。

4. 传承方式

绝技绝活工厂传承的发展初期也以师徒传承为主，其后由于采取大规模协作式生产方式，所以在传承方式上除了传统的师徒传承之外，一般都采取企业培训的方式进行员工培训，在一定程度上也促进了技术传承。因此，绝技绝活工厂传承模式是结合企业培训与师徒制的方式进行传承，但是随着产业化发展的成熟，企业培训的方式发挥越来越重要的作用。

5. 传承特点

工厂式生产的显著特点就是使用机器和进一步的分工协作，其传承最大的特点是生产过程和传承过程相融合，具体体现在：其一，工厂传承模式中的传承主体较传统的传承主体来源更为广泛，一定程度上改变过去技艺封锁、知识保守的旧观念，不少民间绝技绝活师傅来到工厂工作，并带徒传艺，许多年轻人通过进入工厂工作习得绝技绝活，但是师徒关系相对松散；其二，近现代工厂中出现了不同形式和内容的培训，但在各生产车间中仍然以师徒传承为主；其三，现代大型工厂中逐步成立专业技术研发部门，在开发新技术的同时，注重技术转化和培训。如"公司的产学研合作以研究所、高校为技术依托，从事新技术、新品种、新产品的研究和开发工作"，将纯粹意义上的技术传承和技术研发相结合，为绝技绝活传承注入了新的生机和活力，在传承的过程中实现了技术自身的纵向和横向的发展，从而进一步保障了技术的传承；其四，工厂传承的目的主要是为了获取经济效益，其传承的内容也趋于专业化，生产技术传承呈现分工协作局面，绝技绝活传承的内容的深浅可能存在不同。

（二）教育传承式

自鸦片战争以后，内忧外患，甲午战争使中国面临被瓜分的危险。在严重的民族危机的强烈震撼下，涌起了一股"振兴实业"以救中国的思潮。1904年，清政府颁布《奏定学堂章程》，中国教育会在上海开办爱国女校，下设与社会需求相应的学科；1905年10月湖南瓷业学堂成立，这是醴陵第一所，也是中国第一所近代瓷业教育机构，曾培养出很多专业技术人才；1906年，天津北洋女子师范学堂、杭州工艺女学堂、四川女工师范讲习所以及上海女子蚕业学校手工科相继开办；1907年，保定北洋优级师范学堂开设图画手工科，四川创办艺徒学堂；1908年，上海设沪江大学，直隶省开办艺徒学堂；20世纪初，常州开设"虞洋花边传习所""虞洋刺绣专门学校"。种种资料显示，技艺的学校教育是"实业救国"的产物，此后，以教育形式培养新生的手工艺者成为一种主流。新中国成立后，教育与生产劳动相结合一直引领中国教育事业的发展方向，针对性的改革高等院校的专业设置，并鼓励大力发展职业教育。1952年以后，各地纷纷建立工艺美术学校，开设雕塑、陶瓷、织绣、金属工艺、染织设计等专业，职业学校成为培养技艺者的重要途径。至此，越来越多的绝技绝活进入学校课堂，而教育传承也让绝技绝活特别是老技艺重放异彩。所谓教育传承是以学校为传承场所，学生和教师为主体，教学为方式，集中性、系统性地传授知识，进行知识和技能的培训和继承，是通过教育的手段对绝技绝活进行保护、继承和发展。

1. 传承主体

教育传承是一项系统工程，个体、家庭、社会和学校应彼此交融、重叠和互补，共同构成文化传承的教育主体，推进绝技绝活传承的可持续发展。学校是传统文化复兴的重要场域，其施教者和受教者很明显是相应的教师和学生，在不同的时期教师和学生的来源、学术背景等方面也不同。这种模式下，作为绝技绝活传承主体的教师和学生有其明显的独特性，其中教师不是普通的学校教师，而是既拥有绝技绝活，又具有专业教学技术的教师，且是指教师团队，而非师徒传承中的师傅角色。学生亦不同，是同时接受专业学习和技艺受授的对象。

2. 传承目的

学校模式中的传承目的以教学、研究、推广为主，具有其独特性。既有绝技绝活传承目的，如加强民族传统文化、技艺的保护意识，传承民族科技文化，加强自我保护、自我发展、自我繁荣。同时，又要实现学校教育的目的，即学生通过系统学习掌握理论技术，接受专业技能基本训练，了解前沿发展，成为具备实践能力、工作能力和创新能力的高素质技能人才。

3. 传承内容

教育传承的主要内容是以各类课程为载体的绝技绝活的知识、技能和文化。"在传承中教育，在教育中传承"是教育传承的最为核心内涵，绝技绝活的教育传承可以让民族文化以一种更加生动和鲜活的形象展示在学生面前，促进学生民族自豪感的增加。绝技绝活对于人们情操的陶冶、素质的提高、能力的增长都具有非常重要的教育意义。绝技绝活的教育传承包含以下几方面：一是将绝技绝活的一系列具体内容作为一门学科或者一门技能，直接置入学校教育教学中，让学生成为绝技绝活传承的直接参与者；二是把绝技绝活中所包含的大批历史、科学、艺术知识和人文精神通过高度总结、提炼后进入个体、学校和社会的教育体系中；三是将绝技绝活以文字、影像或文艺作品等形式固化下来作为资料沿袭，让绝技绝活物质化，使其具备教育传承和创新发展的基础。

4. 传承方式

在传承方式上，教育传承借助校内外资源的优势，探索丰富多彩的传承方式，主要有三种形式：其一，课堂教学方式，学校进行绝技绝活传承，课堂教学是最基本的、不可或缺的方法，"学校活的灵魂"是传承民族文化，开发特色课程，建设富有特色的校园文化。例如潍城某中学为弘扬民间传统技艺，实施"技艺走进课堂"工程，利用潍城本地泥塑的优势，确定以泥塑教学为特色，实施开放式教学并继承潍城黄家庄泥塑的精华，开发和编写优秀传统文化的校本课程——泥塑教程。其二，基地实习方式，建立校外实践基地，将学生送进企业进行实践训练，通过"师徒传授"的方式，帮助学生解决技术上的困难，熟练地掌握工艺技巧，也能更加直观地熟悉企业生产的运作模式，为日后参加工作积累经验。这种方式既能提高学生的技术水平和提前适应市场的能力，也能为企业培养人才，二者结合，促成双赢。其三，文化活动方式，以校园文化活动为途径开展绝技绝活传承，如书法社、陶艺社、泥塑社等社团活动。

5. 传承特点

与其他传承方式比较，教育传承有其独特的优势，本身极具教育价值，能够为教育提供丰富的资源，其中所蕴含的民族文化基因，能够丰富学生的精神以及生活世界，为学校教育提供崭新的视角。教育传承最大的优点是打破了传统传承模式的局限性，是传承范围最大的传承方式。其特点主要体现在：一是开放性，学校的教育更具开放性，技艺传授的范围更大，传承人面向全国，除了注重技艺教学外，还注重学生的审美能力的培养，强调学校教育的全面性；二是专门性，以学校为主要传承场所，具备充实的教学资源和科研条件对教师的学术背景，学生的教育背景、年龄等具有一定的要求，并有专门的教师及传承人，进行的专门人才培养；三是系统性，使用现代化的系统教育模式，实现教学、科研、推广相结合，教育传承已经不仅仅是单纯的技艺传承，而是扩大到文化传承、提高社会认知度、创造就业机会、引领文化艺术品消费等多方面。通过教学传承知识、技术，通过推广再将科研成果运用到生产实践，通过科研发展科技，解决实际生产中存在的问题并在实践中发现问题，又为科研提供起点，如此，将教学、科研、推广三者有机结合，使三者相辅相成、相互促进，有效地推动绝技绝活"活态"传承。总之，教育传承的出现标志着传承模式向正规化、规模化培养的历史性转变。

三 绝技绝活之教育传承生态的演进规律

从以上对绝技绝活传统和现代的传承生态的演进过程可以看出，为应对社会经济和文化发展变化，绝技绝活传承模式做出了适应性调整。从传统的家庭传承模式和作坊师徒传承模式，到蓬勃发展的工厂传承模式，再到逐渐兴起的教育传承模式，都是社会环境发展刺激绝技绝活传承模式变化的反映。然而，绝技绝活在历史的传承演替中时常会遭遇失传现象，绝技绝活传承面临险境，探其根源，我们分析主要由主、客观两个因素导致：第一，客观层面上，以单一的人或人群为载体的技术传承，一旦掌握绝技绝活的个体因意外而生命消亡，那么凝结在个体生命中的人力资本往往也随之消亡，存在代际传承的巨大风险。[①] 师徒传承、家庭传承和民俗器物传承在这一层面上的特征表现明显。第二，从主观角度来说，绝技绝活持有者为确保其绝对的权威性或对其一生学到的技艺有强烈的情感，教授徒弟精艺时有所保留，受"教会徒弟，饿死师傅"的思想影响，未将最完整最关键的步骤传至徒弟，在技艺的传授上趋于保守，以致技艺的精髓未得到持续地传承。这一层面在师徒传承和工厂传承上得到充分体现。在当今时代，尽管绝技绝活传承模式是多元地存在，但是随着知识经济和学校教育迅速发展地环境下，绝技绝活之教育传承大有成为主要模式的趋势，然而新兴的教育传承模式急需探索更有效的内涵结构。因此，此处从传承主体、传承目的、传承内容和传承方式四个维度来分析绝技绝传承生态的演进规律，为后面绝技绝活之教育传承生态模式的构建提供依据。

（一）传承主体的扩展性演进

从传承模式演进的历史看，社会经济环境的变化与人们的就业择业观紧密相连，而就业择业观在传承主体的演进中扮演着重要角色。传承主体的扩展性演进，体现在主体来源面的扩展、主体来源的数量增加及主体自身素质的提升。从家庭传承和师徒传承的主体来源面窄且单一，到民俗器物传承主体的不确定性，再到工厂传承中主体的数量得以扩展，及教育传承中主体不仅数量广泛，且基本素质整体得以提升，体现着传承主体作为绝技绝活传承的载体有着十分清晰的发展脉络。简而言之，绝技绝活的传承离不开传承主体，传承主体的质量与数量直接影响绝技绝活的传承。因此，要想真正将绝技绝活传承效果提升，传承主体的扩展必不可少。当然，这里需要说明的是，传承主体包括传者和承者、潜在的传者和承者及对绝技绝活有正确认识的大众三个层次。我们比较容

[①] 王良、高涵、周明星：《中国职业技术传承的研究热点透视与展望——基于 CNKI 的文献统计分析》，《职教论坛》2014 年第 7 期。

易理解无论是真正的传者和承者，还是潜在的传者和承者的扩展都是为了绝技绝活后继有人，不会因为无人可传而消亡。为什么民众也纳入传承主体扩展的范畴呢？主要原因在于：民众对绝技绝活的认可能推动绝技绝活产业的发展，同时又能为人们学习绝技绝活，甚至成为绝技绝活传承者，提供良好的舆论环境。

通过对传承主体扩展性发展脉络的分析，可知绝技绝活之教育传承生态模式的构建必须考虑以下几点：首先，做好教育普及工作，让更多的人能真正理解并接受绝技绝活背后的文化。其次，利用学校教育资源，通过传统文化的再建设提升人们传承绝技绝活的热情。比如，千叶大学的宫崎清教授在1974年发起了"生活工艺运动"。宫崎教授在大沼郡三岛町调查时发现这个村子在手工艺制作方面拥有丰富的历史遗留，于是他开始在三岛町举办工艺品的培训班，建立生活工艺研究所，村民及游人参与其中利用自然材料手工制作生活器具。在给人们带来动手乐趣的同时，三岛町特有的民俗文化也得以延续。[①] 从而端正和唤醒广大民众的态度和意识，使民众更加关注和了解绝技绝活的价值，让历史留下的技艺在民众的生活中真正发挥作用，从而产生技艺传承的良性互动。最后，设立准入门槛，培养新一代的绝技绝活传承者。当今中国绝技绝活面临的最大问题之一就是没有传人和弟子，大多的技艺都随着老工艺大师的辞世而灭绝。许多人对传统工艺有抵触心理，但大都并不是不能接受，而是缺乏全面地了解。因此，中国有必要在学校开设传统工艺制作、赏析课，让学生有机会接触、了解传统工艺。建立起培养新一代工艺人才的完整的教学体系，不仅要重视知识和技能的传授，更要注重道德理念和心理素质的培养。

（二）传承目的的多元性演进

随着社会文明的进步和人们生活方式的变化，绝技绝活传承目的也经历着巨大变化。家庭传承模式下，受传统伦理观的影响，以家为出发点的"家族荣誉"是最重要的传承目的，还有一部分目的便是为了家族

---

① ［日］西村幸夫：《再造魅力故乡——日本传统街区重生故事》，王惠君译，清华大学出版社2007年版，第158页。

中人的谋生。民俗器物传承则是以对大众的教化为主要目的，唤起人们对绝技绝活及其背后文化的认识。再到师傅传承和工厂传承中经济目的已然占据主要位置，但是同时也渗透着文化传承的目的。最后，教育传承模式则融合了多种传承目的，既有人才培养目的，也有技术传递和文化传承目的。可见，在绝技绝活传承生态演进的过程中，传承目的从最初的单一性逐渐转变为多元融合。反过来说，只有充分挖掘绝技绝活的丰富内涵，才能促进绝技绝活的可持续传承。

传承目的的多元性演进为绝技绝活之教育传承生态模式的构建带来了多重启示。

作为中华文化的精华，绝技绝活本身也是物质文化与精神文化的双重载体。其物质层面，是作为作品产生的工具以及产品本身，是用于美的高度统一。而它的后面是人，不论是从材料选择、工艺过程，还是产品的制作，都来自人们的劳动创造，是人们在长期实践中对客观世界的认识和深化，其中蕴含了丰富的精神文化内涵。绝技绝活之教育传承既不能使个体的发展与社会的需要相分离，同时也须使知识与人的道德、情感有机地结合，使学习技艺的过程成为一种乐趣，成为传承者情感提升的过程。因此，绝技绝活之教育传承应以人为目的，以人的发展为目的，充分发挥人的自主性、能动性、创造性等主体性特征的全面发展，同时传承和创新绝技绝活技艺与文化。

（三）传承内容的综合性演进

绝技绝活并非一成不变，其自身有着独特的发展规律，对绝技绝活传承内容有着多层次的影响力与渗透力。从绝技绝活生态演变来看传承内容的变化，发现传承内容由单一性趋向综合性，例如家庭传承模式下，传承内容主要是绝技绝活的操作技巧，到师徒传承时多了些行业规范或者师门文化，而工厂传承的内容则更为丰富，不仅包括技术技巧，还包含企业生产知识、市场信息及企业制度等内容，教育传承则内容更为丰富，还包括了绝技绝活背后的历史文化知识、技艺形成规律等。可见，绝技绝活本身的复杂性，决定了其传承内容必须向综合性演进，才能更加真实、全面地传承绝技绝活。

由绝技绝活传承内容的综合性演进规律可知，我们在构建绝技绝活之教育传承时，在传承内容上要注意几个方面的综合：一是知识、技艺与文化综合，绝技绝活本身就蕴含知识、技艺与文化三个层面的"能量"，无论是缺少其中哪一个层面的内容都不能完整和真实地传承绝技绝活，或者说不利于绝技绝活的可持续传承。教育传承不仅要给学生以鲜活的知识和技艺，更重要的是要给学生以创造知识的整个文化。绝技绝活是在特定的文化生态系统中才得以产生、传承与发展文化，每一种绝技绝活都有一定的社会文化基础。也就是说，学生在学习的过程，不仅仅要掌握绝技绝活的知识与技艺，还得了解包括其背后的文化，由此得到了情感的提升。因此，如何构建一种适合的"文化心理场"便是绝技绝活之教育传承所要探讨的一个重要问题。二是传统工艺和现代审美综合。一些绝技绝活之所以无人问津，很大程度上在于其工艺已经脱离现代人们的审美观念。这也启示我们应该对传统工艺进行再创造，以现代的审美观念对传统文化中的一些元素加以提炼、改造和运用，使之适应现代人的审美。通过新生事物的滋养，传统手工艺自然能被新一代人群接受和理解，定会有新的手工艺者对其感兴趣，加入行业中来，焕发出手工艺强劲的生命力。三是传统工艺要融合现代科技。从绝技绝活传承生态演进的过程可以看出，传承不是一成不变，而是在继承中创新地传承。绝技绝活中传统工艺的发展离不开现代科技的运用，用现代的科学技术知识可以解决传统工艺在现代发展中存在的问题，让传统工艺更具生命力。

（四）传承方式的交互性演进

任何一种绝技绝活传承模式里，传者和承者之间都需要通过一定的途径和方法进行交流，这决定了传承方式对传承效果的最终影响。交互性的传承方式需要一个过程的演化，绝技绝活在传承生态系统里的传递速度和完成度在某种意义上标志着传承模式的优劣水平。在家庭传承和师傅传承中，大多是"做中学"，通过师傅的言传身教、口传身授、耳濡目染等传承方式来实现绝技绝活传承，其传递的速度比较缓慢，内容也受传者本身文化水平限制而比较简单，传承环境也大都比较艰苦。其后，民俗器物式传承虽然在速度上具有一定的优势，但是只能传递比较简单的文字信息与符号信息。后来发展起来的工厂传承就逐渐形成了多种传承方式的交互，既有传统的师徒传承，也有现代企业的培训。到了教育传承，传承方式开始更为多元化，传承内容也可以通过课堂、实训、校园文等多种途径来交互使用，这大大加快了传承的步伐，传承范围进一步扩大，传承效率进一步提高。

综上可知，我们在构建较优的绝技绝活之教育传承生态模式时，应该从绝技绝活传承的深度、广度和互动程度来探索其传承方式。实践中，学校教育在教学思路、方法、手段上基本以理论为主，这种教学方式有助于设计能力和思维能力的提高，而优秀的绝技绝活人才需审美能力、技艺、技巧三者的结合。这就要求教育传承要注重这三者的培养，力求学生的技艺知识结构和技艺操作能力都能发展，使学生既能拥有一定的文化知识修养和一定的审美修美，又能具备较强技艺操作技能。教育传承在开展现代陶瓷设计方法、观念的教育时，还应结合传统绝技绝活文化内涵，使学生能了解绝技绝活工艺发展的历史和发展趋势，从而系统地掌握绝技绝活。此外，教育传承还应该考虑校内课程教学和真实环境实践操作方式相结合，安排学生进入作坊或者工厂学习，学生在作坊这个环境中，学习更有主动性、积极性和探索性，使学生从课堂上被动地接受知识变为在实践中学习、研究、模仿，从中真真实实地体会技艺，从而提高学生的审美能力与艺术修养，并激发他们对绝技绝活的兴趣和热爱，使绝技绝活得到传承和发扬。总之，交互性的传承方式有利于将知识与技术、理论和实践结合了起来，学习者在学习的过程中做到了脑手并用，在实践操作中通过直接感受来积累知识，多样性地吸取经验，这种获取知识的途径特点决定了获取知识的丰富性、生活性、生动性及有效性。[1]

---

[1] 肖智慧：《土家织锦工艺传承的教育人类学研究》，硕士学位论文，西南大学，2009年。

第 四 章

绝技绝活之教育传承生态的影响因子

生态学认为,生物与环境是相互作用、相互依存的,必须了解和掌握生物与环境的生态作用规律和机理[①]。绝技绝活的传承效果的影响因素是多元的,包括技术本身难度、传承主体、传承方法、产业市场和社会文化等多方面影响。从上两章关于绝技绝活之教育传承生态系统的因子分析可知,影响绝技绝活传承生态的因子有传承主体和传承环境两大类,其中传承主体包括传者因子和承者因子,传承环境则主要是由学校内部环境因子和学校外部环境因子组成。各个影响因子之间存在着生态关系,它们相互联系、相互制约、相互影响,每个因子的变化都会对其他因子产生影响,并且每个因子的价值与作用都要通过其他因子来体现。但正如生态学中因子定律所提出的,尽管各个环境要素都会对生物有机体产生作用,但作用的大小不同,必定有一种或几种因子起决定性作用。那么究竟是哪些生态因子对教育传承生态系统中绝技绝活传承起到关键性作用?目前的研究尚没有明确的结论。为此,本章试图以调查问卷的形式,针对绝技绝活之教育传承生态的影响因子进行调查,同时运用相关统计分析,揭示学校教育生态系统中影响绝技绝活传承的生态因子及关键因子,分析各影响因子与传承效果的相关性,同时构建生态因子对传承效果影响的路径模型及作用方程,以期为绝技绝活之教育传承生态模式的构建提供现实依据。

---

① 牛翠娟、娄安如、孙儒泳等:《基础生态学》,高等教育出版社2008年版,第10页。

一 数据来源

（一）研究工具

本书的调查问卷共 71 个条目，分为 8 个不同类别的量表，分别为学习动机、学习兴趣、学习沉醉感、基本素质、传者、学校内部环境、学校外部环境、传承效果，总问卷的 Cronbach's Alpha 系数为 0.966，其中学习沉醉感量表 Cronbach's Alpha 系数最高为 0.883，学习兴趣量表和基本素质量表 Cronbach's Alpha 系数最低也达 0.813，表明该问卷有良好的效度和信度。此外，还分析了承者的性别、年龄和家庭收入等基本条件指标，具体见表 4-1：

1. 技艺学习动机

根据绝技绝活之教育传承的影响因素分析进行了修订，主要从马斯洛需求理论的五层次来设计量表条目，共 12 个条目，其中包括测量生存需要、职业需要、自我价值、社会责任等方面。量表采用 5 点计分，12 个条目相加的总分即为学习动机水平，得分越高表示接受绝技绝活传承的意愿就越强烈。在本次研究中该量表的 Cronbach's Alpha 系数为 0.858。

2. 技艺学习兴趣量表

根据学习兴趣相关理论和绝技绝活传承实际情况制定了绝技绝活学生的学习兴趣量表。该量表共 7 个条目，包含学习的主动性（4 条）与学习的迫切性（3 条），采取 5 点计分，所有 7 个条目相加总分即为测量技艺学习兴趣高低的得分。本次研究中问卷的 Cronbach's Alpha 系数为 0.813。

3. 技艺学习沉醉感量表

该量表结合了 FSS 量表和雷雳等人编制的青少年学习沉醉感量表，并为了使量表中的问题更好地适应绝技绝活传承的现状，对原有量表作了些修改，将内容分为学习关注、自我表现关注和投入状况[①]。量表共有

[①] 袁庆华、胡炬波、王裕豪：《中文版沉浸体验量表（FSS）在中国大学生中的试用》，《中国临床心理学杂志》2009 年第 5 期。

10个条目，其中学习关注（3条）、自我表现关注（3条）及投入状况（4条），量表采取5点计分，总分为所有条目相加之和，得分越高，表示受测者沉醉于技艺学习的程度就越高，也就是说，受测者全身心地投入到技艺学习中。本次研究中问卷的Cronbach's Alpha系数为0.883。

4. 基本素质量表

我们将技艺学习基本素质分为认识与技艺基础、操作与解决问题的能力及创新思维三个方面，分别设了4条、3条、3条，共10个条目。量表采用5点计分，所有条目相加得分高者，并表示拥有较高的技艺学习基本素质。本次研究中问卷的Cronbach's Alpha系数为0.813。

5. 传者量表

传者量表主要是从技能大师的传承意愿和传承方法来设置量表，主要包括技能大师与学习者的关系、传授技能、个人魅力对学生的影响等具体内容。该量表共有6个条目，采用5点计分，总分高者说明技能大师传承意愿最强，传承方法最有利。在本次研究中该问卷的Cronbach's Alpha系数为0.859。

6. 传承环境量表

根据教育生态学中教育环境理论及上述因变量的解释，传承环境量表设计了学校内部环境（7个）和学校外部环境（11个）两个部分，共18个条目。学校内部环境因素主要测量学校因素环境和学校硬件环境2个二级指标。学校外部环境因素主要测量学生家庭环境、产业环境、政策环境和文化环境4个二级指标。量表采用5点计分，所有条目得分之和越高，说明技艺传承的环境越好。在本次研究中学校内部环境问卷和学校外部环境问卷的Cronbach's Alpha系数分别为0.859、0.862。

7. 技艺传承效果量表

参照相关的学习效果问卷，结合主要测量绝技绝活接受人对技艺的领悟程度（4条）和技艺操作能力（4条），采用5点计分，各项相加总分即为得分，得分越高表示技艺传承效果越好，本次研究中问卷的Cronbach's Alpha系数为0.851。

表 4-1　　　　　　　　　　问卷的测量学特征

量表名称	条目数	Cronbach's Alpha	信度指标评价
总问卷	71	0.966	优
学习动机	12	0.858	优
学习兴趣	7	0.813	良
学习沉醉感	10	0.883	优
基本素质	10	0.813	良
传者	6	0.859	优
内部环境	7	0.859	优
外部环境	11	0.862	优
传承效果	8	0.851	优

注：根据测量学的基本原理，我们把 Cronbach's Alpha 系数高于 0.85 的指标评估为优秀等级；高于 0.75 以上的评估为良好的等级。

（二）施测程序

由经过培训的研究生主持每次施测，统一指导语，以班级为单位由主试向被试统一发放问卷，要求被试按照指导语逐项回答问卷上的所有问题，测试在 20 分钟内完成，问卷和量表当场回收。为了避免被试者的掩饰心理，施测问卷之时向被试者强调问卷调查的目的是为了科学研究。

二　结果分析

采用 CANOCOver.4.5 软件包标准程序中 DCCA 排序分析法对影响绝技绝活传承效果的因子进行分析。DCCA 是分析植被与环境关系最先进的多元分析技术。本章中我们尝试用来分析传承效果和教育传承生态因子间的相关性。该分析共包括 2 个数据矩阵。矩阵 1 为表征传承效果的调查数据，矩阵 2 为各影响因子，所用数据为各影响因子中多个条目的均值，共分为性别、年龄、家庭收入、家庭环境、基本素质、学习动机、传承方法、传承意愿、学习兴趣、学习沉醉感、学校内部环境、产业环境、文化环境、政策环境共 14 个。教育传承生态因子与传承效果的相关性分析运用 SPSS15.0 软件进行，同时运用曲线模拟分别拟合它们间的相关性，并选取最高的相关系数的拟合方程为最优拟合方程。采用多元回归分析法构建教育传承生态因子与传承效果间的作用方程，同时采用Mplus7.0进行影响因子结构方程模型的拟合及路径分析。

（一）样本分析

采用分层分类随机抽样的方法从湖南、广东、海南、云南四省的6所在绝技绝活传承有做法的学校抽取被试，这几所学校在绝技绝活传承实践中具代表性。本次调研共发放问卷480份，其中收回有效问卷448份，有效回收率达到93.33%。样本的年龄阶段为13—36岁，平均年龄为17.60±2.15岁。样本的平均家庭年收入为33190.25元。样本的基本情况见表4-2。

表4-2　　　　　　　　样本分布的基本情况

		频数	百分比	累积百分比
性别	男	184	41.0	41.0
	女	265	59.0	100.0
学校	广州轻工技师学院	199	44.3	44.3
	海南民族技工学校	15	3.3	47.6
	湖南工艺美术职院	51	11.4	59
	湖南醴陵陶瓷学校	126	28.1	87.1
	三亚技师学院	35	7.8	94.7
	玉溪工业财贸学校	23	5.1	100.0
年级	一年级	220	49.0	49.0
	二年级	166	37.0	86.0
	三年级	55	12.2	98.2
	四年级	8	1.8	100.0
生源地	城市	130	29.0	29.1
	城镇	48	10.7	39.8
	乡镇	67	14.9	54.8
	农村	202	45.0	100.0

可见，调查对象的基本情况主要设计了性别、学校、年级及生源地四个项目。从性别上看，女性比例大于男性，占总样本数59%。这与传统手工艺特点及当前绝技绝活传承的现状是一致的。在学校教育生态系统中，旧时"传男不传女"的习俗几乎消失，绝技绝活传承不再有性别歧视。从学校样本来看，虽然样本分布不均衡，但是这与学校里绝技绝活接受人总数相关联，比如海南民族技工学校中学习黎锦的学生总数不多，因此样本量相对较少。从年级分布来看，一年级和二年级接受人占样本数的86%，这与学校绝技绝活传承活动多集中在一年级和二年级有关系。从生源地来看，样本来源多在城市生源和农村生源，分别占总样本数的29.1%、45.2%，这与接受绝技绝活传承的动机有关，即来自城市的生源因能接受到更多绝技绝活文化或无经济压力只为兴趣而学的学习动机，来自农村的生源大多因希望获得一技之长以便未来拥有高的经济收入的学习动机。

（二）各变量相关性分析

各变量间相关系数如表4-3所示。从表4-3可见，绝大多数因子和性别、年龄间无明显相关性，而学习动机、学习兴趣、学习沉醉感、基本素质、传承因素、学校内部环境、家庭环境、政策环境、文化环境、产业环境和传承效果等变量之间的相关性都达到了非常显著的水平（$p < 0.01$），其中传承意愿和传承方法的相关性最大达到0.932；其次为产业环境和政策环境，其相关系数为0.840。基本素质与传承效果的相关性最大，相关系数为0.716；其次为传承意愿，相关系数为0.640，而收入和性别与传承效果之间无显著相关性。

（三）影响因子排序分析

DCCA因为结合物种构成和生态因子的信息计算样方排序轴，结果更理想，并可以直观地把环境因子、物种、样方，同时表达在排序轴的坐标平面上，可以直观地看出它们之间的关系。这种排序图称作双序图（Biplot）。环境因子一般用箭头表示，箭头所处的象限表示环境因子与排序轴之间的正负相关性，箭头连线的长度代表着某个环境因子与研究对象分布相关程度的大小，连线越长，代表这个环境因子对研究对象的分

表 4−3　各变量的相关系数表（注：* $P<0.05$， $P<0.01$，*** $P<0.001$）**

变量	1	2	3	4	5	6	7	8	9	10	11	12	13	14	15
1 性别															
2 年龄	−0.100*														
3 收入	−0.152**	−0.016													
4 学习动机	−0.035	0.042	0.089												
5 学习兴趣	0.013	0.155**	0.060	0.623***											
6 学习沉醉感	0.043	0.144**	0.053	0.605***	0.715***										
7 基本素质	−0.086	0.163***	0.136**	0.567***	0.582***	0.579***									
8 传承方法	0.020	0.005	0.182**	0.540***	0.569***	0.589***	0.552***								
9 传承意愿	0.015	0.064	0.142**	0.586***	0.628***	0.644***	0.628***	0.932***							
10 学校内部环境	0.025	0.049	0.141**	0.570***	0.587***	0.606***	0.541***	0.623***	0.715***						
11 家庭环境	−0.018	0.074	0.065	0.555***	0.513***	0.538***	0.533***	0.576***	0.610***	0.575***					
12 政策环境	0.052	−0.020	0.149**	0.382***	0.365***	0.424***	0.394***	0.432***	0.459***	0.582***	0.436***				
13 产业环境	0.019	0.049	0.145**	0.486***	0.503***	0.505***	0.526***	0.524***	0.604***	0.705***	0.545***	0.840***			
14 文化环境	−0.013	0.078	0.098	0.452***	0.528***	0.494***	0.539***	0.521***	0.607***	0.595***	0.540***	0.428***	0.629***		
15 传承效果	−0.074	0.148**	0.075	0.518***	0.606***	0.573***	0.716***	0.573***	0.640***	0.567***	0.518***	0.461***	0.581***	0.588***	

布影响越大。箭头连线与排序轴的夹角代表某个环境因子与排序轴的相关性大小，夹角越小，相关性越高。由于 DCCA 同时结合植被数据和环境来计算排序值，更有利于排序轴生态意义的解释，而成为现代植被梯度分析与环境解释的趋势性方法。

采用 DCCA 对绝技绝活之教育传承效果与教育传承生态因子的相关性进行分析（表 4-4），DCCA 的前两个排序轴的特征值分别为 0.236、0.010，第 1 轴的贡献率为 65.8%，两轴的累积贡献率为 98.9%。因此，采用第一二排序轴做出二维排序图 4-1。由图可见，各教育传承生态因子对传承效果的作用明显存在差异。其中，基本素质、传承意愿和学习兴趣在决定传承效果中所起到的作用最大，其与第一轴的相关性分别为 0.5838、0.5234 和 0.5012。除此之外，传承方法、学校内部环境及产业环境等也具有明显的作用，说明传承效果是多因子共同作用的结果。但年龄、收入及性别对传承效果的作用不是很大。

表 4-4　　　　环境因子与 DCCA 排序轴的相关系数

环境因子	排序轴 第一轴	排序轴 第二轴
性别	-0.0575	0.0664
年龄	0.1495	-0.1307
收入	0.0271	0.0147
学习动机	0.4004	0.0486
学习兴趣	0.5012	0.1115
学习沉醉感	0.4309	0.1195
基本素质	0.5838	-0.0762
传承方法	0.4652	0.0275
传承意愿	0.5234	0.0192
学校内部环境	0.4518	0.0712
家庭环境	0.3883	0.0584
政策环境	0.3541	0.1508
产业环境	0.4365	0.0520
文化环境	0.4616	0.0594

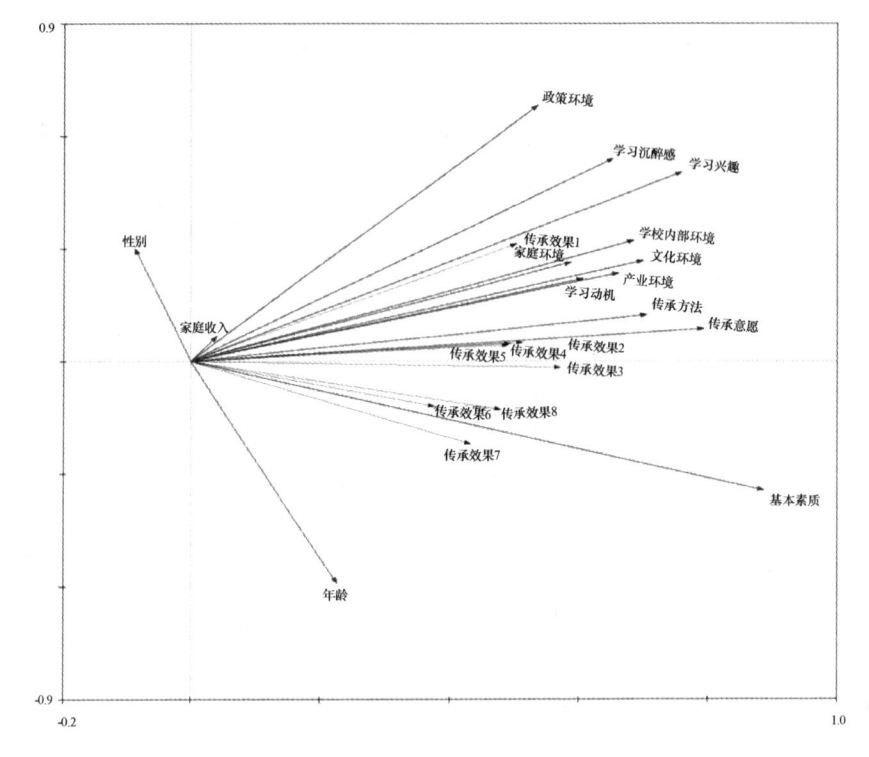

图 4-1　DCCA 传承效果与影响因子排序

(四) 生态因子与传承效果相关性分析

为进一步掌握各环境因子对传承效果的相关性,我们将表征传承效果的条目进行均值,同时将均值与各环境因子的相关性进行分析。教育传承生态因子的选取以主成分分析为依据,共选取 8 个与第一轴相关性较大的环境因子,分别为传承意愿、学习兴趣、基本素质、学习沉醉感、学习动机、学校内部环境、产业环境和文化环境。结果如图 4-2 所示。图 4-2 表明,这 8 个因子与传承效果间相关性都非常显著,但拟合曲线和相关系数不尽相同。其中相关性最强的因子为基本素质,其次为传承意愿和学习兴趣,这和上面的主成分分析是对应的。

为分析传承效果与所有生态因子间的相关性,我们将所有生态因子分为四类即传者、承者、学校内部环境和学校外部环境。其中传承效果为各条目的均值,传者因子为传承意愿和传承方法的均值,承者为学习兴趣,学习动机,基本素质和学习沉醉感的均值,学校外部环境为文化

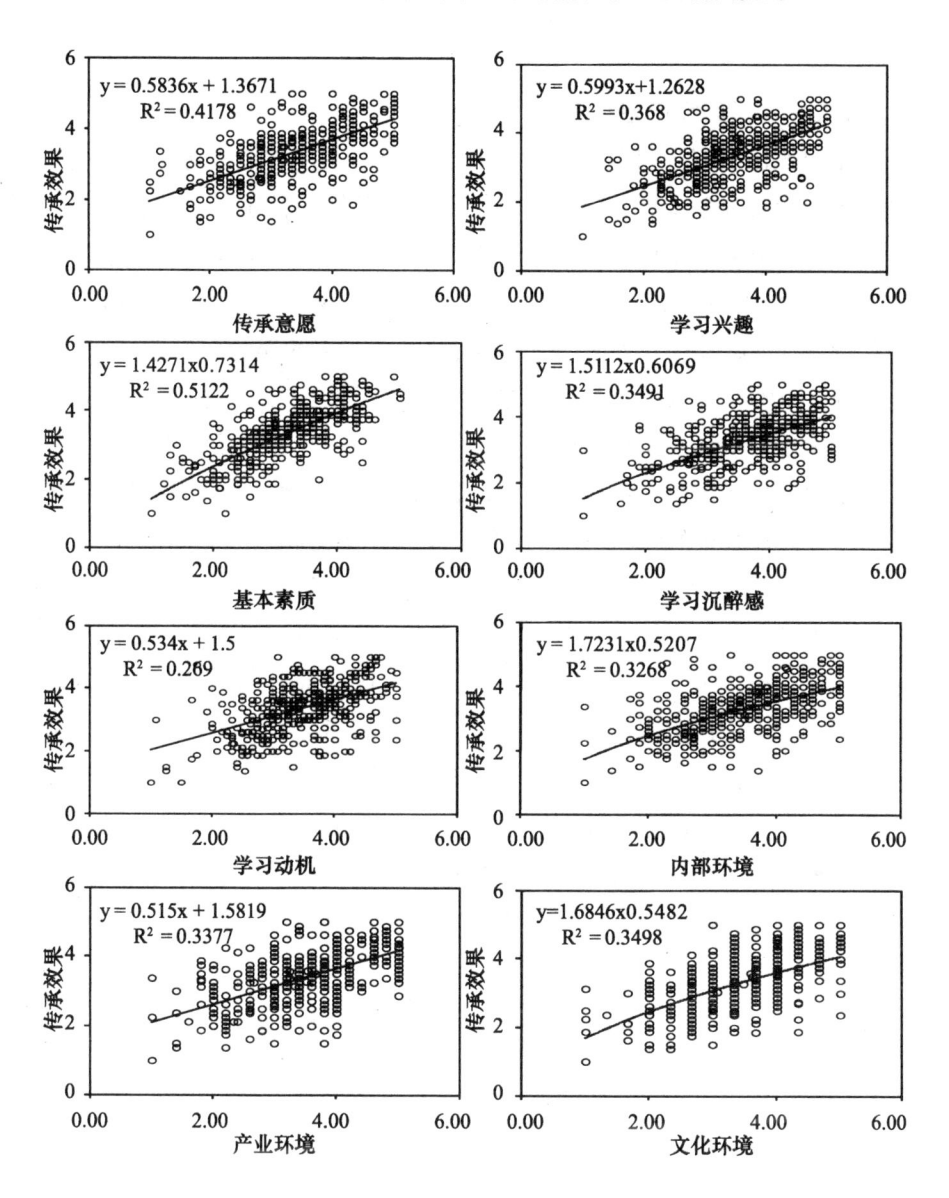

图 4-2 各影响因子与传承效果的相关性分析

环境、产业环境、家庭环境和政策环境的均值。运用多元回归模型对生态因子及传承效果进行拟合,得出其作用方程为:

$$Y = 0.284 + 0.729X_1 - 0.090X_2 - 0.014X_3 + 0.271X_4$$

其中 Y 为传承效果,X_1 为承者因子,X_2 为传者因子,X_3 为学校内部环境,X_4 为学校外部环境。

(五) 作用路径模型

结构方程模型（SEM）数据分析方法被称为第二代数据分析方法，是基于变量的协方差矩阵来分析变量之间关系的一种统计方法，实际上是一般线性模型的拓展，包括因子模型与结构模型，用来检验一系列相关关系[1]。SEM一般使用最大似然法估计模型（Maxi-Likeliheod，ML）分析结构方程的路径系数等估计值，能允许变量带来的误差，因为 ML 法使得研究者能够基于数据分析的结果对模型进行修正[2]。本书采用 SEM 对教育传承生态系统各关键影响因子与传承效果的作用关系，以及各影响因子之间的相互作用关系进行分析，目的在于了解影响传承效果的各影响因子对传承效果的作用路径及它们之间的相互关系。

1. 控制相关变量后承者自身各因素对技艺传承效果的预测作用

为了考察传承主体因素对学习效果的独立预测作用，有必要控制环境因素的影响。研究采用层次回归的方法进行分析，第一层放入控制变量，第二层放入预测变量。在控制了学校内部环境、学校外部环境和传者等因素之后，承者各因素对传承效果的预测作用见表4-5。由表4-5可见，在控制了上述变量对技艺传承效果的影响之后，主体各因素对技艺传承效果的回归系数和回归方程均非常显著，所增加的变异解释量 ΔR^2 ($p < 0.01$) 达到非常显著水平，即主体各因素对传承效果的独立预测作

表4-5　　　　　　　承者因素对传承效果的层次回归

变量及步骤		传承效果	
		β	$\Delta R2$
第一步（enter）	学校内部环境	0.003**	
	学校外部环境	0.23**	
	传者	0.15**	0.49**

---

[1] 孙连荣：《结构方程模型（SEM）的原理及操作》，《宁波大学学报》（教育科学版）2005年第2期。

[2] 王酉石、储诚进：《结构方程模型及其在生态学中的应用》，《植物生态学报》2011年第3期。

续表

	变量及步骤	传承效果	
		β	ΔR2
第二步（enter）	学习动机	0.07**	
	学习兴趣	0.16**	0.11**
	学习沉醉感	0.05*	
	基本素质	0.38**	
	总计（R2）		0.60**

用非常显著，能解释技艺传承效果方差变异量的14%。继续考察主体各因素和传承效果的关系，从表4-5中可见，各标准回归系数（β值）都达到非常显著的水平（$p<0.01$），也就是说，主体的各项因素都能显著地预测绝技绝活传承效果。

2. 控制相关变量后传者因素对传承效果的预测作用

为了考察传者因素对学习效果的独立预测作用，有必要控制环境因素和承者因素的影响。研究采用层次回归的方法进行分析，第一层放入控制变量，第二层放入预测变量。在控制了学校内部环境、学校外部环境和承者等因素之后，传者各因素对传承效果的预测作用见表4-6。由表4-6可见，在控制了上述变量对绝技绝活传承效果的影响之后，传者各因素对技艺传承效果的回归系数和回归方程均非常显著，所增加的变

表4-6　　　　　　传者因素对传承效果的层次回归

	变量及步骤	传承效果	
		β	ΔR2
第一步（enter）	学习动机	0.07**	
	学习兴趣	0.16**	
	学习沉醉感	0.05**	
	基本素质	0.37**	0.59**
	学校内部环境	0.003**	
	学校外部环境	0.23**	
第二步（enter）	传者	0.15**	0.008**
	总计（R2）		0.598**

异解释量 ΔR^2 ($p < 0.01$) 达到非常显著的水平,即主体各因素对传承效果的独立预测作用非常显著,能解释技艺传承效果方差变异量的14%。继续考察主体各因素和传承效果的关系,从表4-6中可见,各标准回归系数(β值)都达到非常显著的水平($p < 0.01$),也就是说,传者的各项因素都能显著地预测绝技绝活传承效果。

3. 控制传承主体因素后各环境因素对传承效果的预测作用

继续采用层次回归的方法进行分析,考察各环境因素对传承效果的预测作用。模型的第一层放入控制变量,第二层放入预测变量。在控制了学习动机、学习兴趣、学习沉醉感、基本素质等因素之后,环境各因素对技艺传承效果的预测作用见表4-7。由表4-7可见,在控制了上述变量对传承效果的影响之后,环境各因素对学习效果的回归系数和回归方程均非常显著,所增加的变异解释量 ΔR^2 ($p < 0.01$) 达到非常显著水平,即环境各因素对学习效果的独立预测作用非常显著,能解释传承效果方差变异量的8%。

表4-7　　　　　　　环境因素对学习效果的层次回归

变量及步骤		传承效果	
		β	$\Delta R2$
第一步(enter)	学习动机	0.08**	
	学习兴趣	0.16**	
	学习沉醉感	0.04*	0.58**
	基本素质	0.39**	
	传者	0.14**	
第二步(enter)	学校内部环境	0.15**	0.01**
	总计($R2$)		0.59**

4. 环境因素、承者因素以及传者因素三者对传承效果影响的共同作用

在传者因素、承者因素和环境因素对学习效果都有显著预测作用的基础上,进一步探讨它们之间各要素对技艺传承效果影响的内部机制如何,我们采用 Mplus7.0 统计软件对分别假设的模型进行拟合,假设模型

1为环境因素、传者因素和承者因素共同预测传承效果。假设模型2为环境因素预测传承效果，传者因素和承者因素作为中介因素，两个模型对数据的拟合指标见表4-8。从表4-8中可见，模型1的拟合效果不太理想，而模型2的各种拟合指标都达到相对理想的水平，由此我们认为，模型2更加符合真实的情况。

表4-8　　　　　　　　2个假设模型的拟合指标

	x^2	df	x^2/df	CFI	TLI	RMSEA	AIC	BIC
模型1	614.03	205	3.00	0.84	0.82	0.078	13441.24	13698.54
模型2	86.90	32	2.72	0.97	0.94	0.074	22048.20	22195.89

注：本书选取常用的拟合指标评价模型拟合：CFI（comparative fit index）、TLI（Tucker-Lewis）、RMSEA（Root Mean Square Error of a Approximation）以及信息指数 AIC（Akaike's information criterion）。CFI 和 TLI 的建议参考值为大于0.9，其值越大越好；RMSEA 的建议参考值为小于0.08，越小越好（McDonald & Ho, 2002）。AIC 可用于评价多个嵌套和非嵌套竞争模型的优劣，其值越小越好。模型之间的 AIC 差值在10以上时，说明模型之间有实质性的差异（Buranham & Anderson, 2004）。

5. 模型验证

我们采用最大似然估计法对假设模型2的中介效应进行检验，如表4-9所示。传承主体的承者和传者在传承环境对绝技绝活传承效果预测的中介效应模型路径见图4—3，由图4-3可见，模型中的所有路径系数都达到了非常显著的水平（$p<0.01$）。关键因子对绝技绝活传承效果预测的中介效应模型路径见图4-3，可见，模型中的所有路径系数都达到了非常显著的水平（$p<0.01$）。

表4-9　　　　　绝技绝活之教育传承的结构方程模型路径分析

效　　应	估计值	p
内部环境→传承效果	0.153	<0.05
外部环境→传承效果	0.139	<0.05
承者→传承效果	0.625	<0.01
传者→传承效果	0.156	<0.05
传者→承者	0.862	<0.01

续表

效 应	估计值	p
传者→承者→传承效果	0.743	<0.01
内部环境→承者→传承效果	0.782	<0.01
外部环境→承者→传承效果	0.808	<0.01
内部环境→传者→传承效果	0.610	<0.01
外部环境→传者→传承效果	0.551	<0.01

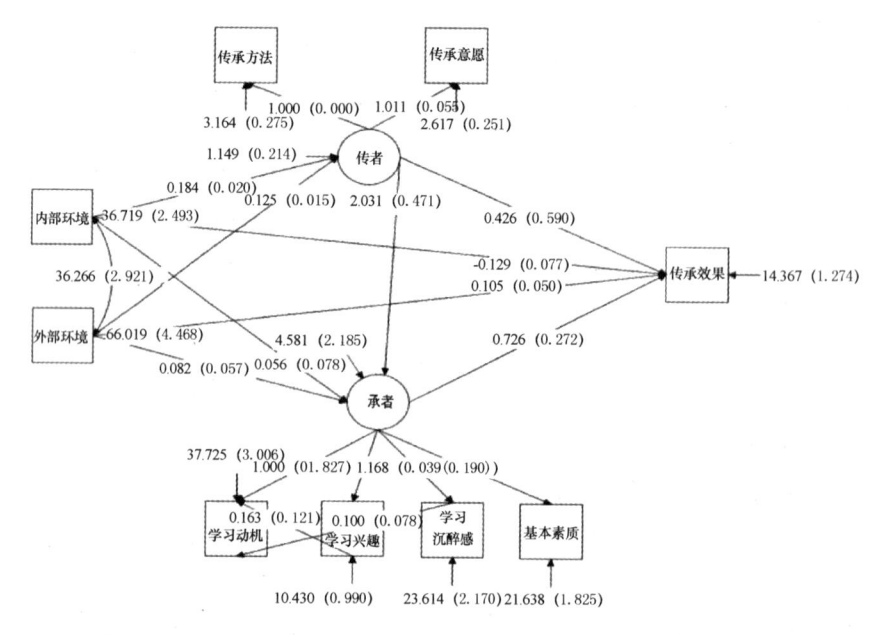

图 4-3　关键因子对传承效果影响的路径模型

注：模型中的数值均为标准化路径系数。

三　总结与讨论

（一）生态因子的多元性

教育传承生态系统中绝技绝活传承受到多方面影响，既有学校外部环境影响也有学校内部环境影响，同时还受传者的意志和承者的素质等方面影响。现有关于教育传承模式的研究中，多从传承主体、传承内容、传承方式、传承目的等方面的特点分析来研究模式的传承效果①。本书在此基础上将绝技绝活之教育传承影响因子划分为三大类，14个二级影响因子，对其进行主成分分析和相关性分性，最后对生态因子作用关系进行了结构方程分析，基本反映了教育传承生态系统下绝技绝活传承的影响因子作用情况。通过数据分析我们发现学习动机、学习兴趣、学习沉醉感、基本素质、传承因素、学校内部环境、家庭环境、政策环境、文化环境、产业环境和传承效果是相关性因素，其中相关性最强的因子是基本素质、传承意愿和学习兴趣。承者的年龄、性别和家庭收入与传承效果并无明显相关性。从关键因子分析来看，基本素质、传承意愿和学习兴趣是最关键因子，传承方法、学校内部环境及产业环境等也有明显的作用。结构方程分析发现传者因子和承者因子对传承效果有直接正向关系，而学校内部环境和学校外部环境通过传者或承者对传承效果有间接作用。

（二）非相关性的生态因子

年龄、性别和家庭收入没有相关性跟目前绝技绝活传承的实际情况相符。随着经济发展和社会文明进步，男女地位平等，"传男不传女"的旧俗已逐渐消失，女孩子也能传家立业的观念已经被社会所接受。终身学习理念的提出使得年龄也并不是制约绝技绝活传承的因子，任何年龄阶段都可以开始学习。

（三）最关键的生态因子

从承者因子来看，基本素质和学习兴趣是最关键的影响因子。前人对绝技绝活承者的基本素质的研究很多，承者是否拥有与绝技绝活相关的基本素质，如美术基础、审美水平、历史文化知识、创新意识、市场信息分析能力等，影响承者能否成为真正的绝技绝活人才。绝技绝活是技艺中的最高最难以掌握的那一部分，并且其本身只能以缄默知识的形式在传者和承者之间进行传递，承者自身的综合素质高能够更快更容易

---

① 王冬敏：《西双版纳傣族制陶技术传承模式及变迁研究》，博士学位论文，西南大学，2012年。

领悟其中的真谛,成为技能大师的可能性更高。采访中我们也发现许多技能大师认为承者基本素质好有利于掌握绝技绝活,甚至能够创新发展绝技绝活。如广彩传承人许恩福认为:"人的素质很重要,学习技艺的人要聪明,选徒弟要选有悟性的徒弟。"可见,如何选聘基本素质高的承者及提高承者素质和学习兴趣来有效促进传承效果,是教育传承生态模式在构建时需要重点设计的环节。

传承意愿是传者因子中最关键的因子。绝技绝活传承就是一种民族文化的传播过程,作为文化主体的传者起着重要作用[1]。因为绝技绝活本身就是一种缄默知识,它附着在技能大师们的身上,他们以超人的才智、灵性,贮存着、掌握着、承载着绝技绝活相关的文化传统和精湛技艺。作为传者的技能大师是否愿意将绝技绝活传授给承者,是影响绝技绝活传承的关键因素。从本书数据传者因子来看传者意愿是最相关、最关键的因子,可见,本书分析结果与前人调查研究结果相近。在构建绝技绝活之教育传承生态模式时应该考虑通过一定途径调动传者的传承积极性和开放性,让技能大师们毫无顾忌地进行绝技绝活传承。

传承环境中产业环境和学校内部环境对传承效果的影响最为重要。国内外许多研究都表明这一结果,认为绝技绝活产业化是实现绝技绝活持续传承的外部重要影响因素,绝技绝活是否成为商品,在产业市场中的生存状况是其生命力的一个重要标志[2]。如果外部产业环境好,绝技绝活产业化程度高,那么绝技绝活产品将为社会了解和喜欢,社会需求量增大,结果使得更多的人愿意去学习绝技绝活,技能大师也不用担心"教会徒弟,饿死师傅",愿意将绝技绝活传承得更广泛,发挥绝技绝活的社会效益。元朝时期织造能手黄道婆将先进的织造技术传给乌泥泾和松江一带人民,使织造工厂迅速繁荣起来,使松江府成为当时全国最大的棉纺织中心的历史印证了产业环境对于绝技绝活传承的重要性。学校内部环境对绝技绝活传承的影响主要体现在传承场所建设、绝技绝活人才培养方案及人财物的投入等诸多方面,这些是保证绝技绝活传承的基

---

[1] 孙谦:《论传承人在"非遗"生产性保护中的作用——以东阳木雕为例》,硕士学位论文,浙江工业大学,2014年。

[2] 杨天:《扬州刺绣传承现状的问题及反思》,硕士学位论文,扬州大学,2014年。

本条件。同时绝技绝活之教育传承的主场域是学校，它是协调各方资源的主导者，绝技绝活传承的各环节都发生在学校的教育教学过程中，决定学校内部环境的关键作用性。因此，良好的产业环境和学校内部环境是绝技绝活生态传承模式能否产生高效的关键。

（四）生态因子作用的综合性

各因素之间作用非独立的，而是交互相融共同作用于绝技绝活之教育传承。从本书数据分析结果来看，虽然承者、传者和传承环境都对传承效果产生了重要影响，但是他们之间具有交互效应，例如传承环境通过传者和承者的中介而对传承效果起作用，传承主体对传承效果的影响受到传承环境因素的影响，同时传者和承者之间存在着相互影响。正如生态学中的因子定律，即在生态系统中生态因子对生物的作用是综合性的[1]。这一结果与教育生态学前人的研究相符合，吴鼎福等认为："在一定的时间和空间范围内，各种环境及其生态因子交织重叠，它们之间以及它们和教育之间相互作用，组成教育生态系统，形成竞争、协同进化、生态平衡或生态失调等复杂的情况和关系。"[2] 因此，绝技绝活之教育传承生态模式构建在设计时既要考虑关键影响因子的作用，又必须考虑各相关影响因子的综合作用，只有各影响因子系统且协调地作用于绝技绝活传承，才能实现绝技绝活的高效持续传承。

---

[1] 孙儒泳、李庆芬、牛翠娟等：《基础生态学》，高等教育出版社2002年版，第245页。
[2] 吴鼎福、诸文蔚：《教育生态学》，江苏教育出版社2000年版，第332页。

第 五 章

绝技绝活之教育传承生态的多样性

当前绝技绝活传承的内外部环境随着社会、经济、文化的发展而发生了变化，绝技绝活之教育传承模式也随之变化。在适应环境的过程中，绝技绝活之教育传承生态呈现出多种形态变化。为了掌握现有教育传承模式的状况，笔者根据相关资料记录对绝技绝活之教育传承模式进行分类抽样，我们选择刺绣、织锦、制瓷三种最具代表的绝技绝活工艺品种，实地调研了绝技绝活之教育传承发展最迅速的云南、海南、湖南、广州等地，发现目前绝技绝活之教育传承有大师工作室型教育传承模式、产品生产型教育传承模式、社会培训型教育传承模式和专业教学型教育传承模式四种最典型的形态。本章针对每种模式选取一所学校为对象进行实地调查，以期掌握现有绝技绝活之教育传承的总体情况、结构和运行机制，同时进行影响因子分析及其与传承效果相关性分析，构建影响因子与传承效果的作用方程。并根据分析结果，选取其中最关键及相关性强的因子为指标通过雷达图来分析不同模式下的传承效果及影响因子作用状态，从而得到四种传承模式的优势与不足，为创建更优的教育传承模式提供实践参照。

一 大师工作室型教育传承模式

大师工作室型教育传承模式是指学校引入绝技绝活大师，建立技能大师工作室，并以大师工作室为中心来开展绝技绝活传承，学生依照自身兴趣以选修课的形式进入到大师工作室学习技艺，学校只负责安排课程及管理学生，不参加设计传承内容和方式。此种模式下学校和大师工作室是合作关系。此种类型下我们选取广州轻工技师学院为样本学校，深入剖析该模式的内容、结构及运作机制等。

（一）总体样态

广州市轻工技师学院位于广东省广州市，是一所以汽控专业、电子商务、办公文秘、酒店管理、工艺美术类专业为核心的技师院校。学校以《国家高技能人才振兴计划实施方案》提出将重点实施技能大师工作室建设项目为契机，实施岭南特色工艺传承基地大师工作室建设工程，努力构建以技能大师工作室为核心的学校教育模式，培养拥有绝技绝活的高技能人才，传承以绝技绝活为载体的岭南民族文化。学院先后聘请53位国家级、省级工艺美术大师担任客座教授，组建核心大师团队，同时，学校将外围临街商铺以租借形式交付给技能大师，先后建立起玉雕、牙雕、木雕、骨雕、榄雕、广彩、广绣、陶塑、剪纸、宫灯、掌画等工种的13个大师工作室。大师工作室一方面对外经营接受来自个人或组织的产品订单，部分还建有工厂；另一方面大师工作室的大师承担一定的课堂教学，但并无课时要求，学生以选修课的形式进入大师工作室学习。总的来说，广州市轻工技师学院的大师工作室型教育传承模式定位于以培养岭南工艺美术高技能人才为主，传承岭南特色手工技艺，提升社会对岭南特色民族文化的认识。绝技绝活的普及性传承是该模式的主要着力点。

（二）基本结构

大师工作室型的代表学校广州市轻工技师学院定位于以培养岭南工艺美术高技能人才为主，传承岭南特色手工技艺，提升社会对岭南特色民族文化的认识。绝技绝活的普及性传承是该模式的主要着力点。其结构如图5-1所示。

在传承主体上，作为传者的技能大师处于系统的核心位置，扮演多重角色，也承担着多重责任。技艺传授中，技能大师一方面不仅要做普及性的传承，另一方面也要精心挑选具有潜质的学生，将其培养成绝技绝活传承人。除教学与传承任务之外，大部分的技能大师还承接了产业市场的生产任务，或者其自身就开办了相关的工厂和企业承担着产业管

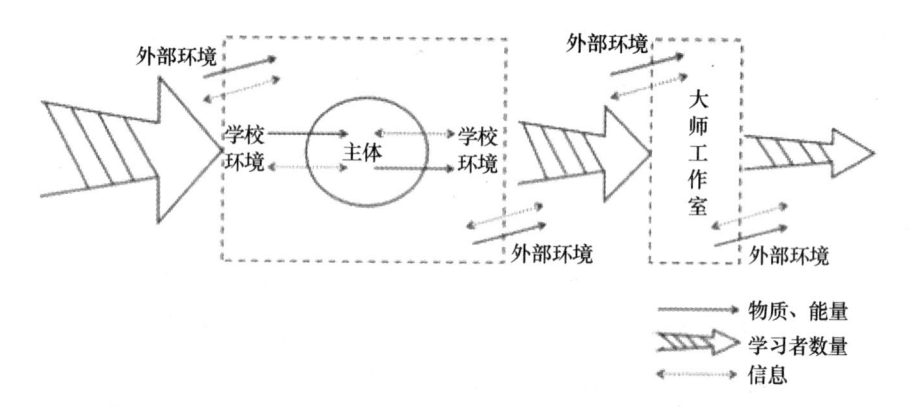

图 5-1 大师工作室型教育传承模式结构

理任务。作为承者的学生则处于一个相对松散而灵活的位置。学校并未设有绝技绝活相关的专业，学生可以根据自己的兴趣选择进入任意一间或几间工作室学习绝技绝活，但又不是师徒传承中的徒弟角色，更多的是类似于兴趣班学员。因此，传者与承者的关系也是自由而松散的。

在传承内容上，广州轻工技师学院的"四位一体，双核驱动"绝技绝活人才培养体系中"双核"是指核心职业能力和核心从业能力，即在绝技绝活传承中重视对承者这两种能力的培养。因此在传承内容上，更侧重的是技艺操作部分，以作品制作程序为导向开展绝技绝活传承教学，传授给学生正确的制作手法。因此，传承内容及教学进程皆是由技能大师个人意志决定。

在传承方式上，系统各要素之间及其与学校内外部环境的相互作用均是以技能大师及其工作室为介质开展的。首先，学校将技能大师引入后，与其共同建立工作室，但是大师工作室一般都是设立在学校外面；其次，学生以选修课形式在每周固定四个课时进入到工作室学习，也可以与技能大师协商更多的学习时间；其中学校只负责将每项绝技绝活设置成一门课程，安排固定的学习时间及学生选课的管理，并根据学生选课情况提供一定的运行经费和学习原材料；最后，学生可以通过学习获得相应学时而结束技艺学习，其中优秀者也可以经技能大师认可后进入更深层次的学习，成为绝技绝活传承人的培养对象。因此，如上图5-1所示，从总体上看，由于传承过程中组织管理形式自由松散等原因，学生的数量在逐渐减少。

(三) 运行机制

1. 校室合作建立大师工作室

学院从创新人才评价培养模式入手，依托行业优势，通过校协企合作形式，引进工艺美术大师，为形成大师工作室型学校教育模式奠定基础。技能大师进入学校后，将无偿获得学校临街的商铺作为技能大师工作室的场所。

2. 学校统一安排传承课程

大师工作室模式下学校主要的职责就是安排传承课程，让有兴趣的学生进入相应的大师工作室学习。学校负责将每项绝技绝活设置成一门选修课程，安排每周固定的学习时间及学生选课的管理，并根据学生选课情况提供给大师工作室一定的运行经费和学习原材料。同时，学校制订了《特色课程建设方案》，规定每一位技能大师都必须进入学校专门开设技艺特色课程教学。

3. 大师工作室独立对外经营

大师工作室在完成学校规定的教学任务的同时，主要开展社会经营活动。大师工作室接受个人和组织的订单，也将绝技绝活产品公开对外销售。学校并不参与大师工作室的对外经营，而技能大师是其经营的主要负责人。也就是说，技能大师工作室的日常运营和管理都由技能大师决定，其盈亏实行技能大师个人责任制。

4. 技能鉴定中心实施评价

为打通工艺美术行业高技能人才的晋升通道，广州市轻工技师学院（下称学院）与行业协会携手，创先打破传统的职业技能鉴定"理论、实操"的考证模式，对工艺美术行业中底蕴深厚、技艺精湛、业绩突出、行内口碑好的准"大师"，以"不看学历、不考外语水平，但求技艺精湛等"的方式评定出首批工艺美术行业技师，创新绝技绝活传承的评价体系。

二 产品生产型教育传承模式

产品生产型教育传承模式是指学校打造一条绝技绝活生产线，学校通过精准定位市场需求，以生产产品为中心，学生在学习技艺的同时参与产品生产。该模式下，产品生产工厂是传承的主阵地，学生以产业工人身份进入生产工厂，通过大量产品制作来学习技艺，传者以生产工厂管理者或技术人员身份向学生传授技艺。云南省玉溪技师学院的玉溪窑传承采用的正是产品生产型模式，下面以它为样本，深入分析产品生产型教育传承模式。

（一）总体样态

云南省玉溪技师学院位于云南省玉溪市，以高技能人才培养与培训为目标，是全省职业院校中唯一开设陶瓷工艺专业的院校。在玉溪市委市政府的高度重视下，由玉溪技师学院、玉溪工业财贸学校和云南玉窑文化传播有限公司共同组建了"玉溪窑发展研究中心"，该研究机构在玉溪技师学院成立，把非遗落户在学校的研究中心，并建成一条玉溪窑产品生产线。一方面，该研究中心在吴白雨大师的带领下，主要研究玉溪窑历史遗存资料和玉溪窑青花的传统烧制技艺，建立玉溪窑青花创新产品的设计开发团队。另一方面，研究中心所有的研究成果都应用于产品生产线，陶瓷工艺专业学生进入产品生产工厂一边师从技能大师学习技艺，然后根据学生学习情况分类别参与到产品生产的不同环节中去，从而实现在产品生产中完成技艺传承，培养玉溪窑专业技术人才。这种模式的产品生产是首要功能，传承的所有环节以产品生产为中心展开。

（二）基本结构

产品生产型学校教育模式立足产品生产与技艺传承相结合，在产品生产中实现技艺传承，在技艺传承中完成产品生产，最终培养能直接进入产品制作环节的承者。代表学校云南省玉溪技师学院定位于以符合市场需求为主的生活用品，旨在提升社会对云南玉溪窑民族文化的认识度，为传承陶瓷手工技艺提供良好的外部环境。同时，大量的产品生产也增加了学生实践机会，更容易领会到玉溪窑技艺的精髓。总之，绝技绝活的生产性传承是该模式的主要着力点（图5-2）。

在传承主体上，作为传者的技能大师在教育传承样态中起至关重要的作用，承担多重角色，即担负着教师、产品研究者、生产管理者的角

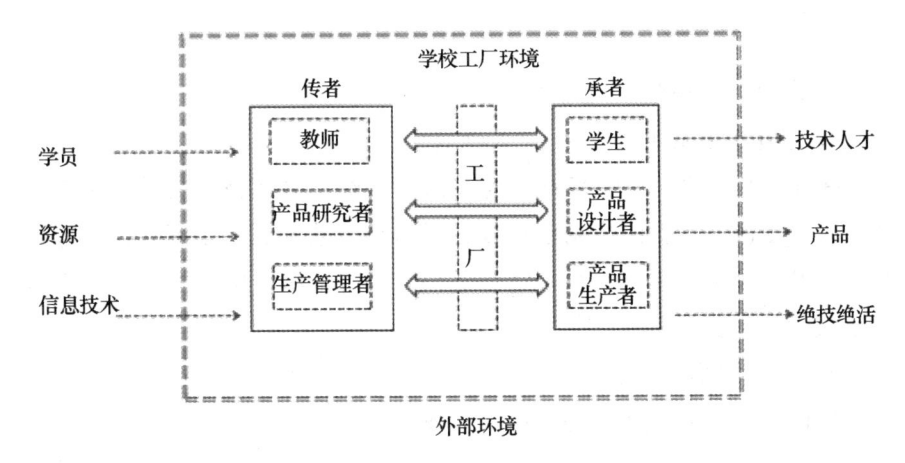

图 5-2　产品生产型教育传承模式结构

色。同样，承者有多重身份，既是学生，又是产品设计者和产品生产者。工厂里，技能大师承担了主要的创作及生产任务，也是整个产品生产的技术管理人员；在学校内，技能大师不仅要复烧玉溪青花，更要向学生传授技艺，培养玉溪青花制作传承人，让玉溪青花后继有人。

在传承内容上，云南省玉溪技师学院一方面制订专业教学计划，传承内容及教学进程基本上是按照陶瓷工艺行业的生产流程来开展。另一方面推行理实一体，基本上是1∶1的关系，既注重学生的理论学习，也注重学生的技艺操作，大部分课程都在工厂中进行，传承的内容即是陶瓷工艺专业的知识又是实践的技能。

在传承方式上，系统各要素之间及其与学校内外部环境的相互作用均是以工厂专业班级为介质展开的。首先，设置陶瓷工艺专业，学生根据自身的兴趣爱好主动选择就读该专业，组建成班级；其次，根据陶瓷工艺专业的要求开设相关的课程，课程的学习和实践大部分都在工厂中完成；最后，学生通过专业的学习毕业后可以自主创业、做茶艺、陶瓷销售等，也可以去景德镇交流学习来充实玉溪陶瓷业的人才，优秀的学生还可以留校当老师。从图5-2中可以看出，学员、资源、信息技术等这些要素从外部环境进入学校工厂环境之后，会分别转化成技术人才、产品和绝技绝活。

(三) 运行机制

1. 组建玉溪窑生产线

由于历史原因，玉溪窑青花瓷在清代停烧，导致技艺失传。多年以来，恢复玉溪窑青花的烧制已经成为考古界、艺术界、收藏界人士等各界人士共同关注的主题。在此背景下，云南省玉溪技师学院整合各方资源建设了一条玉溪窑生产线。

2. 邀请大师进入工厂

2012年在经过玉溪市委市政府的支持下，邀请吴白雨大师来校做青花恢复的工作及支持专业办学。此后，又邀请民间几位大师来校教学并担任生产技术人员。学校坚持实践重于理论的教育理念，主张通过学生动手操作掌握玉溪青花瓷技艺的精髓。

3. 建立学校教学体系

玉溪技师学院2013年首次开设陶瓷工艺专业，当年招收学生43名；2014年有46名学生报读这个专业；2015年学院计划招收陶瓷工艺专业学生50名。学院现有陶瓷基础工艺专业授课老师12名，学生经过两年的系统学习，掌握陶瓷工艺制作过程相关的基本知识，能充分利用陶瓷材料特性进行艺术创作后，第三年便可分别到省内外的知名陶瓷生产企业进行顶岗实习。

4. 积极寻找玉溪窑市场需求点

为了提升玉溪窑的社会认同感，营造良好的玉溪窑传承的产业环境，学校把陶瓷产品的市场定位为生活用品，要求每一件成品都要与生活相关，产品重在回归生活，非常古朴、典雅。目前产品需求量很大，具备市场价值，其市场潜力不可估量。学院通过对玉溪陶瓷产品市场的准确评估，发挥示范引领作用，有助于推动地方的经济发展，也为玉溪窑技艺的传承提供强有力的市场推动力。

三 社会培训型教育传承模式

社会培训型教育传承模式是指以社会培训为核心的教育传承，是指不仅在学校开设技艺培训班，还组织教师到各乡镇设农村办学点，培训农民学员,传承文化,促进农民增收。这种模式下,学校虽然开设绝技绝活专业,但却以举办培训班为主,系统专业训练为辅。学校和社会民众紧密接触,使绝技绝活的传承主体覆盖广并且使传承深入社会生活。海南省民族技工学校以举办校内长期培训班及乡镇短期培训班为主要形式开展海南黎锦织造技艺传承。

(一)总体样态

黎锦有着3000多年历史,被誉为中国纺织史"活化石",其手工纺、织、染、绣等技法享誉中外,形成了独特的黎锦文化[①]。2007年以来,海南省技工民族学校紧抓国家大力发展职业教育机遇,率先在全省创办"黎族织锦技艺中专学历班",将一直在民间承传的黎锦技艺纳入职业教育课堂。该校校长罗雅说:"我校地处黎族文化发源地之一,让黎族百姓通过学习掌握黎锦技艺,过上好日子,是我们义不容辞的责任。"从2009年9月起,学校率先开设黎族织锦技术专业,旨在培养出一批了解海南黎族文化,掌握并传承民族织绣、民族美术专业技术人才。除了学校本部的在校生外,学校还在海南省乐东县、琼中县及五指山市等地的乡镇开设农村办学点(学历教育),招收农村青年,为海南各乡镇及黎村苗寨培养"有文化、懂技术、会经营"的新型农民,还与政府联合办班,为各织锦作坊培训员工,为返乡青年及织锦爱好者提供培训。黎锦专业作为学校的特色专业,自招生以来,培养校内校外学生千余名。学校的这种传承模式有力地促进了黎锦织造技艺的传承与发展,并已经帮助学校形成独具民族特色的办学风格。

(二)基本结构

海南省技工民族学校作为社会培训型教育传承模式的代表学校,通过开展长短期培训,既培养掌握黎锦织造技艺的专业技术人才,它让更多人懂得海南省民族特色手工技艺,提升社会对海南少数民族文化的认识。社会性传承是该模式的主要着力点。以海南黎锦织造技艺传承为代表的社会培训的结构如图5-3所示。

[①] 段会冬、莫丽娟:《黎锦技艺文化传承的困境与出路》,《中国民族博览》2015年第12期。

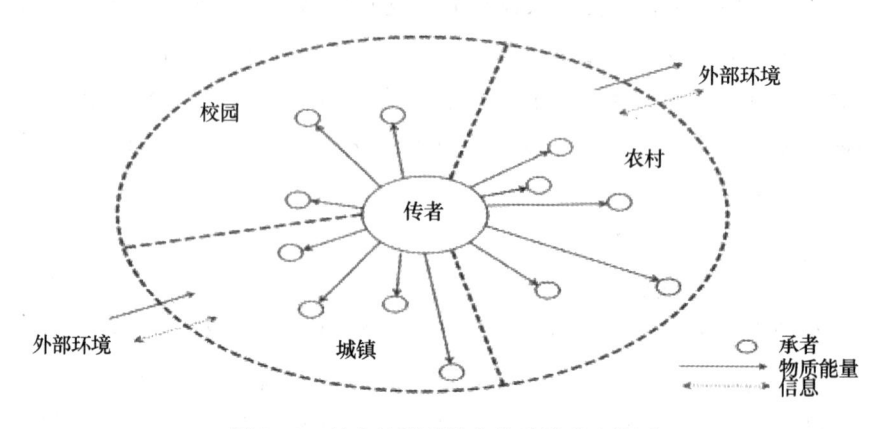

图 5-3　社会培训型教育传承模式结构图

在传承主体上，在技艺的传授过程中，传者不仅要在校内对在校学生进行技艺的传授，还要面向社会对农民学员进行绝技绝活的培训，也要对城镇有兴趣爱好的居民进行培训。作为承者有三大类，一类是进入黎锦专业学习的学生，他们处于一个相对固定的位置，所学内容比较深入，人数较少；另一类是参加培训班的农民；还有一类则是城镇需要再就业的居民，后两类承者可以根据自己的兴趣爱好及实际情况，自由选择参加培训班学习，所学内容一般比较浅，但人数众多，学习方式比较灵活。因此，从图 5-3 中可以看出，培训的承者是呈现零散分布的状态，这样并不利于资源的整合和充分利用；由于传承时间短，因而只是单向地由传者向承者的传递，没有形成传者和承者之间的互动。

在传承内容上，更侧重的是绝技绝活技艺操作部分的传授，教师以作品制作程序为脉络向学生口口相传，手把手地教，直到学生能够独立地完成一幅作品。传承内容及教学进程按照相关课程教学计划有序进行。然而，由于操作技艺程序复杂需花大量时间学习，同时培训班形式的传承时间本身就短，因此有关黎锦的来源、文化、市场和背景等知识根本无法系统安排在培训中。因此，传承内容比较少，很难系统完整的传授全部的绝技绝活。

在传承方式上，系统各要素之间及其与学校内外部环境的相互作用主要以学校培训和社会培训班为介质开展的。首先，组建班级，学校培训以班级授课制形式进行技艺传承，社会培训则以培训形式进行；其次，在校学生每周课时是相对固定的，教师到相应班级上课，社会培训班学员上课时间大多根据培训教师的时间做出相应的安排；最后，社会培训班的学员通过学习使自己的技艺更加精湛，还有部分学员可以通过培训实现再就业的需要。因此，总体来看，社会培训型的主体相对比较分散、传承时间短、传承内容较少，没有形成自身特有的专业化、系统化的传承环境。

（三）运行机制

1. 利用地理优势开设黎锦专业

学校开设黎锦专业的契机主要是地理优势，学校里黎族人很多，且五指山有一个黎锦研究所，资源也非常雄厚。而且根据有关资料显示，20世纪50年代，约有3万多名黎族妇女掌握黎锦技艺，如今却减少为不足千人，且其中大部分为年过七旬的老人。由此可见，黎族织锦技艺的传承已濒临绝境，急需培养传承人。2009年9月，该校创办"黎族织锦技艺"班有效缓解技艺消亡的危机，使黎锦技艺重新焕发勃勃生机，得到有力的传承与发扬。

2. 将技能大师引入课堂教学

学校聘请了国家级黎族织锦传承人刘香兰、省级黎族织锦传承人容亚美两位大师来校为学生传授黎锦技艺。学校还对课程设置和教材进行大胆创新，采用一体化教学模式，将理论和实训紧密结合，提高教学效率效果。

3. 创建黎村实习实训基地

黎村是黎族织锦发源地，承载着丰富的民族文化内涵。为了让学生能在学习技艺同时真实地感受黎锦背后的民族文化，提升个人对技艺的整体感悟力。学校先后与五指山番茅黎锦坊、海南锦绣织贝实业有限公司等企业合作在黎村建立了3个实训基地，学生和培训班学员在学校学习之余可进入传习所实训，与那里上班的黎族妇女边交流边工作边学习，使技艺传承不仅仅停留在技的层面而是充满民族特色文化底蕴的整体传承。

4. 广泛开设各级各类社会培训班

学校除了日常在校内开设培训班之外，还利用周末和寒暑假，在五指山、乐东等少数民族市县的少数民族乡镇设农村办学点，招收及培训少数民族农民织锦学员，传承黎锦文化，促进少数民族农民增收，使黎锦传承的辐射面越来越广。

四 专业教学型教育传承模式

专业教学型教育传承模式是指学校将传统的师徒传承与现代教育融为一体，将民间技能大师引入学校担任专业教学，大师跟其他专业课教师一样进行教学的组织形式。这种模式下，一切以专业教学为依托，大师、教授协作按照学校专业人才培养标准共同设计专业课程和实践，学生在专业学习过程中进行技艺训练和学习。下面以湖南工艺美术职业学院为例，深入剖析该模式的总体样态、结构及运作机制等。

（一）总体样态

湖南工艺美术职业学院位于湖南益阳，学校专业大多以工艺美术和艺术设计类专业为主。2006 年，湖南省委省政府做出了"抢救保护和改造提升湘绣"的重大决策，2008 年，湖南工艺美术职业学院在全省率先牵头成立湖南工艺美术职教集团。在此基础上，学校融传统的师徒传承与现代教育于一体，设立湘绣设计与工艺示范特色专业，并相继与湖南省湘绣研究所等知名企业合作培养人才，共建湘绣艺术学院。聘请了湘绣传承人刘爱云作为外聘教师，共同实施大师和专业课教师同堂授艺的教学组织形式，融合实行"大师工作室＋项目＋产品"绝技绝活人才培养模式。

（二）基本结构

专业教学型教育传承模式下，绝技绝活之教育传承生态系统各要素遵循专业教学的标准和规律相互作用、相互关系，形成具有其独特的结构与功能。代表学校湖南工艺美术职业学院立足于专业教育培养，以培养湘绣设计与工艺专业高技能人才为目的，传承湘绣手工技艺，提升社会湘绣文化的认识。绝技绝活的专业性传承是该模式的主要着力点。其结构图（图 5-4）如下：

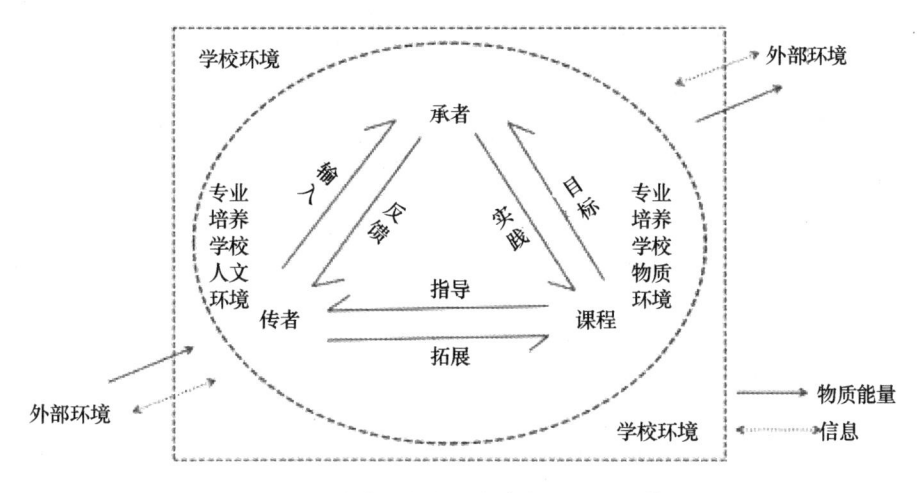

图 5-4 专业教学型教育传承模式结构

在传承主体上，作为传者的技能大师及传承辅助者的专业课教师处于同等重要位置，共同开展专业课教学。同时技能大师和专业课教师不仅要在课堂上讲授知识，传授技艺，致力于培养湘绣人才，而且还要创新产品研发，引领湘绣产业发展。如图 5-4 所示，作为承者的学生是以专业班学生的身份出现在湘绣技艺传承中，与传者的关系就是普通学校教育中教师与学生的关系，即传者向承者输入相关知识和技能，同时承者进行反馈。

在传承内容上，根据学科知识体系来安排教学内容，同时关注工作过程的知识安排。专业基础与文化课由传承辅助者来完成。而在湘绣技艺课程上，技能大师根据作品的制作程序先讲述后示范来进行绝技绝活传承教学，教学内容先易后难，学生在制作的过程中技能大师在旁边指导。学生为了使自己进步，将没绣好的作品要拆了重绣，反复训练，找到感觉。传承内容及教学进程按照相关课程教学计划有序进行，如图 5-4 所示，传者以课程为指导，同时拓展相关知识，课程设置以培养承者的能力为目标，在课程中进行实践锻炼。

在传承方式上，系统各要素之间及其与学校内外部环境的相互作用均是以班级专业课为介质开展的，主要受到学校内部环境中的有关专业人文环境和物质环境的影响。首先，学生报名就读湘绣设计与工艺专业，组建班级；其次，专业课教师是从湖南湘绣研究所聘请湘绣艺人作为专业专职教师，外聘教师是湘绣代表性传承人刘爱云大师，主要负责指导学生实操，到学校的时间是固定的；最后，学生毕业后通过顶岗实习，在实习公司继续工作或者自主创业，优秀毕业生还可以选择留校。因此，虽然传承方式是以专业型教学为主，但是传承过程中过于注重以课程为中心，而忽视了与外部社会、政策、人文、产业等环境的联系，从而使技艺传承缺乏持久的动力。

（三）运行机制

1. 寻找合作单位

学校就湘绣传承积极寻找与传承相关的组织机构，共同建设湘绣技艺传承的模式。先后与省湘绣研究所、湘绣龙头企业签订合作意向，共同发展湘绣技艺的传承。

2. 引入技能大师

学校将湘绣传承人刘爱云引入担任外聘教师，与其他专业课教师一起共同参与学校教学。技能大师的课堂教学有效地丰富了传统专业教学的传承内容和传承方法，使传承内容不再只局限于大而泛，而是深入绝技绝活的核心技艺部分。在访谈湘绣大师刘爱云的过程中，她讲到教学情景时说："先看基础，教针法先用笔描走势，然后讲述针、线、色彩、演示。讲述先讲整体，人物先绣五官。"大师和专业课教师同堂授课，携手科研，创新了湘绣传承方式，提升了作品的工艺水平和艺术价值。

3. 建立湘绣特色专业

在确定相关辅助单位和引入湘绣技能大师的基础上，建立湘绣设计与工艺特色专业，对外招生全日制在校学生。在这种专业学科背景下，学生对湘绣技艺的传承是通过专业教学的课程来实现，并且与其他非绝技绝活专业同等接受学校专业教学体系计划。

五 四种模式的传承效果比较分析

以上对绝技绝活之教育传承的四种代表性模式的样态、结构和运行机制进行了阐述与比较，可知每种模式都有其鲜明的特性。然而，我们最终的目的是找寻一种较优的模式，即传承效果相对较好。因此，试图通过实地调查、雷达分析法等方式对四种模式的传承效果进行比较分析，同时发现不同模式中关键生态因子的作用水平。

（一）比较方法

1. 实地调查

对每一所代表性学校进行深入蹲点式调研，走访学校所有的技能大师和每位学校校长，并随机采访学生，专访技艺研究所和相关主管部门，此外通过观察和体验等方法，在了解模式的概况、结构及运行情况基础上，同时采取问卷调查，收集传承效果和相关影响因子等数据以便进行统计分析。

2. 雷达图分析法

雷达图分析法是一种典型的图形评价方法，基于评价对象构建的多变量的对比分析方法，能够直观、形象地反映评价对象的综合特性。雷达图是解决综合评价问题的良好辅助工具[1]。目前，中国学者已将雷达图分析法应用于农作物的品种质量综合评价、绩效考评和电能质量综合评价等方面。根据上一章影响因子的分析，我们选取学习动机、学习兴趣、学习沉醉感、基本素质、传承方法、传承意愿、学校内部环境、家庭环境、政策环境和产业环境、文化环境相关性影响因子为指标，并对指标进行标准化处理。在雷达图绘制上，对于每种传承模式，相应雷达图中均有一个独立的数轴对应每个指标数值，数轴呈辐射状分布在中心点周围，把不同数轴上的指标数值用折线连接起来所形成的多边形就是雷达图值，数轴呈辐射状分布在中心点周围，把不同数轴上的指标数值用折线连接起来所形成的多边形就是雷达图，可以直观反映不同模式下关键影响因子的作用程度[2]。

为了全面反映不同模式下关键影响因子的综合水平及各个影响因子的均衡性，引入雷达图的面积（S_i）和周长（L_i）两个特征量，构造一

---

[1] 陈京美：《不同解决方式对南极磷虾脂质品质的影响研究》，《食品工业科技》2016年第9期。

[2] 刘魁、王元英、罗成刚等：《雷达图分析法在烤烟品种试验中的应用》，《中国烟草科学》2010年第6期。

个二维特征量来计算综合评价函数值。计算公式：在由 m 个指标构成的雷达图中，其面积由 m 个三角形组成，根据公式（1）（2）计算出各解冻方式雷达图的面积和周长。

$$S_i = \sum_{j=1}^{m} \frac{1}{2} N_{ij} N_i(j+1) stn\alpha \quad (1)$$

$$L_i = \sum_{j-1}^{m} \sqrt{N\frac{2}{1}j + N\frac{2}{1}(j(j+1)) - 2N\frac{2}{1}jN\frac{2}{t}(f+1)\cos\alpha} \quad (2)$$

其中，S_i 表示面积，L_i 表示周长，m 为评价指标数，α 为相邻射线轴之间的夹角

（二）传承效果比较

1. 大师工作室型的传承效果分析

（1）关键因子分析

采用 DCCA 对大师工作室型传承模式的传承效果与环境因子的相关性进行分析（表 5-1），DCCA 的前两个排序轴的特征值分别为 0.302、0.022，第一轴的贡献率为 85.1%，两轴的累积贡献率为 91.3%。因此，采用第一二排序轴做出二维排序图 5-5。由图 5-5 可见，除性别、年龄和收入外，其他各环境因子对传承效果的作用均比较明显。其中，基本素质、学习兴趣和传承意愿在决定传承效果中所起的作用最大，其与第一轴的相关性分别为 0.7706、0.6181 和 0.5991。该结果表明，在该模式的传承过程中，传承主体的作用尤为重要，特别是承者的基本素质和学习兴趣。同时，表 5-1 表明，传承效果是传承主体和学校内外环境共同作用的结果。其中，学校内部环境、产业环境等也具有明显的作用。

表 5-1　　大师工作室型生态因子与 DCCA 排序轴的相关系数

环境因子	排序轴	
	第一轴	第二轴
性别	-0.1161	0.0178
年龄	-0.051	0.1242

续表

环境因子	排序轴	
	第一轴	第二轴
收入	0.0723	-0.0778
学习动机	0.4705	-0.0282
学习兴趣	0.6181	0.0037
学习沉醉感	0.5527	-0.082
基本素质	0.7706	0.0134
传承方法	0.5047	-0.0734
传承意愿	0.5991	-0.0647
学校内部环境	0.5328	0.1055
家庭环境	0.4691	-0.1263
政策环境	0.4625	-0.1091
产业环境	0.5317	-0.0108
文化环境	0.5146	-0.0206

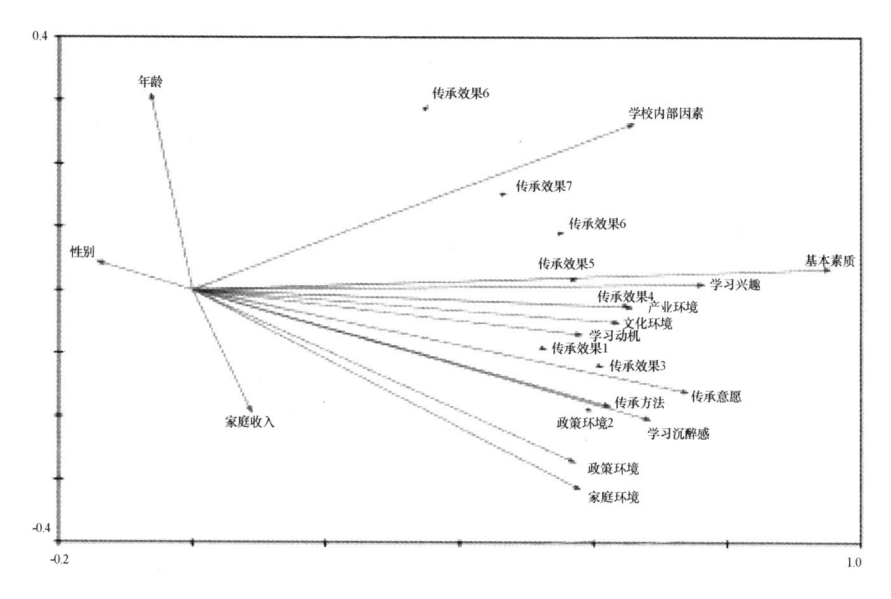

图 5-5 大师工作室型传承效果与影响因子排序

(2) 传承效果和影响因子相关性分析

以上述因子分析为依据，选取影响较大的 8 个环境因子进行传承效果与各影响因子的相关性分析。图 5-6 表明,8 个环境因子与传承效果间存在显著的线性相关性,其中以基本素质与传承效果的相关性最强,相关系数 R 为 0.767,而以传承方法的相关性较弱,相关系数 R 为 0.501。

为分析传承效果与所有生态因子间的相关性,我们采用多元回归模型对生态因子与传承效果的相关性进行拟合。所有生态因子分为四类即传者、承者、学校内部环境和学校外部环境。得出其对传承效果的作用方程为:

$$Y = 0.265 + 0.608X_1 + 0.107X_2 + 0.067X_3 + 0.133X_4$$

其中 Y 为传承效果,X_1 为承者因子,X_2 为传者因子,X_3 为学校内部环境,X_4 为学校外部环境。其中传承效果为各条目的均值,传者因子为传承意愿和传承方法的均值,承者为学习兴趣、学习动机、基本素质和学习沉醉感的均值,学校外部环境为文化环境、产业环境、家庭环境和政策环境的均值。

(3) 传承效果的雷达图分析

采取雷达图分析法对大师工作室型模式进行效果分析后可知(图 5-7),文化环境、传承方法、产业环境和学校内部环境得分较高分别是 3.61、3.59、3.54、3.26。其中得分较低的是学习兴趣 2.91、学习沉醉感 2.98、学习动机 3.02。通过雷达图面积计算公式得出大师工作室型模式的效果面积为 29.91。

数据结果表明承者的学习动机不强,学习兴趣和学习沉醉感不强影响了大师工作室型模式的效果,推测与大师工作室型教育传承模式下承者仅以选修课的形式进入传承有关,许多同学是因为好奇而选修了相应的绝技绝活课程,并不打算以此作为自己未来的职业发展方向,而且每周的课程只有两节,因此动力不足,也无法全身心地投入到绝技绝活的学习中去。另一方面,由于学校试图通过大师工作室来建立岭南技艺传承基地,对绝技绝活传承相当重视,因而学校内部环境良好。

2. 产品生产型的传承效果分析

(1) 关键因子分析

该传承模式中,DCCA 的前两个排序轴的特征值分别为 0.395、0.171,第一轴的贡献率为 52.2%,两轴的累积贡献率为 74.8%。采用第一二排序轴作出二维排序图 5-8。由图 5-6 和表 5-2 可以看出,性别、

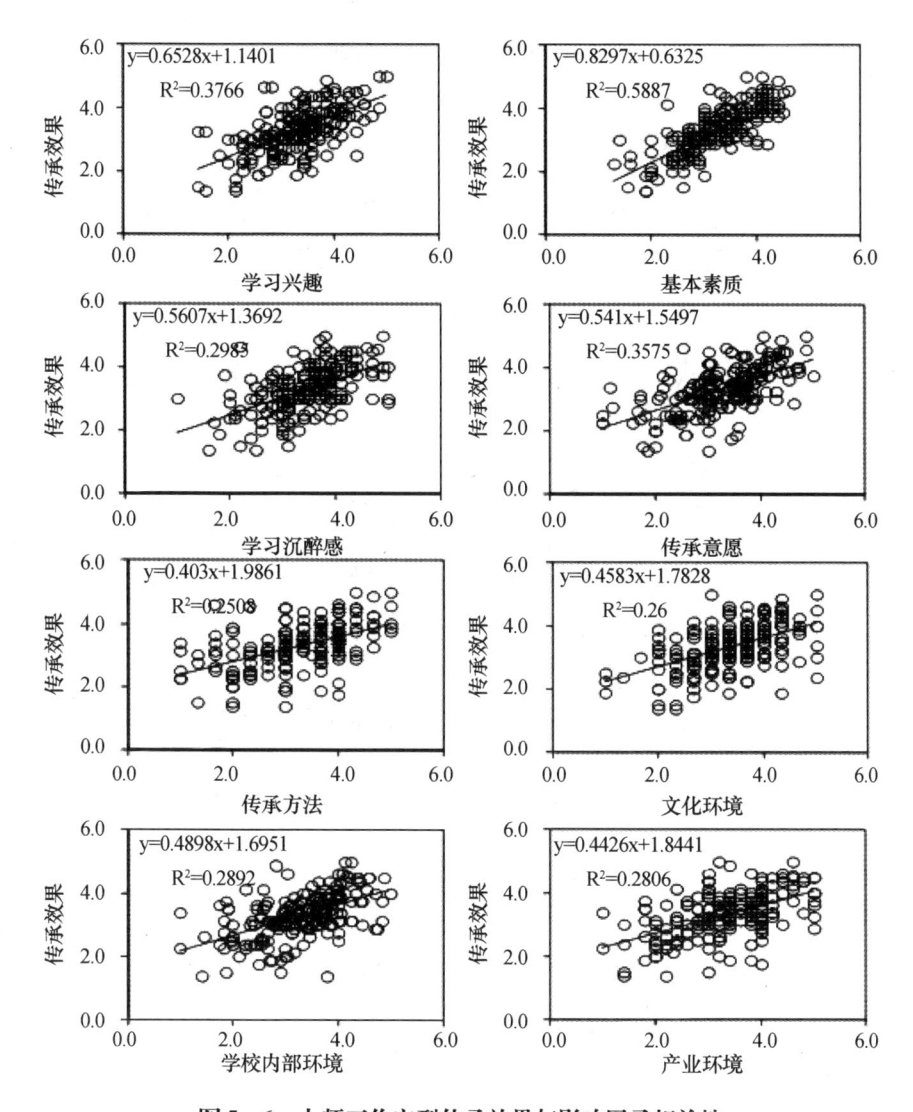

图 5-6　大师工作室型传承效果与影响因子相关性

年龄、收入和政策环境对传承效果的影响不显著，而其他因子均不同程度地影响传承效果。其中以学习沉醉感、基本素质、传承意愿和学校内部环境对传承效果的影响最为显著。其与第一轴的相关性分别为 0.8702、0.7920、0.7457 和 0.7404。该结果表明，在该模式的传承过程中，传承主体和学校内部环境的作用尤为重要，特别是承者的学习沉醉感和基本素质。

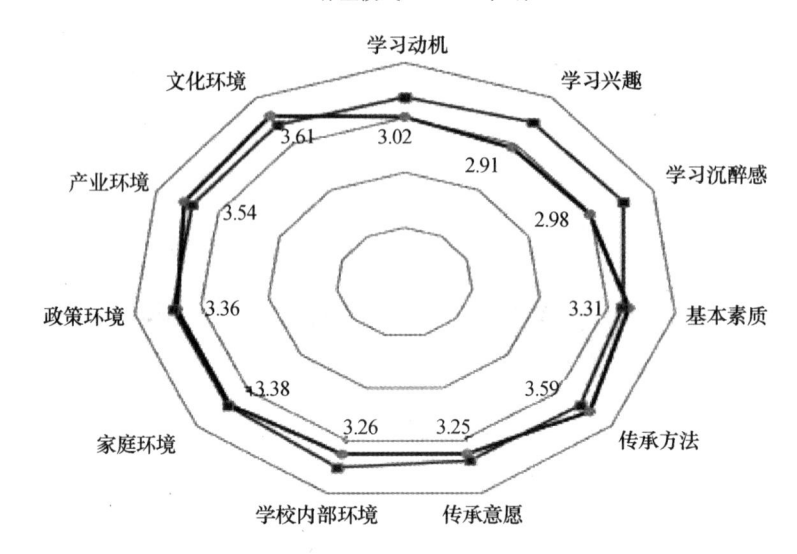

图 5-7　大师工作室型教育传承模式效果分析

表 5-2　　　产品生产型生态因子与 DCCA 排序轴的相关系数

环境因子	排序轴	
	第一轴	第二轴
性别	-0.3161	0.0806
年龄	0.1400	0.0249
收入	0.1736	0.2305
学习动机	0.6933	0.3124
学习兴趣	0.6629	0.2539
学习沉醉感	0.8702	0.2213
基本素质	0.7920	0.3003
传承方法	0.6267	0.1746
传承意愿	0.7457	0.2287
学校内部环境	0.7404	0.1844
家庭环境	0.6730	-0.2869
政策环境	0.3246	-0.2905
产业环境	0.5755	0.3532
文化环境	0.5549	0.1124

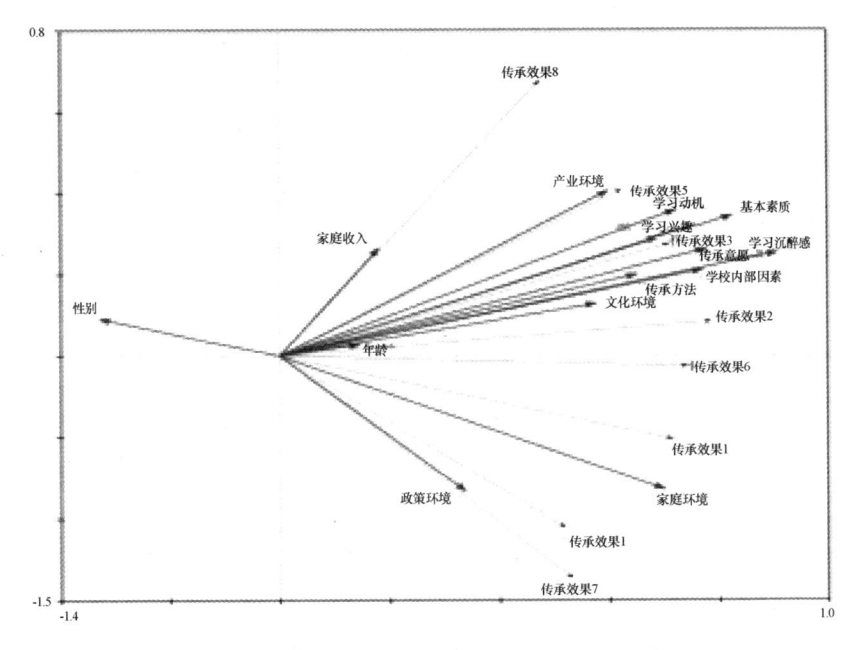

图 5-8 产品生产型 DCCA 传承效果与影响因子排序

(2) 影响因子与传承效果相关性

选取影响较大的 8 个环境因子进行传承效果与各影响因子的相关性分析。图 5-9 表明，8 个环境因子与传承效果间存在显著的线性相关性，其中以学习沉醉感与传承效果的相关性最强，相关系数 R 为 0.932，其次为学生的基本素质，相关系数为 0.887。8 个影响因子中以家庭环境的相关性较弱，相关系数 R 为 0.542。

为分析该模式下传承效果与所有生态因子间的相关性，我们同样采用多元回归模型对生态因子与传承效果的相关性进行拟合。得出其对传承效果的作用方程为：

$$Y = -0.275 + 1.054X_1 - 0.030X_2 + 0.010X_3 + 0.085X_4$$

其中 Y 为传承效果，X_1 为承者因子，X_2 为传者因子，X_3 为学校内部环境，X_4 为学校外部环境。其中传承效果为各条目的均值，传者因子为传承意愿和传承方法的均值，承者为学习兴趣，学习动机，基本素质和学习沉醉感的均值，学校外部环境为文化环境、产业环境、家庭环境和政策环境的均值。

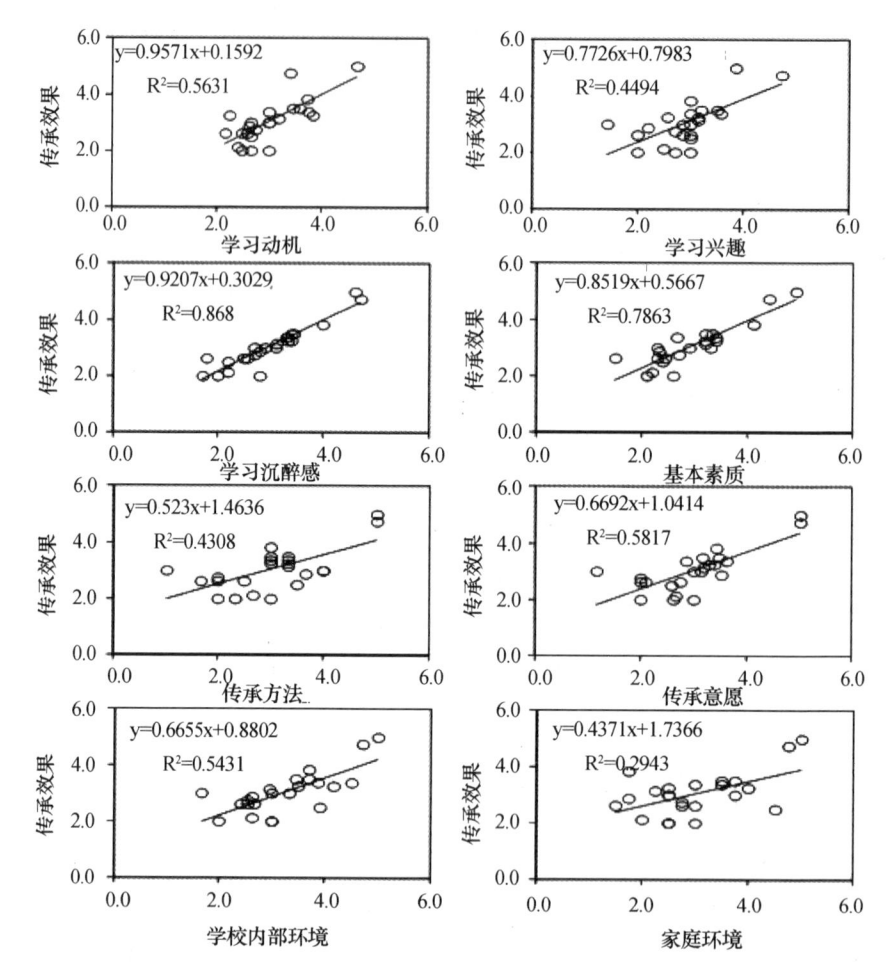

图 5-9　产品生产型影响因子与传承效果相关性分析

(3) 传承效果的雷达图分析

根据各因子对产品生产型教育传承模式的作用分析，可知产业生产模式中得分较高的为产业环境 3.67，学习沉醉感 3.46，得分较低的为基本素质 2.91，政策环境 2.90，传承方法 3.03，传承意愿 3.00，家庭环境 3.00。其中传承意愿、学校内部环境、基本素质、传承方法、家庭环境、政策环境等得分均低于平均值。产业生产模式整体的平均得分为 3.21，变异系数为 7.9%，雷达图面积 27.58（图 5-10），是四种模式中最小的。

从前面关于产品生产型教育传承模式的结构与运行可推断，整个传

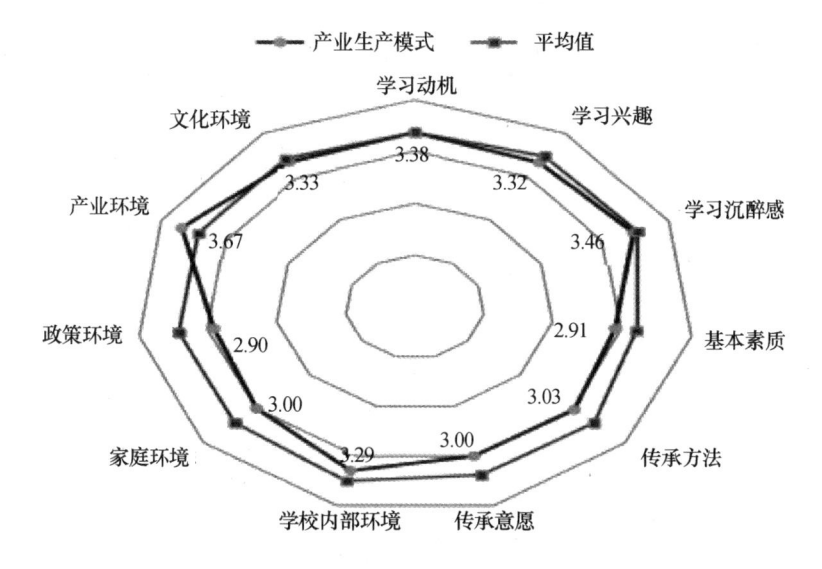

图 5-10 产品生产型教育传承模式效果分析

承模式的起点是建立生产线，终端就是产品的销售，产业因素始终贯彻其中，因此产业环境的作用最明显。然而，学生因为大部分时间在生产线从事产品制作，虽然能增加技艺掌握程度，但是课堂文化学习时间显偏少，因此基本素质的因子得分最低。

3. 社会培训型的传承效果分析

（1）关键因子分析

该传承模式中，DCCA 的前两个排序轴的特征值分别为 0.434、0.038，第一轴的贡献率为 76.5%，两轴的累积贡献率为 83.1%。因此，第一二排序轴可很好地反映环境因子对传承效果的作用机制。为此我们采用第一二排序轴做出二维排序图如图 5-11 所示。由图 5-11 和表 5-3 可以看出，同上述两种模式类似，承者的性别、年龄、收入对传承效果的影响不显著，而其他因子均不同程度地影响传承效果。其中传承意愿、文化环境、学习兴趣、产业环境、传承方法、学校内部环境和学习沉醉感等均与第一轴有非常好的相关性，表明这些因子对传承效果影响相对比较显著。

表 5-3　社会培训型环境因子与 DCCA 排序轴的相关系数

环境因子	排序轴 第一轴	排序轴 第二轴
性别	-0.1144	0.3240
年龄	0.1760	0.0438
收入	0.1776	-0.3952
学习动机	0.6705	-0.0634
学习兴趣	0.7739	0.1371
学习沉醉感	0.7146	0.0016
基本素质	0.6299	-0.0054
传承方法	0.7591	-0.1193
传承意愿	0.8238	-0.0943
学校内部环境	0.7288	-0.0640
家庭环境	0.6098	0.0635
政策环境	0.4325	-0.0206
产业环境	0.7619	-0.0076
文化环境	0.7766	-0.0327

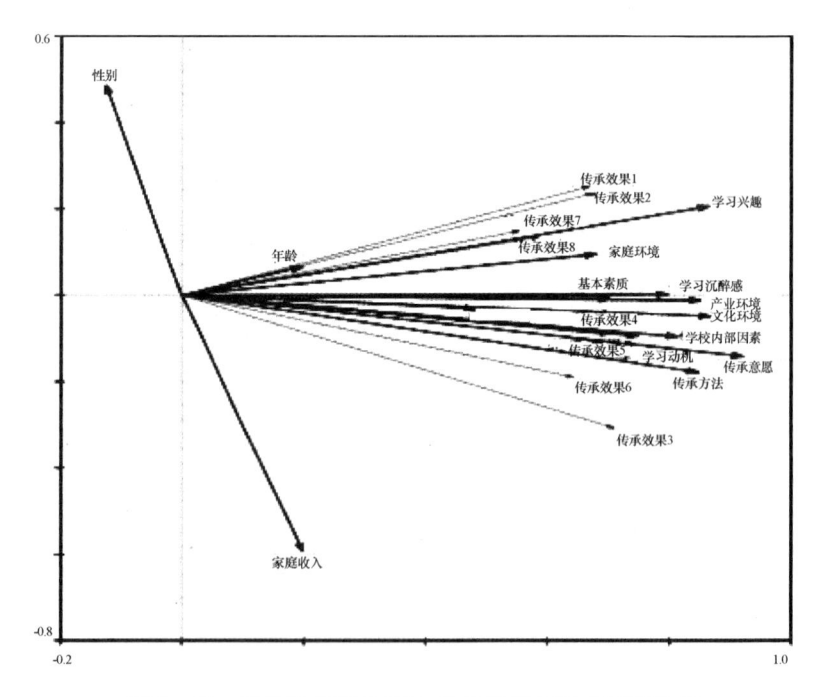

图 5-11　社会培训型 DCCA 传承效果与影响因子排序

（2）影响因子与传承效果相关性

选取影响较大的8个环境因子进行传承效果与各影响因子的相关性分析。图5-12表明，8个环境因子与传承效果间存在显著的幂函数相关性，其中以传承意愿、文化环境和学习兴趣与传承效果的相关性最强，相关系数R分别为0.880，0.865和0.856。8个影响因子中以学习动机的相关性较弱，相关系数R为0.728。

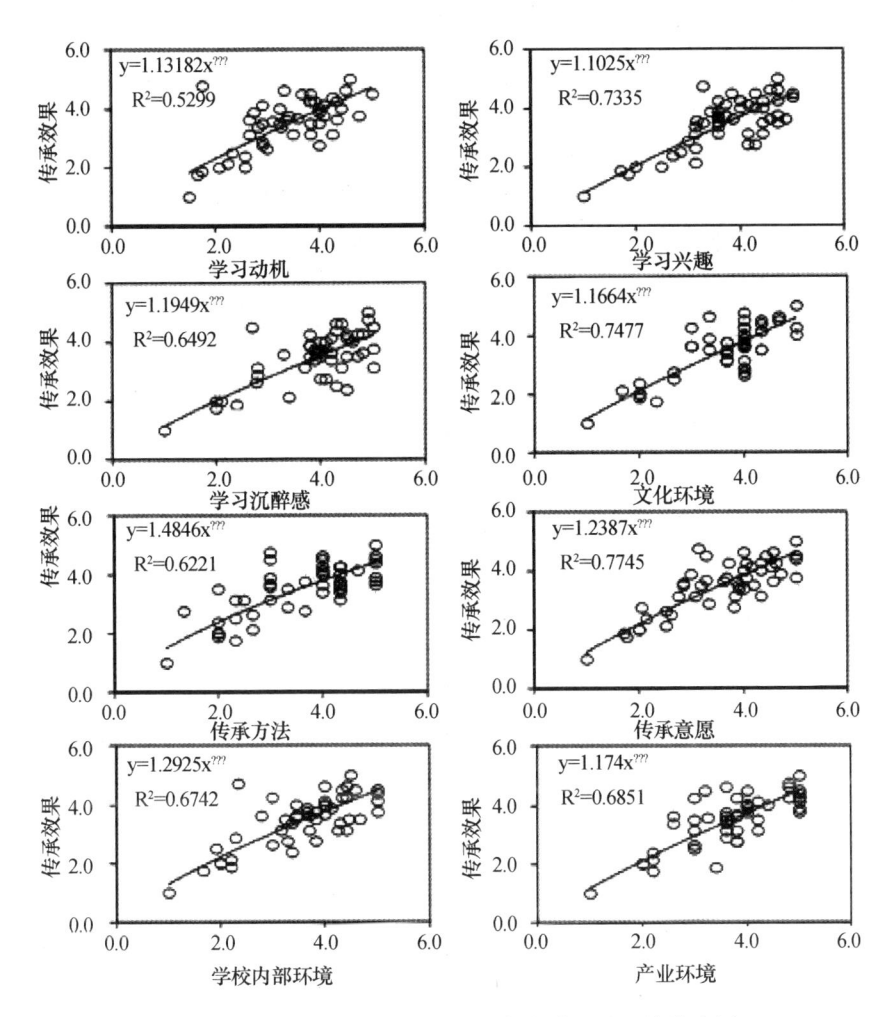

图5-12 社会培训型传承效果与影响因子相关性分析

同上述两种传承模式类似，我们采用多元回归模型对生态因子与传承效果的相关性进行拟合。所有生态因子分为四类即传者、承者、学校内部环境和学校外部环境。得出其对传承效果的作用方程为：

$$Y = 0.036 + 0.128X_1 + 0.294X_2 + 0.004X_3 + 0.531X_4$$

其中 Y 为传承效果，X_1 为承者因子，X_2 为传者因子，X_3 为学校内部环境，X_4 为学校外部环境。其中传承效果为各条目的均值，传者因子为传承意愿和传承方法的均值，承者为学习兴趣，学习动机，基本素质和学习沉醉感的均值，学校外部环境为文化环境、产业环境、家庭环境和政策环境的均值。

（3）传承效果的雷达图分析

同样用雷达图对社会培训型教育传承模式的效果进行了分析，发现基本素质和产业环境影响得分最低，分别是 2.95 和 3.31，学习兴趣 3.72、传承意愿 3.62、传承方法 3.58 属于得分较高的。社会培训型学校教育模式整体的平均得分为 3.45，变异系数为 6.2%，雷达图面积 32.59（图 5-13）。

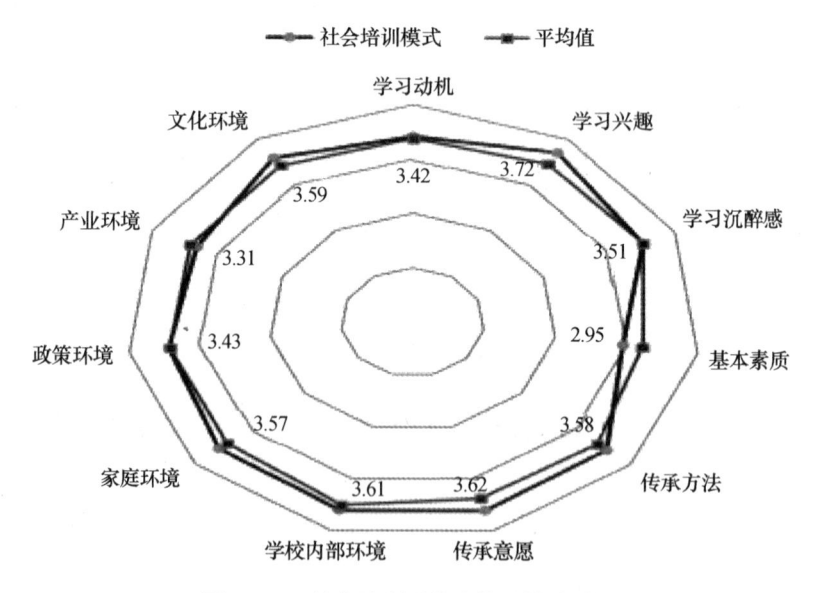

图 5-13 社会培训型教育传承模式效果

社会培训型模式下对入学学员没有基本门槛，许多无业村民或待业青年进入培训班，且培训班的课程多以技艺操作为主，并未有艺术素质等培养，因此基本素质因子得分低。但是另一方面由于这些培训学员都期望通过学习来获得工作，因此学习兴趣和学习动机得分高。社会培训型模式中绝技绝活传承的内容大多为初中级学习内容，因而技能大师通常乐意让更多的人了解绝技绝活，其传承意愿比较强烈。最后，由于培训班和培训基地多设在黎村，虽然有文化氛围，但远离产业和市场，因而产业环境这一关键影响因子得分低。

4. 专业教学型的传承效果分析

（1）影响因子分析

该传承模式中，DCCA 的前两个排序轴的特征值分别为 0.249、0.057，第一轴的贡献率为 64.0%，两轴的累积贡献率为 78.6%。因此，第一二排序轴可很好地反映环境因子对传承效果的作用机制。由图 5-14 和表 5-4 可以看出，学校外部环境包括家庭环境、产业环境、政策环境、文化环境和学生的基本素质对该模式传承效果影响最为显著。而承者的性别、年龄、收入、学习动机和学习沉醉感对传承效果的影响不显著。

表 5-4　　专业教学型影响因子与 DCCA 排序轴的相关系数

环境因子	排序轴	
	第一轴	第二轴
性别	-0.0437	0.0751
年龄	0.1889	0.0432
收入	-0.0310	0.3440
学习动机	0.1550	-0.1503
学习兴趣	0.3215	-0.1502
学习沉醉感	0.2502	-0.0684
基本素质	0.5417	-0.0022
传承方法	0.4778	-0.2099
传承意愿	0.4874	-0.1624
学校内部环境	0.3989	-0.1775
家庭环境	0.5563	-0.0190
政策环境	0.5067	-0.1981
产业环境	0.5423	-0.1562
文化环境	0.5322	0.1200

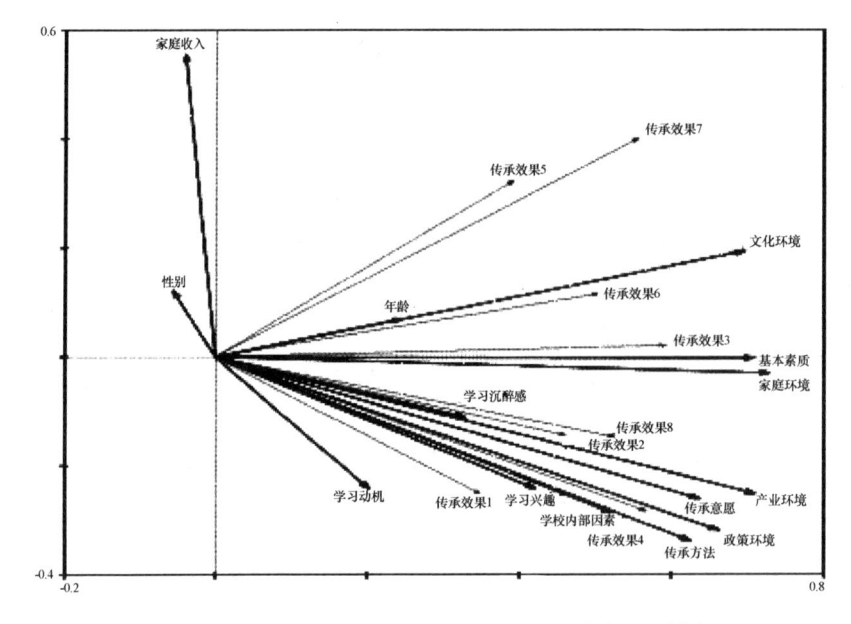

图 5-14　专业教学型 DCCA 传承效果与影响因子排序

（2）影响因子与传承效果相关性

选取影响较大的 8 个环境因子进行传承效果与各影响因子的相关性分析。图 5-15 表明，8 个环境因子与传承效果间存在显著的相关性，但拟合曲线不同。其中，基本素质、学校内部环境和家庭环境与传承效果间存在明显的幂函数相关，而传承方法和传承意愿与传承效果间存在明显的对数相关，政策环境、产业环境和文化环境与传承效果间则为明显的线性相关。8 个影响因子中以基本素质与传承效果的相关性最强，相关系数 R 为 0.592。学校内部环境的相关性较弱，相关系数 R 为 0.409。

（3）传承效果的雷达图分析

从专业教学型教育传承模式的雷达效果图分析来看，产业环境和文化环境得分偏低，分别是 3.00 和 3.07，学习兴趣和学习沉醉感得分高，分别为 3.91 和 3.85。其他关键影响因子的作用得分都比较均衡。专业教学型教育传承模式整体的平均得分为 3.50，变异系数为 8.0%，雷达图面积 32.93，是四种模式中最大的（图 5-16）。

同上述几种传承模式类似，采用多元回归模型对生态因子与传承效

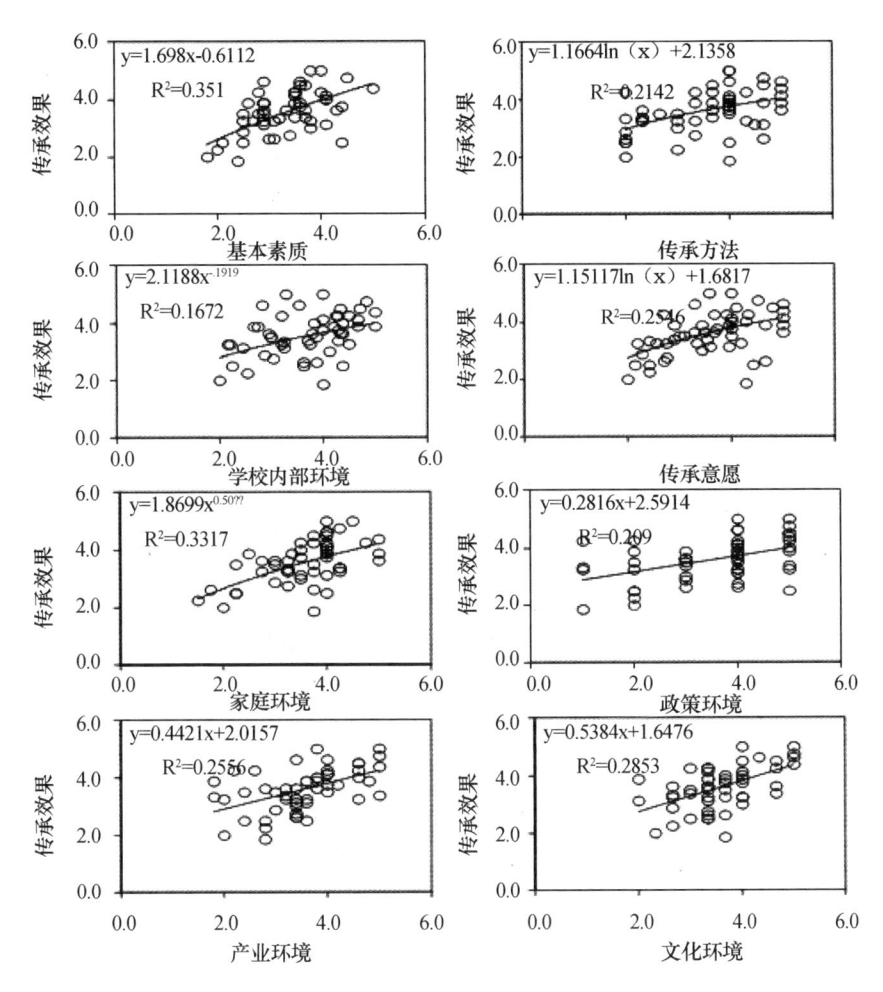

图 5-15 专业教学型传承效果与影响因子相关性分析

果的相关性进行拟合。得出生态因子对传承效果的作用方程为：

$$Y = 1.106 + 0.088X_1 + 0.120X_2 - 0.070X_3 + 0.560X_4$$

其中 Y 为传承效果，X_1 为承者因子，X_2 为传者因子，X_3 为学校内部环境，X_4 为学校外部环境。其中传承效果为各条目的均值，传者因子为传承意愿和传承方法的均值，承者为学习兴趣，学习动机，基本素质和学习沉醉感的均值，学校外部环境为文化环境、产业环境、家庭环境和政策环境的均值。

学习兴趣和学习沉醉感得分高及产业环境和文化环境得分低与专业

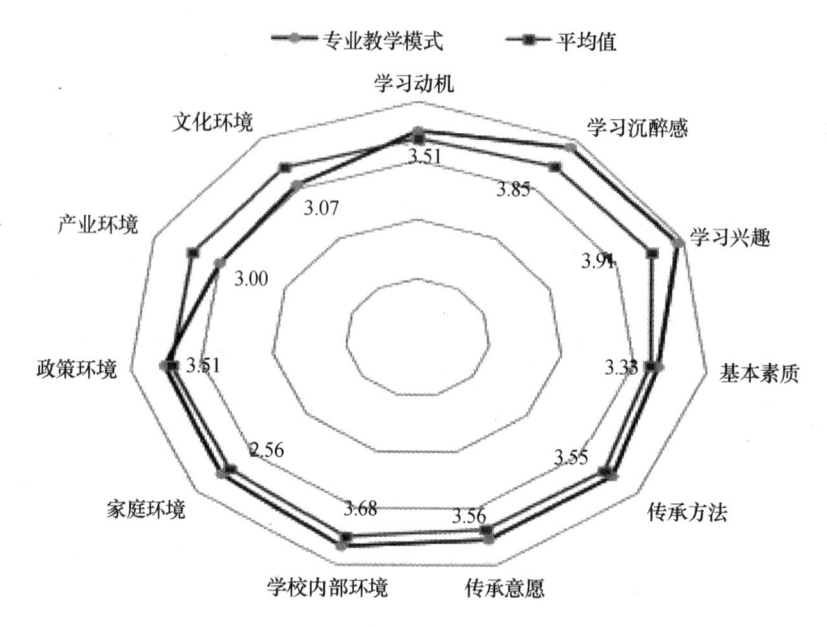

图 5-16 专业教学型教育传承模式效果

教学型学校教育模式的学科特点相关，其中专业教学的系统安排使学习专业学习更集中，学习的精力更为聚焦，所以学习兴趣和学习沉醉感得分高。但是一切以专业教学为中心，开放程度不高，与外界相融合的程度就较低，因此产业环境得分低。

（三）优劣势比较

1. 大师工作室型的优劣势分析

大师工作室型教育传承模式主要优势在于：第一，充分发挥了传者的核心作用。引进技能大师并建立工作室，重视大师工作室与学院以及市场的接轨。第二，保证了良好的学校内部环境。学校对于大师工作室的重视和投入使技能大师们乐于进行传承，促进了传承意愿的提高。但这种教育传承模式也存在着一些不足：第一，缺乏专业依托，承者学习动机不强。绝技绝活品种虽多，却都没有绝技绝活专业，学生多以选修课形式出现在绝技绝活传承，并不以绝技绝活为职业发展方向，缺少学习动机，难以成长为真正的传承人；第二，技能大师投入绝技绝活传承的时间和精力少。因为技能大师工作室由技能大师自负盈亏，所以大多数技能大师将精力放到产品制作和市场开发上，而难以保证有足够的时间用来传授技艺；第三，学校和大师的合力未形成。由于学院与大师工作室是合作关系，而且缺乏有效而紧密的合作机制，两者资源没有互通机制，没有实现资源整合。

2. 产品生产型的优劣势分析

产品生产型教育传承模式其优势在于：第一，学校与市场紧密接轨。依据市场需求，生产市场所需产品，实现产品价值，提高社会经济效益。第二，专业设置与当地技艺紧密融合。陶瓷本就是云南的一个传统技艺，学校专业设置与当地技艺融合，更有利于技艺传授与教学实践。第三，学生能获得更多的技艺训练的时间，可以在真实的作品制作中体会技艺内涵。但从云南省玉溪技师学院实施的现状来看，这种学校教育模式存在一些不足之处：一是承者方面，技能大师数量非常少，学院其他陶瓷的专业教师也不能满足教学需要，且出现断层现象；二是承者方面，由于玉溪窑在社会上的认可度不高，而且就业面偏窄，大部分学生缺乏学习动力，且学生的大部分时间在工厂生产的各个环节，其自身基本素质无法得到提升，对技艺的学习只局限于某一种环节，很难成长为新的技能大师；三是传承环境方面，玉溪窑青花器专业没有专门的教材，而且烧制设备也欠佳，专业规模相对而言也是比较小的，学院内部传承环境有待改善。四是技艺品种方面，主要是烧制玉溪青花瓷器，与景德镇生产的青花瓷器相比并没有创新，因此，该技艺本身具有可替代性。

3. 社会培训型的优劣势分析

社会培训型教育传承模式主要优势在于：第一，充分发挥传承环境对于传承效果的促进作用。该校地处五指山，本身是黎族聚居地区，黎族生源占据学校生源的绝大多数，学校开展黎锦织锦技艺传承，更容易为社会所接受。第二，技艺传承的文化环境优良。由于培训班相对普通学校专业教学来说，学校把实训基地办到黎村里，学生可以深入地了解黎锦产生的文化、社会背景，使绝技绝活的传承不仅仅是在技术层面，而是达到文化的传承。第三，承者的层次、范围更广。培训班形式灵活，门槛低，这让更多的人有机会进入黎锦传承系统中来。但这种教育传承模式也存在着一些不足：第一，忽略了承者的基本素质，难以培养出绝技绝活传人。学校有文化的教师不了解技艺，有技艺的传承人却无法完成校本课程的开发，教师很多时候根据自己的经验来编写教材，学生很难明白其意思。同时无门槛的接收学员使承者的基本素质整体比较差，无法传承创新绝技绝活；第二，缺乏专业系统的训练。学生学习时间相对较短，技艺学习的内容浅，对黎锦文化和技艺的掌握都属于初级阶段，离真正的传承人培养要求相差甚远；第三，缺乏先进设备及材料。因为培训班形式虽然灵活，但是流动性大，没有稳定的教学设施投入，大部分设施比较陈旧，浪费时间及人力，制约了黎锦技艺传承的效果；第四，缺乏产业环境因子的支持。学校地理位置有优势也有劣势，在推进黎锦文化市场化的过程中，因该校离市场比较远，与黎锦产业对接的程度还远远不够。

4. 专业教学型的传承效果分析

专业教学型教育传承模式优缺点明显，优点在于：第一，充分发挥了技能大师和学校内部环境的合力作用。将技能大师与学校专业课教师组合成专业教学团队，两者共同参与专业教学与专业建设。第二，学生的基本素质得到培养。专业教学从学科知识和理论体系来搭建教学内容，学生有关的美术基础、文化基础、创新意识等基本素质将得到有效培养。但同样存在一些不足：第一，忽略了承者的关键因子作用，不能发挥承者的最大积极性。专业教学型模式下一切以专业教学为中心，技能大师跟其他任课老师地位平等甚至还是作为外聘老师，技能大师没有独立的功能空间，难以完成有效传承。第二，产业环境和文化环境两类关键因子水平低。学校受地域与产业集中区相距甚远及专业教学的特点限制，无法及时有效地接受外部产业环境的信息，产业环境推动绝技绝活传承的力量受阻，不利于绝技绝活传承。

（四）结论与启示

1. 不同模式的结构不同，则关键因子作用不同

从四种教育传承模式的结构分析中，我们发现不同的模式结构中传者与传者、传者与承者及传承主体与传承环境之间的关系不同，会影响关键因子的作用发挥，进而影响传承效果。不同的绝技绝活之教育传承模式最终产生的传承效果在数据统计上呈显著差异。比如社会培训型教育传承模式结构是传者固定在学校领域里，通过校内的长短期培训班及

乡村、城镇的各类培训将绝技绝活传递给承者，这种结构使承者与传者关系松散，并不是固定的师徒关系，而且一名技能大师要对应众多的培训学员，难以用足够精力去培养传承人，因而传者因子中的传承意愿因子发挥的作用要低。可见，在教育传承生态模式构建时要综合运用生态因子原理进行设计模式结构，提升模式的传承效果。

2. 关键因子作用程度不同，则传承效果不同

通过雷达图分析，我们发现各生态因子在每一种模式下的作用都不同，而这些作用不同使得每种模式的传承效果不同。比如四种模式中传承面积图最小的是产品生产型其得分为 27.58，关键因子中基本素质、传承意愿、传承方法作用得分最低，其他相关因子中家庭环境和政策环境得分也低。专业教学型是四种模式中雷达图面积为 32.93，是最大的一种，这种模式下基本素质、产业环境、学校内部环境等关键因子得分均比产品生产型要高。可见，各生态因子在不同模式下作用发挥不同，关键因子作用发挥好就会使得传承效果更好，否则传承效果就差。因此，在构建绝技绝活之教育传承生态模式时应该考虑如何才能发挥生态因子特别是关键因子的作用。

3. 影响因子对模式的传承效果影响呈综合性

虽然关键因子对绝技绝活传承的影响占主导作用，但是分析结果表明并不是某一个关键因子作用发挥最大，模式的效果就最好，而是要所有相关性因素都发挥作用且相互协调，才能有高效的传承。这一结果与上一章关键因子分析的结果相对应。因此，绝技绝活之教育传承生态模式构建就是合理设计、组合各影响因素之间的关系，形成有利于功能发挥的系统结构。

4. 四种学校教育模式均存在明显局限性

从模式的优缺点分析，我们发现虽然每一种模式也都存在一定的优势，但是每一种模式都存在明显局限性，导致传承效果不理想。传承效果的雷达图也证实了这一点，关键影响因子在模式中作用不均衡，有些关键因子作用程度低。比如，大师工作室型教育传承模式只注重突出传承因子的作用，而忽视了承者的学习兴趣、学校内部环境也是起非常关键的作用，最终导致承者学习技艺的时间短，且无意将成为技能大师当成未来职业发展方向，因此，从根本上决定了这种模式的传承效果不好。

第 六 章

绝技绝活之教育传承生态模式

——四因共振

通过关键影响因子分析,我们得知在教育传承生态系统中影响绝技绝活传承的关键因子是传者的传承意愿、承者的基本素质、学习兴趣及学校内部环境等因子,同时传承环境又是通过对传者和承者的间接作用于传承效果。上一章对绝技绝活传承现有几种代表性教育模式进行优劣势分析,并发现关键因子作用不同造成不同教育传承模式的传承效果。本章在前期研究的基础上,充分考虑最关键因子的主导作用,同时重视各相关因素对绝技绝活传承的综合作用,从而构建一种资源整合利用型和循环增值型的"四因共振"教育传承生态模式。这种模式既能使教育传承生态系统中学校教育与绝技绝活传承之间形成共同生存、协同进化的关系,又能使绝技绝活教育传承活动与外部环境之间相互适应,实现传承的传承效益、教育效益、经济效益和社会效益的统一。

一 "四因共振"教育传承生态模式构建的需求分析

"四因共振"教育传承生态模式的需求是指期望其最终要达到的结果,也是模式构建的落脚点。这种传承模式一方面是在学校教育活动的范围内展开,充分利用学校教育实践活动集中的、系统的、专职的、有计划和有目的的优势,对承者的影响持久而全面;另一方面也是将其置于教育传承生态系统中而进行设计,充分考虑传承主体和传承活动与外界环境的关系。因此,"四因共振"教育传承生态模式构建具有双重性需求,既要有教育性结果也要有生态性结果,两者共生共存。教育性结果是指这种传承模式最终要达到的有关人才培养、服务经济、知识传递、文化传承等学校教育目标。生态性结果是指这种传承模式应该呈现出传承主体与传承环境之间和谐共生的状况。主要体现在以下四个方面:

(一)实现绝技绝活的生态传承

绝技绝活的生态传承是构建"四因共振"教育传承生态模式最重要的诉求。绝技绝活作为民族技艺的瑰宝正面临着生存和发展的巨大威胁,需要采取有效的保护措施防止它们的消亡。"四因共振"教育传承生态模式不仅是简单地将绝技绝活传承下去,而是通过设计合理的绝技绝活传承链,减少各传承环节的无效消耗,提高绝技绝活传承效率,实现绝技绝活的生态传承。绝技绝活传承链如同生态系统中的食物链,是有关绝技绝活传承的各组织或个人在传承的历史长河中形成了密切联系,并且每个组成部分承担不同的职责。正是因为这样,才使绝技绝活在困境中得以保存并发展,并保持绝技绝活之教育传承生态系统的稳定状态;研究设计合理的绝技绝活传承链结构,直接关系到绝技绝活之教育传承生态系统的传承效果,最终决定绝技绝活的生态传承。上几章的研究发现,绝技绝活之教育传承生态系统中传者的传承意志、承者的基本素质、学习兴趣、学习动机、学习沉醉感、学校内部环境、产业环境和文化环境等生态因子是重要的影响因子,其中承者的基本素质和学习兴趣及传者的传承意愿是最关键的影响因子。因此,通过厘清各因子之间的关系,明确各组成部分的职责,设计合理的绝技绝活传承链,从而实现绝技绝活的生态传承。

(二)培养综合素质高的绝技绝活人才

培养具有综合素质高的绝技绝活人才是"四因共振"教育传承生态模式的最显性结果。置于学校范围下的绝技绝活传承自然也是实现学校教育目的的一种教育活动形式。国内有关教育目的的说法林林总总,然而以人为本的教育目的已然成为主流。康德提出教育目的是把人培养成真正的人;怀特海认为:"我们的目标是,要塑造既有广泛的文化修养又在某个特殊方面有专业知识的人才……"①"四因共振"教育传承生态模式作为一种教育形式，培养人才应是其目的之一。从目前绝技绝活传承的现状来看，大部分传承人年龄偏大且没有经过正规系统的教育，虽然技艺高超，但是在文化品位、市场开发能力等方面存在很大局限性。如此背景下，承者受传者影响，加之学校并未在文化基础提升、创新能力、市场发展能力等方面重视，绝技绝活传承人总体上表现出综合能力明显不足、文化底蕴薄弱等现象，不利于绝技绝活传承。这里的综合能力是指善技艺、懂生产、有文化和能创新。同时，此前关于绝技绝活传承的关键影响因子分析也表明，承者的基本素质是影响绝技绝活传承的最关键因子之一。因此，培养具有综合能力的绝技绝活人才需要构建"四因共振"教育传承生态模式。

（三）促进地方特色产业生态型发展

绝技绝活传承既是社会经济发展的必然需求，也是促进经济特别是地方特色产业发展的关键因素。从形成的历史过程来看，绝技绝活是伴随着特定区域相关产业的发展而产生的，同时绝技绝活传承直接推动地方特色产业发展。如湘绣的传承直接推动了以湘绣生产为主的相关产业发展，湘绣产业的发展需要技艺人才、湘绣技艺发展与创新。从影响因子分析可知，产业因素也是影响绝技绝活传承的关键因子。可见，绝技绝活传承与地方特色产业发展两者密切相连。然而，现实中绝技绝活传承与地方特色产业发展割裂的现象普遍存在，绝技绝活传承不能适应产业发展的实际需求。一方面导致绝技绝活本身缺乏活力，难以继续传承面临消亡；另一方面无法培养产业发展所需的人才，地方特色产业逐渐萎缩。基于此，"四因共振"教育传承生态模式中的技艺传承与产业发展需要通过教育传承生态系统中介作用形成协同关系，从而促进地方特色产业生态型发展。

（四）提升民族文化认同感

"四因共振"教育传承生态模式应该充分利用大众化学校教育的

---

① [英] 怀特海：《教育的目的》，庄莲平、王立中译，文汇出版社2014年版，第35页。

优势来提升民族文化认同感。绝技绝活深深根植于民间百姓的生产生活，体现了中华民族独特的生活方式、道德观念、审美情趣和艺术风格，是民族文化的一种真实表现。社会学研究者史慧颖等人认为民族认同分为三种形式，即归属感和对民族的整体态度、对民族文化的态度、对民族社会状况的态度。可知，承载着丰富民族"文化记忆"的绝技绝活传承对于确定民族文化特性、激发创造力、增强历史认同感，最终实现民族认同有重要推动作用。文化人类学家认为文化传承的渠道包括家庭教育、社区教育以及学校教育，其中学校教育是人类文化传承的主渠道。学校教育能够普遍地、深入人心地培养高素质的民族文化人才，可以有效提高传承主体的民族意识和文化素养，可以为民族文化传承提供一个更加便捷有效的平台，可以在师生教与学的互动中提炼民族文化的精髓，剔除传统民族文化中的糟粕和守旧成分以更加适应时代的发展[1]。"四因共振"教育传承生态模式构建应从提升民族文化认同的目标出发，在教育传承生态系统中将民族文化传承与绝技绝活传承有效结合，通过系统和科学的教育体系，引导受教育者掌握绝技绝活的同时也学习本民族的文化，使广泛受教育群体的民族文化认同得以提升。

二 "四因共振"教育传承生态模式构建的原则选择

"四因共振"教育传承生态模式在教育传承生态系统里生成，既遵循生态系统平衡的原理，也符合教育发展规律。因此，"四因共振"教育传承生态模式应该遵循稳定性、协同性、整体性和高效性四大构建原则。

（一）稳定性

生态学上，生态系统的稳定性是其抵抗环境变化带来的负影响和保持内部系统平衡状态的倾向。一个越复杂的生态系统结构其生态系统稳

---

[1] 杨玲玲：《学校教育中民族文化传承困境研究》，硕士学位论文，云南财经大学，2015年。

定性越高，而生物多样性使生态系统结构更复杂，也是保持生态系统稳定性的重要条件。因此，稳定性是"四因共振"教育传承生态模式构建的首要原则。只有绝技绝活之教育传承生态系统足够稳定，才能抵御传承环境变化带来的绝技绝活消亡危机，保护并传承绝技绝活。绝技绝活之教育传承生态系统最重要的"物种"是传承主体，其多样性是实现整个传承系统稳定性的关键。传承主体的多样性应体现在来源、授受技艺的渠道、职业发展能力等方面。也就是说，"四因共振"教育传承生态模式要能使更多不同知识背景、数量更大的人进入绝技绝活传承人培养的储备人才库中；其次，承者可以从技能大师处学到技艺，并通过全方位的培养体系成为新的技能大师；最后，承者还能有更多不同的学习渠道进行选择或同时拥有，从而具有多样且综合的职业发展能力，可以选择并胜任绝技绝活创作以外更多的职业岗位，从不同工作领域来推动绝技绝活传承。

（二）协同性

协同在词性上的解释是"合作"，指两个或两个以上不同个体共同完成某一目标的能力。在生物学中也存在协同现象，一个物种的进化必然会改变作用于其他生物的选择压力，引起其他生物也发生变化，这些变化反过来又会引起相关物种的进一步变化，这种相互适应、相互作用的共同进化的关系即为协同进化[①]。1971年，德国HAken教授在研究激光理论的基础上提出了协同理论，但他认为广泛存在于社会系统中的各种相变现象并非都如激光理论中的平衡相变，相反，社会系统大都为非平衡相变，协同作用则产生于这些非平衡相变过程之中。协同作用的产生过程一般与人们有意识的控制过程相联系，是人们对既有系统进行有效干预并使系统向其期望的方向发展的过程。也就是说，协同理论主要是解决系统如何通过自己内部协同作用，自发地出现时间、空间和功能上的有序结构。"四因共振"教育传承生态模式的协同性是指对构成传承模式的诸多价值标准、制度环节、程序等要素进行合理配置，实现各要素

---

① 王宇露：《企业生境及不同生境下企业成长的生态对策探讨》，《科技管理研究》2008年第6期。

之间的有机整合、相互贯通、彼此衔接、互动有序、协同发展，使这种模式的结构达到最佳状态，从而最终实现模式价值的最大化。从前几章分析可见，教育传承生态因子对绝技绝活传承影响呈综合性，因此，"四因共振"教育传承生态模式的协同性体现在各教育传承生态影响因子之间的协同发展。例如，"四因共振"教育传承生态模式中产业需求与人才培养、研究创新与技艺传承、家庭教育与学校教育、技艺传授与文化素质等种种关系应当是有机统一、动态平衡、统筹兼顾的。

（三）整体性

整体性是生态系统中最重要的一个属性。任何一个生态系统都是由生物和非生物多个组分结合而成的整体单元。这个系统不再是结合之前各自分散的状态，而是发生了根本的变化，集中表现在整体性[1]。一个系统的整体性决定其能发挥大于各部分之和的功能。系统结构的有序性和整体性会产生整合效应。整合效应认为通过合理的资源配置，系统内组分有序排列，建立健全结构和功能关系，并抑制组分间相互抵消的现象发生，从而使等量资源的投入生产了更多的产品，创造出更高的效益[2]。反观家庭传承、工厂传承、社会传承等方式之所以面临传承困境，就在于绝技绝活传承系统的各组织部分仍处于各自分散状态，其整体合力难以发挥。"四因共振"教育传承生态模式理应遵循整体性原则，将传承主体和传承环境的各个组成部分按照绝技绝活传承的规律组织起来，各组成部分相互联系、相互制约、相互作用，发挥综合性功能。

（四）高效性

高效性是"四因共振"学校教育生态模式优越性的集中体现。在生态系统能值理论研究中，生态学家 Lotka 提出的最大功率原则本质上就是对高效的追求，认为具有活力的系统，其设计、组织方式必须很快地获得能量并反馈能量，以获得更多的能量，加以有效地转换利用。可见，高效性就是要实现效率的最大化和效益的最优化。显然，"四因共振"教

---

[1] 蔡晓明、蔡博峰：《生态系统的理论和实践》，化学工业出版社2012年版，第266页。
[2] 邹冬生：《生态学概论》，湖南科学技术出版社2007年版，第172页。

育传承生态模式理应遵守高效性原则，实现效率的最大化和效益的最优化。绝技绝活之教育传承生态系统中的效率最大化表现在能否最快速地获得市场需求、社会反映等信息，引导绝技绝活传承内容、方法等适应环境需求，同时通过培养符合社会需求的人才或产品来反馈。效益的最优化则体现在绝技绝活传承取得的最后成效，并且这种效益是传承效益、经济效益、社会效益和生态效益相结合的复合效益。其中，传承效益是指绝技绝活传承在技艺的传授与继承上的最终效果，集中体现在承者的培养效果，即能否使绝技绝活代代相传。经济效益是指绝技绝活传承的成果收益，与其投入耗费（成本）的比值；生态效益是指在绝技绝活传承过程中，对周围环境所产生的有益的影响效益；社会效益是指绝技绝活之教育传承活动所带来的满足社会物质需求和精神需求的效益。

三 "四因共振"教育传承生态模式的结构设计

绝技绝活之教育传承是一种独特的教学过程，也受学校教学规律的影响。现代教学系统设计（Instructional System Design，简称ISD）把教学过程视为一个有机且开放的生态系统，强调各要素之间的协调性和相互作用，而影响传承效果的因素是方方面面的，很难从微观具体的角度来全面说明消除影响整体传承效果的方法。从关键因子分析中也发现，除承者年龄、性别及收入对传承效果影响不显著外，其他生态因子均不同程度地影响教育传承生态系统，且因子间具有很好的相关性。说明传承效果是多个生态因子共同作用的结果。其中承者的基本素质、学习兴趣及传者的传承意愿、学校内部环境在决定传承效果中所起的作用最大。基于此，我们以承者在教育传承生态系统中有效获取绝技绝活为线，设计了"四因共振"教育传承生态模式，分别是传（传者的教授）、学（承者的学习）、产（产品制作）和研（技艺研发），其中"四因"体现的是关键影响因子的作用，"共振"体现影响因子的综合性作用。"四因共振"教育传承生态模式，是一种资源整合利用型和循环增值型传承模式。它以培养绝技绝活传承人为核心，把传者的教授、承者的学习、产品制作、技艺研究四个原本孤立的活动组合成一个开放式的互补系统，通过整合各平台资源及优化功能布局，将外部投入整合于系统中并得到充分利用，在完成一种任务时又支持了其他任务的完成，实现传承效益、社会效益、经济效益、生态效益等相结合的复合效益。

（一）设计机理

模式内部各功能板块之间的相互关系为：传是指传者的教授活动，发挥传者因子的关键作用，特别是提升传承的意愿，主要实现绝技绝活传承统筹规划和宏观调控的职能，为其他三个层面的开展提供有序高效的保障；产品制作主要是提供有效的传承生态链，运用传统技术优化方法和学习途径；技艺研发是为绝技绝活传承提供新工艺和新技术，保持绝技绝活传承的持续活力；承者的学习活动才是传承成效的关键性因素，通过承者系统的技艺学习和专业学习提升基本素质和学习兴趣，主要起到内化传承效果的作用；其他三个层面的最终目的及其作用都通过"学"这一行为统一到传承结果上来，进而达成传承目标。也就是说，传承人、产品制作以及技艺研发都是为"承者的传承学习"服务的，并且这四个方面对传承效果的作用符合"木桶原理"，只有四个层面都能达到有效促进传承的要求，才能在最大限度上实现预期的传承效益。相对于其他类型的教育传承模式，"四因共振"教育传承生态模式将绝技绝活传承的过程视为一个系统整体，以绝技绝活接受人培养为中心将素质培养、技艺传承、产品生产及绝技绝活创新研究统一起来，系统里学校、技能大师工作室、企业和绝技绝活研究所各组成部分的作用形成互利共生关系，充分考虑影响绝技绝活传承的各个关键影响因子，最终实现传承效果的生态性和高效性。为简化问题的分析，我们不妨把这种模式界定为绝技绝活的"四因共振"教育传承生态模式，其机理结构见图6-1。

（二）结构布局

这种模式下，学校首先设立绝技绝活传承专业，提供系统的专业文化知识学习平台。其次，引入绝技绝活传承人建立大师工作室，同时组建绝技绝活研究所，为绝技绝活传承和创新提供平台；最后，通过自办工厂或引企入校等方式形成产教融合的平台。作为潜在继承人的学生进入专业学习后可获得扎实的文化知识基础，又可以在大师工作室得到传承人的精心指导，同时工厂进行生产实践锻炼技艺，在一定基础上还能

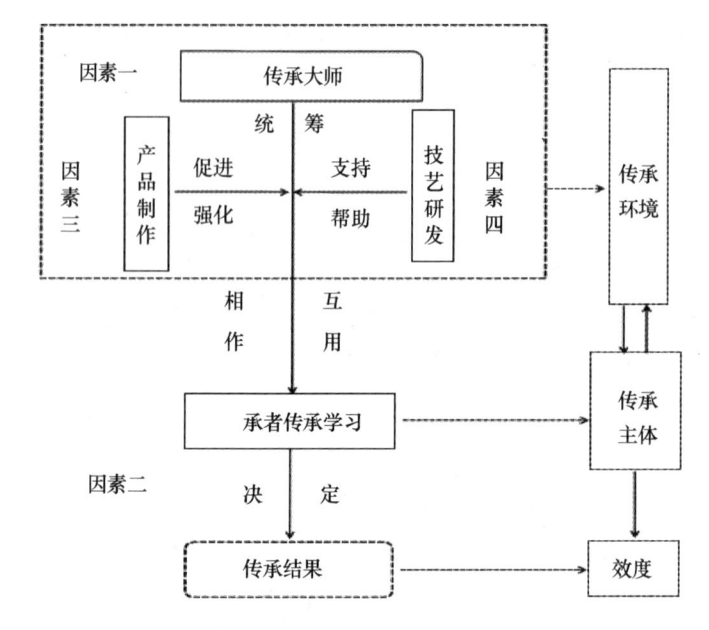

图 6-1 "四因共振"教育传承生态模式机理

进入研究所培养创作能力。绝技绝活传承人进入学校大师工作室以后，既能从事人才培养、技艺创作与创新还能指导工厂生产，充分发挥其传承作用。这种模式下还可以实现材料的循环利用，工厂生产的废料可以用来当作学习的训练材料，学生的学习作品也可以根据标准进入生产的不同环节中去，最终成为产品销售到市场。这种模式可以有效解决继承人缺失、传承人得不到保护、产品不适应市场需求等问题，实现了技艺传承由自由、散落式走向正规化、规模化传承的历史性转变。可见，"四因共振"教育传承生态模式本质是以生态学原理为基础，以学校为中心场域综合各方力量实现了绝技绝活传承要素的重组配置，从而实现技艺传承、人才培养、文化传播、产业发展等多种功能。具体见图 6-2。

从图 6-2 中可见，"四因共振"教育传承生态模式涉及学校、企业、技能大师工作室和绝技绝活研究所四大机构，又受到学校内部环境及政策、产业、家庭和社会等外部环境的影响，形成一个复杂的绝技绝活之教育传承系统。外部物质、技艺及学生通过输入进入教育传承生态系统，通过"四因共振"教育传承生态模式进行绝技绝活传承，最终实现产品、技艺和绝技绝活人才的输出，从而达到教育传承生态系统平衡。具体表现为：

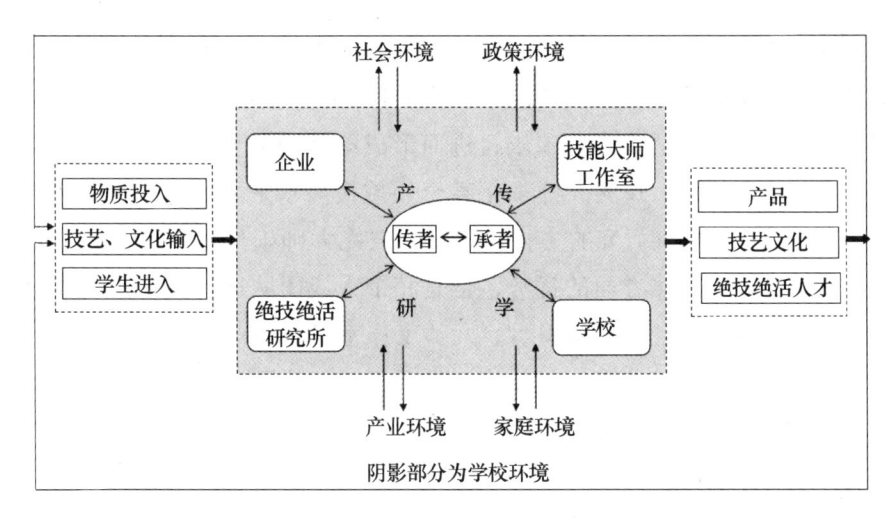

图 6-2　"四因共振"教育传承生态模式结构

1. 因素一：传者的教授

传是指传者的教授，重在激发传者的传承意志。绝技绝活之教育传承生态系统中的传者是实施技艺传承的传授方，主要是指技艺传承人。从广义概念来看，传承人是指全面掌握某项非遗知识和技艺或某项绝技绝活并以传承活动为职业的大师级人物[①]。在"四因共振"教育传承生态模式中传者是指技能大师，其教授技艺的场所是技能大师工作室。技能大师工作是由某专业的技能领军人物（即技能大师）牵头，经申报后由相关部门批准成立的，有专项资金注入，将技术攻关创新与高技能人才培养相互融合的活动场所，具有工作学习不分离的特点，是高技能人才培养的一种创新模式[②]。可见技能大师工作室在绝技绝活传承的重要地位，然而从目前的教育传承模式来看，技能大师工作室并未真正发挥应有的作用。"四因共振"教育传承生态模式能使大师工作室发挥以下综合作用：第一，绝技绝活继承人培养。学生在进行专业基础学习的同时进入技能大师工作室学习技艺，由技能大师手把手地教，获得习得绝技绝活中最关键的"缄默知识"内化平台，有助于他们成长为绝技绝活人才。同时技能大师工作室不仅是汇聚各方大师的平台，它还标志着职业的发

[①] 祁庆富：《论非物质文化遗产保护中的传承及传承人》，《西北民族研究》2006 年第 3 期。
[②] 董鳄：《浅谈职业学校中技能大师工作室的建立》，《职业》2014 年第 7 期。

展方向和职业生涯的最终目标①。技能大师本身所富有的精湛技艺、广博的知识、丰富的经验以及人格魅力能引导学生各方面能力和素质的形成,引领学生以绝技绝活为事业追求,进而形成绝技绝活传承的使命感。第二,绝技绝活创新。技能大师都是某个领域最高水平的代表,也是新技术、新工艺、新标准研究的主体。因此,技能大师工作室既是发挥技能大师在培养技能人才方面的优势,也是其个人或团队进行技术研究发展的平台。第三,社会宣传和展示。大师工作室是学校的一张名片,可以通过举办业余兴趣培养班、绝技绝活展示活动,让更多的人了解绝技绝活背后所蕴含的民族文化。

2. 因素二:承者的学习

学是指承者的学习,既包括技艺的学习,也包括与绝技绝活相关的专业知识、技能的学习,重在如何提升承者的基本素质和学习动机,同时有效设置学校内部环境。"四因共振"教育传承生态模式中"学"的场域是指学校。它的功能主要是实施教育、培养符合社会需要的合格人才。学校是"四因共振"教育传承生态模式的中心场域,其作用主要体现在以下两个方面:其一,培养继承人的专业基础综合能力和文化素质。在师徒传承、工厂传承等一些传统传承模式下,虽然绝技绝活传承人技艺高超,但是文化程度偏低,理论水平低,有关设计、绘画等综合技艺并不全面,传承效果大受影响。"四因共振"教育传承生态模式中学校通过开设正规化、系统化的专业基础课程,同时培养绝技绝活继承人的文化素养提升,使继承人不仅懂得具体的技艺,还懂得技艺背后所蕴含的文化与历史。任何一种绝技绝活的传承都不是原封不动地继承而应是发展性地传承。因此,只有当继承人有扎实的专业综合基础和文化底蕴才能实现发展性的传承;其二,学校创设良好的内部环境,主导协调其他各方关系。"四因共振"教育传承生态模式虽然是需要各方协同的,但是它是置于教育传承生态系统这个大的背景之下。因此,学校承担着如何将各方资源整合,以期实现资源效益的最大化。

---

① 孙阳、唐永鑫、孟黎:《浅析技能大师工作室在现代学徒制人才培养中的作用》,《高教学刊》2015年第8期。

3. 因素三：产品制作

产是指产品制作，重在如何利用产业环境因子对传承效果的影响。"四因共振"教育传承生态模式中"产"大多发生在与学校合作的企业中，承者能在其真实的生产环境中进行产品制作。企业是绝技绝活传承中最活跃的因素，因为它是作为推动地方特色产业发展的最直接个体，也是绝技绝活运用并产生经济效益的一线组织，更是"四因共振"教育传承生态模式的核心组成部分之一。这里我们讨论的企业主要是指校办企业或校企合作的企业。至于绝技绝活产业链中的其他企业，将作为传承环境要素在其他部分进行论述。在"四因共振"教育传承生态模式中企业不仅是面向市场的生产工厂，还是承担学生实习的实训中心。传统的绝技绝活产业大多以自主经营为主，由于资金不足，市场开发有限，难以形成可持续发展的产业。因此，"四因共振"教育传承生态模式中的企业以市场为导向，能快速直接地将新产品、新工艺进行工业化和商业化生产，并将新产品投入到市场中获得经济效益。同时，企业的生产又可以提供给学生最真实的操作情境，使其在操作中提升技艺。

4. 因素四：技艺研究

研是指技艺研究，重在如何使绝技绝活创新传承。"四因共振"教育传承生态模式的技艺创作环节由绝技绝活研究所承载。创新是传承绝技绝活的永恒主题，绝技绝活传承的前提是其技艺是随着社会的发展而发展的。绝技绝活作为一种人类文化结晶，它的发展总是要遵循一定的规律，"适者生存"同样适用于一种文化的存亡更迭。社会经济与文化需求是其能否得以存在和发展的唯一砝码，如果绝技绝活失去了它赖以生存的基础，那么即使有再优厚的传承政策与条件，它也会自然消失。但是创新并不是改变绝技绝活的存在和特殊的本质，而是丰富其表现形式，让它在应变整合中显示其顽强的生命力和创新力[1]。"四因共振"教育传承生态模式中绝技绝活研究所由技能大师研究团队、各工艺流程技师、绝技绝活文化与教育研究人

---

[1] 郭兆坤：《民间绝技：人类智慧的另类表达——以山东德州为例》，《湖南大众传媒职业技术学院学报》2011年第5期。

员等组成，主要进行符合市场和社会需求的新材料、新技术、新工艺、新措施、新设备研究，还有对绝技绝活历史、文化与教育的研究。绝技绝活研究所与技能大师工作室有交叉但不重叠，前者将后者作为研究团队整合起来。技能大师工作室的研究方向大都是绝技绝活的作品创作上，然而绝技绝活创新涉及很多方面，包括原料、制作工具、工艺、文化等，此外还包括绝技绝活之教育传承模式的研究。因此，绝技绝活研究所是对绝技绝活传承的综合性研究，它为企业提供新技术，为技能大师工作室提供综合性研究平台，还可以为学校完善绝技绝活传承的教育教学提供理论参考。

四 "四因共振"教育传承生态模式的运行机制

"四因共振"教育传承生态传承模式通过人才共育、信息互通、过程共管、利益共享等机制来形成传承共同体，从而实现绝技绝活的高效传承，具体体现在以下几个方面：

（一）多元主体的培养机制

多元主体的培养机制是指在"四因共振"教育传承生态模式下可以为承者提供多个学习或实践的平台，通过学校、技能大师工作室、绝技绝活研究所和企业对绝技绝活继承人进行多层次的联合培养。多主体的培养体系并不意味着各主体是分散独自进行的，而是以学校为主导，设计整体培养体系，技能大师工作室、绝技绝活研究所、企业则聚集在教育传承生态系统中充分发挥各自的作用。其中学校提供文化基础课程、大类专业课程和专业主干课程培养学生的基本素养；技能大师工作室则负责技能大师与学生面对面的绝技绝活传承，以提高学生的技艺水平；企业生产为学生的实践操作提供平台，并从企业中挑选合适的人员担任学生的导师，使学生技艺在不断实训中得以提升；绝技绝活研究所一方面可以为学校设计绝技绝活传承的教育教学体系提供科学依据，另一方面亦可以吸纳具有潜质的学生进入，拓展他们的视野，培养他们的创新能力。可见，这个传承模式既充分考虑到了市场和社会需求的导向，又兼顾技艺传承和人才培养的目标。通过学校、企业、技能大师工作室和绝技绝活研究所共同筹划与实施，形成绝技绝活传承与学校教学、绝技绝活传承与生产经营、绝技绝活传承与科研的一体化培养体系，有助于培养具有综合素质高的绝技绝活人才[①]。

（二）多方交互的沟通机制

"四因共振"教育传承生态模式是一个复杂的系统，涉及面广，因此，畅通的信息沟通机制是模式中各方协同的关键。从目前绝技绝活之教育传承的现状可以看出，政府有关绝技绝活传承的信息发布机制不完善，缺乏调研；学校和企业缺乏对于政策的理解和解疑，学校不了解市场需求，企业不了解绝技绝活文化和发展空间，这些现象均是因为没有交互的沟通机制而造成的。"四因共振"教育传承生态模式中的沟通机制是多方交互式的，主要体现在"四因共振"教育传承生态模式内部各要素之间及其与外界环境之间的信息沟通。教育传承生态系统内部各要素的交互沟通体现在：企业将市场和社会需求通过学生的实训传递给学校、技能大师工作室和研究所；技能大师工作室通过学生的实训情况及专业学习情况，有计划地安排技艺传承的进度和内容；绝技绝活研究所的科研成果可以直接进入企业的产品生产中，还可以成为传承人培养的新内容。可见，教育传承生态系统中的各要素之间信息交互沟通中共同的信息载体就是绝技绝活继承人，也就是学生。与外界环境之间的信息交互是以教育传承生态系统为中介载体而产生的，政策、社会文化、家庭和产业信息都是首先进入到教育传承生态系统中，再传递到绝技绝活传承系统的各个组成部分。绝技绝活传承系统又通过人才培养、产品生产及文化传承将信息反馈给外部环境。

（三）多头共赢的动力机制

"四因共振"教育传承生态模式的多头共赢动力机制是指学校、企业、政府、家庭、社会等绝技绝活传承涉及的各方面共同分享人才培养、技艺传承和研究创新的成果，从而共同推动绝技绝活的传承。就企业而

[①] 张尧、滕召阳：《产学研模式下如何促进湖南陶瓷产业的发展——以醴陵日用瓷为例》，《陶瓷科学与艺术》2013年第1期。

言，它是"四因共振"教育传承生态模式下传承活动的最主要外部动因。市场需求是"四因共振"教育传承生态模式的"方向标"，是绝技绝活产业化的目标所在，同时更是各主体获得利益回报的基础和保证。换句话说，如果"四因共振"教育传承生态模式脱离了"市场导向"的轨道，绝技绝活产品没有市场需求作支撑，不仅各主体无法获得经济利益，绝技绝活传承本身也难以长期维持。同时，企业可以享受"四因共振"教育传承生态模式带来的技术创新和人才培养的成果，不断更新产品种类，拓新市场，从而适应不断变化的市场需求，保持市场竞争力。就学校和研究所而言，由于受到自身条件的限制，其人才培养和研究创新活动缺乏足够的市场信息，导致创新成果转化率低、产业化不足、人才培养不对等。在"四因共振"教育传承生态模式中，学校和研究所可以企业为媒介，了解市场和社会信息，使人才培养和技艺创新活动有的放矢，并且最终能够实现将科研和人才培养成果转化为现实生产力。另一方面学校引入技能大师工作室，建立绝技绝活专业，不仅是在教学方式、人才培养上探索的一种创新，也在一定程度上提升了学校的知名度、吸引力，为学校的发展拓展了空间。就技能大师工作室而言，技能大师不仅可以摆脱以往单打独斗的困境，还能借助学校和企业良好的平台进行绝技绝活创作和传承。他们可以使自己的创作以最快的速度转化成生产力，在激发他们创新热情的同时，也实现了他们的人生价值及其传承的使命感。就政府而言，既能通过绝技绝活产业化推动地方特色产业的发展，也有力地保护了特色民族文化。可见，在"四因共振"教育传承生态模式中的各方主体都存在着追求利益、寻求自身发展的内在动因，并且通过多头共赢的动力机制找到有利于各方发展的利益均衡点，从而实现互利共生。

（四）多元一体的管理机制

"四因共振"教育传承生态模式构建了一个多元一体的管理机制，即"校企所室"一体，从而实现决策、统筹、协调、沟通、反馈的规范化和有效性。从关系主体看，学校、企业、技能大师工作室和绝技绝活研究所都是独立的主体，各主体之间的价值取向和追求有所差异，因此只有多元一体的管理机制才能实现模式的协同效益。在实际运作中，通过管理职能和主要管理者交叉任职或"合二为一"形成一体化管理结构。具体做法是：校长负责下的若干名副校长，分别担任工厂厂长、研究所所长和分管各技能大师工作室。其中，各技能大师工作室的技能大师在研究职能上受研究所管辖和统筹，研究所以课题组的形式进行管理；担任工厂的副校长同时分管教学，这样就可以将整合行业企业需求和绝技绝活传承规律进行制定人才培养方案和课程体系。兼任研究所所长应是学校分管专业发展和科学研究的副校长，才能将专业发展规划与绝技绝活的创新与发展结合起来。在生产运行上，企业派骨干技术工人到实训车间担任生产技术指导教师；教师根据订单任务确定教学计划，组织教学与生产，实训车间成为生产车间，实训作品成为订单产品，既实现了变消耗性实训为生产性实习，又帮助学生利用工学报酬顺利完成学业。经过校企协同培养的学生基本功扎实，动手能力强，既能适应市场需要，就业率高，同时更有利于培养高水平的绝技绝活传承人。可见，多元一体的管理机制为"四因共振"教育传承生态模式长效运行提供保障。

五 "四因共振"教育传承生态模式的实施策略

"四因共振"教育传承生态模式是置于教育传承生态系统的大背景下构建，其实施关键在于如何选配绝技绝活传承主体，有效利用影响绝技绝活传承各个生态因子，优化教育传承生态系统的功能，最终实现系统平衡。

（一）选择匹配学校，建立传承场域

"四因共振"教育传承生态模式中学校不仅是绝技绝活传承的主要场所，也是链接其他传承机构的中心。因此，选择与"四因共振"教育传承生态模式相匹配的学校是建立适合的传承中心场域的关键步骤。从"四因共振"教育传承生态模式的内容来看，学校的类别、位置及办学特色是关键。首先学校类别上，职业院校是最佳选择。一方面职业院校培养高技能人才的办学目标与绝技绝活传承人培养相契合，传承目标更易融入学校人才培养目标；另一方面职业院校相对于普通高校来说，在专业设置及对接市场上有天然优势。其次是学校位置，绝技绝活深深根植于民间，世代传承于人民的生产生活之中，与生产生活息息相关，和积

淀于人们心中的文化印记紧密相连，蕴含着民族文化的精华。因此，要传承绝技绝活，尤其是传承那些濒危的绝技绝活，必须使传承者体验并生活在原来的文化的语境中。因此，应该选择绝技绝活发源地属的学校，能够立足于特定的文化土壤之上，保持文化本真。最后是学校的办学特色，"四因共振"教育传承生态模式中学校如果拥有与绝技绝活相关联的专业，就能借助学校已有专业建设的基础，整合学校的相关资源，助力绝技绝活在整个学校教育生态系统中传承。

（二）引入合作组织，优化传承机制

"四因共振"教育传承生态模式是以学校为中心来开展绝技绝活传承活动，学校是传承的中心场域，但是技能大师工作室、企业、绝技绝活研究所等合作组织是"四因共振"教育传承生态模式的重要组成部分。因此，如何引入合作组织，形成协同传承平台，是学校开展绝技绝活传承活动的重要步骤之一。在技能大师工作室引入上，根据绝技绝活专业建设标准，聘请技艺高超、品德高尚，在某一领域具有很高知名度与影响力的大师级领军人物来校兼任教师，争取政府政策支持，给予丰厚的福利待遇，同时配备良好的工作场地、设施和设备，同时搭建交流研修的技术平台，充分调动技能大师的积极性和潜能，从而发挥技能大师工作室在人才培养、技艺传承和技术创新等方面的功能。此外，学校可以建立优秀艺人师资库，通过合同制的方式聘请优秀的绝技绝活艺人来校教学或担任校外兼职教师。在企业引入上，学校可以通过与外部企业合作或自办工厂等形式实现产教融合。一方面学校可以选择现代化程度较高、规模大、市场信誉好、管理规范、与所开专业相同或相近的企业合作，共建校内实训基地或生产车间。在此基础上，学校与企业根据各自分工，共同组织学生以半工半读方式参与企业化生产，培养学生的基本技能和综合职业素质，实现育人与用人的有效衔接。另一方面学校可以依托实训基地设备设施，通过市场化的运作手段，自办相关企业，实现校企一体。在绝技绝活研究所建设上，学校应该将学校专业课教师、技能大师及社会上有关绝技绝活的能工巧匠都纳入研究所。除日常管理运行以外，根据绝技绝活传承与发展的需要设立专题研究项目，以项目的形式整合各方的科研力量。

（三）设置特色专业，制定传承方案

绝技绝活之教育传承的特点就是有固定的教学目标、教学内容以及教学计划，不同于其他形式的传承中，传授者没有固定的文字与资料，只凭经验和印象进行解说，想到哪里讲哪里。"四因共振"教育传承生态模式首先要设置绝技绝活专业，为绝技绝活提供稳定而系统的传承平台，有利于培养高素质、高学历的绝技绝活传承人。其次，是设置培养方案。绝技绝活传承活动直接作用于学生的是其传承内容、方法和手段。因此，课程体系和教学内容是绝技绝活人才培养方案中的关键部分。从绝技绝活传承的规律出发，科学设置专业课程内容，合理规划基础专业文化、技能传授、企业生产等课程的比重和学习时段。用整体的培养方案将学校的课堂教学、技能大师工作室的技艺传授、企业的生产实训及绝技绝活研究所的创新能力培养融合成一体，相互衔接。此外，学校还可以面向全校学生开设绝技绝活专业的理论课程或兴趣班，既充分利用绝技绝活之教育传承的各平台资源，也扩大绝技绝活文化影响力。最后，编写专门教材。在绝技绝活传承中大部分没有教材，有些甚至连教案都没有，造成绝技绝活在传承的过程不断丢失精华内容，难以长久而系统传承。绝技绝活专门教材能够完整而规范呈现绝技绝活技艺的全部内容，有利于学生在学习绝技绝活过程中获得更加系统化、规范化的知识。

（四）匹配传承主体，确保传承质量

从绝技绝活之教育传承生态系统的影响因素分析可知，传承主体也就是绝技绝活继承人的学习兴趣和基本素质等影响传承效果最关键因子。在绝技绝活之教育传承生态系统中，学生一旦进入绝技绝活专业学习，就成为绝技绝活继承人，并且是"四因共振"教育传承生态模式的最核心部分。因此，必须设立继承人选拔制度才能有效保障传承主体的质量，从而提高绝技绝活传承的最终效果。继承人选拔制度应该贯穿于整个绝技绝活传承人培养过程，包括入学前和入学后的选拔。在绝技绝活之教育传承生态系统中，学校考试招生是传承主体输入的源头。从目前职业院校专业招生的情况来看，所有的学生都是经过笔试进入到学校学习。

众所周知，笔试虽然能够在短时间内全面考察学生的文化知识基础，但是其动手能力、基本素质以及专业情感难以体现。因此，应该在笔试的基础上设立面试选拔制度，一方面可以将有基础并且有专业情感的学生挑选进入绝技绝活专业学习，也可以根据学生基本素质情况在入学后进行有针对性的培养。入学后的继承人选拔制度是指在高年级阶段进行分流培养，精英型传承人和大众型传承人结合培养。由于绝技绝活本身就是一般人难以学会的技艺，因此并不是所有绝技绝活专业的学生均能成为精英型传承人即技艺精湛的技能大师，同时绝技绝活传承不仅需要技艺精湛的技能大师，还需要了解文化规律与市场规律，懂经营、精策划，善于将文化资源与市场进行有效对接或善于从事绝技绝活研究的大众性传承人。学生入学后在高年级进行继承人再次选拔，根据学生自身特点和学习效果分类进行侧重点不同的培养教育。绝技绝活传承只有将大众型传承人在实际的传承过程中形成常态化、日常化，并与精英型传承人的示范性、典型化有机地结合在一起，组成一个健全的传承主体结构，形成一个完整系统的传承体系，这样才有利于绝技绝活健康、正常和自然地传承下去。

六 "四因共振"教育传承生态模式的保障体系

（一）优化政策环境，增强绝技绝活传承基础实力

政府对于民族文化传承的支持与重视，在很大程度上决定了民族文化的传承与发展的程度。"四因共振"教育传承生态模式的运行更需要政府给予资金支持和政策倾斜来保障。政府可以从以下几个方面来增强绝技绝活之教育传承的基础实力：第一，投入专项资金支持绝技绝活专业的建设；独立设置绝技绝活专业需要投入的资金不少，加上技能大师工作室、绝技绝活研究所等协同平台的建设，院校难以独自承担。只有政府投入专项资金来支持专业建设和传承平台的建设，才能完善绝技绝活之教育传承的基础条件；第二，放宽学校对技能大师的引入政策。就目前院校教师引入政策而言，技能大师包括许多拥有高超技艺的民间艺人受学历、年龄等条件的限制根本无法达到学校聘任标准。然而，他们在绝技绝活传承中具有无可替代性，其他教师无法替代他们来完成传承任

务。因此，政府需放宽学校对技能大师的引入政策，提高学校引入特种人才的自由度，才能为"四因共振"教育传承生态模式提供强有力的师资保障；第三，给予合作企业税收等政策的优惠。尝试通过调节税收政策，鼓励企业和个人以无偿和无条件附加的资金投入，可以享受部分抵减应缴税金的税收优惠政策，引导更多企业自愿进入绝技绝活之教育传承生态系统，为"四因共振"教育传承生态模式提供产教融合的基础。

（二）优化舆论环境，提升公众传承与保护意识

"四因共振"教育传承生态模式离不开一个良好的公众认知环境，也就是说，当人们了解绝技绝活背后所蕴藏的民族文化时，绝技绝活的传承将更加有效。目前，绝技绝活只掌握在少数艺术家和传承人手中，年轻一代大多数都不了解绝技绝活更不清楚其背后的民间传统文化，许多优秀的民族文化被铺天盖地的所谓"潮流"覆盖，如何唤醒年轻一代的文化自觉，是国家所面临的问题，也是绝技绝活之教育传承的最大障碍。如今信息时代下，宣传的力量不可忽视，它能潜移默化地影响着大众对某种事物的印象甚至改变一个事物在人们心中的地位。因此设立绝技绝活宣传平台，是提升公众的传承与保护意识的最佳途径之一。政府可以建设绝技绝活博物馆、提供财政支持绝技绝活宣传和展示活动、编写适合中小学生阅读的介绍绝技绝活文化的普及读物，使其让更多的人知道、了解，达到普及的目的。同时发挥网络的载体作用，设立绝技绝活宣传知识主页，介绍绝技绝活传承和保护知识，开展丰富多彩、生动活泼的网上教育、交流、讨论等活动。此外，还可以开展一些体验活动，让广大人民群众能体验绝技绝活的创作过程，亲身感受传统文化艺术的魅力。通过这些宣传平台，不仅可以吸引更多的青年一代投身于绝技绝活的学习中来，还可以提升公众对于绝技绝活文化的认可度，从而为"四因共振"教育传承生态模式提供良好的舆论环境。

（三）优化市场环境，建立地方特色产业园区

"四因共振"教育传承生态模式中关键一环就是如何与产业对接，市场环境好坏决定绝技绝活传承的经济基础和发展动力。纵观绝技绝活传

承史，那些精湛的技艺之所以濒临消亡，究其根本原因一方面在其于没有创新发展无法满足人们随时代变化的现实需求，更重要的在于其仍"养在深闺无人识"。也就是说，绝技绝活若没有走产业化发展传承之路，而进入人们的生产生活中，就将面临被社会淘汰而消亡的命运。然而，绝技绝活本身所具有的民族传统文化魅力也是实现产业化发展传承的内在动力。政府通过政策引导绝技绝活产业化，将散落在民间的小型企业或作坊整合起来，创建地方特色产业园区，充分挖掘绝技绝活巨大而潜在的经济利益。地方特色产业园区建设不仅可以成为地方经济发展的一张名片，直接推动地方经济发展，同时也为"四因共振"教育传承生态模式提供了大量优质可供选择的合作企业。更重要的是，使当地人民可以从绝技绝活的传承与保存中得到切实的经济利益，并成为绝技绝活传承与保存的主人而非旁观者或受害者。在此基础上，绝技绝活专业教育就能获得包括学生家长在内的最广泛的社会认同，同时也为绝技绝活人才提供了广阔的就业和发展空间，势必会激起更多的青年人来学习绝技绝活，并将其视为自己未来发展的事业，这也为"四因共振"教育传承生态模式提供了雄厚的人才基础。

（四）优化文化环境，建立绝技绝活传承场域

绝技绝活之教育传承生态系统不是一个孤立的系统，而是存在于更大的系统内。"四因共振"教育传承生态模式不仅受制于教育传承生态系统的各生态因子影响，更受到由教育传承生态系统外部的各影响因素组成的"文化空间"的影响。因为每一种绝技绝活都是某种民族文化的表现，而每一种文化都产生及生长在某一特殊空间里，并依赖相应的资源和其他自然、社会结构，这可称为"文化空间"，如乡镇、村落或某种特定的自然环境都是产生绝技绝活的重要的文化空间。它是绝技绝活必不可少的生存和发展的载体，所有传承过程如果脱离了这个空间，都将无法存活和继续发展。因此，建立绝技绝活传承区，就是保护绝技绝活传承的文化空间，显得尤为重要。主要分为两个方面。一方面是城镇、村落（社区）保护，按地理范围划分进行空间保护，这样依托着有利于其繁衍生息的环境这一物质载体，使其原状活态地延续下去。这里主要是指自然环境的保护；另一方面是文化环境的保护和营造，将绝技绝活传承和保护融入城市规划、市民文化建设等工作中，使绝技绝活传承不孤立地存在于教育传承生态系统内，而是与现代人的生存、生活与发展息息相关，为绝技绝活传承提供了良好的人文生态环境。

第 七 章

绝技绝活之教育传承生态模式的案例

上一章我们在分析教育传承生态系统中几种典型的绝技绝活传承模式优缺点的基础上，构建了"四因共振"教育传承生态模式。但该模式只是在理论上进行建构，其是否能显著提升绝技绝活的传承效果，使绝技绝活传承达到预期目的，仍需进一步验证。为此，本章选取与"四因共振"最为相似的湖南陶瓷技师学院釉下五彩瓷烧制技艺传承为案例，展示"四因共振"教育传承生态模式在实践中的形成基础、价值取向、结构组成及运行状况，并利用雷达分析法分析各环境因子对传承效果的作用程度，同时比较其传承效果与大师工作室型、产品生产型、社会培训型、专业教学型四种模式是否存在明显差异，依此来验证"四因共振"教育传承生态模式是否具有明显传承优势，同时反思如何进一步调控使釉下五彩瓷烧制技艺传承达到"四因共振"教育传承生态模式的最佳预期效果。

一 釉下五彩瓷烧制技艺之教育传承生态模式的形成

醴陵是中国釉下五彩瓷的原产地。醴陵釉下五彩瓷烧制技艺是一项绝技绝活，在经历了百余年的传承和发展之后，釉下五彩瓷成为"国宝"，被称为"东方艺术的一朵奇葩"。2007年，釉下五彩瓷获"国家地理标志产品"保护；2008年，被国务院认定为"国家级非物质文化遗产"。目前，醴陵釉下五彩瓷已成为中国与世界文化交流的一张重要的"外交名片"。坐落在醴陵的湖南陶瓷技师学院从建校起就承担着釉下五彩瓷烧制技艺传承的重任，并且经过100多年的历史沉淀为形成"四因共振"教育传承生态模式奠定了基础。

（一）湖南瓷业学堂传承阶段

19世纪初，晚清政府为尽快摆脱内外双重压力的困境，巩固其岌岌可危的统治地位，宣布实行"新政"。在如此特殊的社会背景下，1905年5月熊希龄与文俊铎一同前往醴陵的主要粗瓷产地进行实地调查，指出醴陵瓷业生产落后主要原因在于制作全凭手工无机械，窑温监测全凭经验无仪器等问题。随即向时任湖南巡抚端方正式呈交《为湖南创办实业推广实业学堂办法上端方书》，提出"立学堂、设公司、择地办厂、窑户均立"等主张，并得到湖南巡抚端方的大力支持。1905年冬，湖南瓷业学堂正式成立，熊希龄亲任监督（校长）。1906年年初开始招收学员，但由于校舍尚在建设中，只能就近在"各窑户中挑选娴熟工作者数十人"招为速成班学员，共30人。教授课程为选土、制釉和烧窑，半年可毕业。另外招收艺徒科学员三个班，每班30人、分科为模型、辘轳、陶画，1906年上学期分别开课，同年10月第一期速成班学员发放毕业文凭。1906年秋，校舍基本完工，招收永久班学员30人，主要是从"各窑户个人中之子弟，择其在15岁以内文理通顺者参加学习"，学制为四年，培养专业技术人员。湖南瓷业学堂是新式学校，基本上仿效西学制度，学堂为教学专门设有实习工场。设备大部分是从日本进口，并且花重金聘请日本人安田乙吉等5位技师分别担任制图、陶画、模型、窑务等课程教师。据日本外务省档案中安田乙吉的文稿记载，日本技师大凡谷里吉教授陶画，马场梅吉教授辘轳及原料实验，川木音吉教授模型，河源小太郎教授窑务。以安田乙吉等人为湖南瓷业学堂教学编撰了"制陶法"讲义6本，27万字，作为永久班学员学习之用，其主要是关于制陶原料的化学成分与物理性能；坯釉配方与制备；成型、烧成、彩绘、烤花工艺及颜料制造。除此之外，永久班还开设了语文、算术、理化、历史等文化课程，教师由学识渊博、品德优厚的文化名流如文俊铎、常先、沈明熙等担任[1]。1910年，湖南瓷业学堂改名为湖南瓷业艺徒学堂；1915

---

[1] 梁遐：《美学视觉下的醴陵窑釉下五彩瓷》，硕士学位论文，中南大学，2012年。

年，改名为湖南省立乙等窑业学堂，学校附设"窑业实验所"，这是中国第一所陶瓷实验研究机构。湖南瓷业学堂的教育传承卓有成效。1910年，在南京举办的南洋劝业会上，瓷业学堂制作的整套席具参展，获得一等奖。这一时期的教育传承模式对于釉下五彩瓷烧制技艺传承及技艺人才的培养具有重要的意义。

（二）湖南瓷业公司传承阶段

趁学堂正在筹办之际，熊希龄不失时机，又向端方上书《为创办醴陵瓷业呈端方文》，奏请成立瓷业公司。端方同意公司由官方出面倡办，商民集股投资。1906年9月起向社会招股，募集资金5万元，为期整整一年，终在醴陵姜湾成立湖南瓷业公司，熊希龄亲自任总理（经理），由文俊铎接任督学。公司设有圆器厂、琢器厂、机械室、电灯室、化学室等，规模宏大。成立初期，湖南瓷业公司和湖南瓷业学堂实际上是两个机构一套人马，其中瓷业学堂的毕业生大多数是瓷业公司的技术工人。1908年，公司彩瓷釉料生产在日本技师指导下日趋成熟，在瓷业学堂毕业生的参与下，开始试烧釉下五彩瓷器。经过由简到繁、从易而难的实验过程，成功地制造出玛瑙红、海碧、草绿、艳黑、赭色5种高温釉下颜料，采取"三烧制"工艺，创造出前所未有的釉下五彩瓷烧制技艺，开创了中国瓷器装饰发展史上的新纪元。1909年，清朝最后一位皇帝溥仪登基，改国号为宣统，瓷业公司此后开始启用署"大清宣统"的款式。湖南瓷业公司作品从此大放异彩，分别在1909年武汉劝业会上获得金奖，1910年南京南洋劝业会上获得一等奖，1915年巴拿马万国博览会上获得金奖。这个时期的绝技绝活的教育传承紧贴瓷业市场的变化，崇尚创新传承。

（三）湖南陶瓷技师学院传承阶段

釉下五彩瓷烧制技艺的教育传承也经受着外部经济变化带来的各种挑战。20世纪90年代国家经营体制的大变革大调整，一方面推动了醴陵民营陶瓷企业的大发展；另一方面因为市场经济本身固有的发展逻辑，民营陶瓷企业在发展的初期，处于资本原始积累时期，对陶瓷技术人才实行掠夺式的使用，不注重产业人才的培养和储备，导致1998年之后的近10年里，醴陵陶瓷产业专业人才特别是技能型人才青黄不接，严重影响了产业持续发展。据醴陵市政府部门统计，2007年醴陵陶瓷行业中高级技术技能型人才总数仅占从业人员的4.8%。特别是拉坯造型、彩绘等工种的中、高级技术技能型人才奇缺，不能满足醴陵釉下五彩瓷业传承和发展的迫切需要。因此一批陶瓷老艺人，如邓文科、陈杨龙、丁华汉等国家级陶瓷工艺美术大师，陶瓷企业老板如许君奇、顾东来、黄红卫等人，联名书面呼吁政府出台政策，重视陶瓷产业技能型人才培养，抢救传承醴陵釉下五彩瓷烧制技艺。在省委、省政府支持下，醴陵市委、市政府规划建设釉下五彩瓷文化艺术城，并实施高中教育阶段普职1：1分流，增加财政投入，发展职业教育，筹建陶瓷技师学院，促成陶瓷企业与醴陵职业学校联合办学，组建醴陵市陶瓷职业教育集团。这既是新中国成立之后对釉下五彩瓷烧制技艺实行的新一轮抢救与保护，也是尝试构建新的适应外部环境变化的釉下五彩瓷烧制技艺教育传承生态模式。

可见，湖南陶瓷技师学院的发展历史为其开展釉下五彩瓷烧制技艺教育传承积累了良好的基础，也使其更趋向于形成"四因共振"教育传承生态模式。

二 釉下五彩瓷烧制技艺之教育传承生态模式的价值

釉下五彩烧制技艺教育传承生态模式立足于充分发挥教育传承生态系统的功能，以期实现人才培养、技艺授受、文化传承及促进市场发展等多项目标，与"四因共振"教育传承生态模式的需求相契合。具体如下：

（一）培养釉下五彩瓷技艺人才

醴陵釉下五彩瓷烧制的教育传承生态模式的技艺首要功能是培养高水平醴陵釉下五彩瓷烧制人才，主要是指掌握醴陵釉下五彩瓷烧制技艺的高技能人才及醴陵釉下五彩瓷烧制这一门技艺的传承人两个层次。自釉下五彩瓷瓷技艺创生以来，在每一个社会局势动荡时期，醴陵瓷业命运多舛，釉下五彩瓷技艺险些失传，都是在学校培养出来的专业人才的努力抢救保护下得以传承。当前湖南醴陵陶瓷学校着眼地方产业，把陶瓷专业作为特色品牌专业或示范性专业进行重点建设，为陶瓷产业培养大量高级专业人才，同时，从其中选出佼佼者成为釉下五彩瓷烧制技艺的潜在传承人，着力培养让他们全面掌握釉下五彩瓷烧制的工艺流程和方法，深刻理解釉下五彩瓷文化内涵，以使具有浓郁醴陵特色的釉下五彩瓷烧制技艺在新的历史时期得到更好的传承，实现在传承中创新发展，在创新发展中进一步传承的永续前进。

（二）授受釉下五彩瓷技艺

醴陵釉下五彩瓷烧制技艺传承并不能纸上谈兵，传者和承者必须在真实的瓷器生产场景里分阶段分工序岗位授受技艺，因为釉下五彩瓷的整个生产过程有近100道工序。对于每一个学生来说，并不需要也不可能在学校学会釉下五彩瓷制作的每一个流程的每一个工序。学校内的陶瓷专业按照生产工序或工序群又分为若干个专业方向，学生只要选择一个或两个专业方向学习即可。釉下五彩瓷烧制技艺由许多绝技绝活组成，每一个工艺流程中都有绝技绝活。学生选择1—2个专业方向学习，就可以掌握釉下五彩瓷烧制技艺中的绝技绝活。

（三）传承釉下五彩瓷文化

绝技绝活传承的重要功能之一便是传承蕴藏在绝技绝活中的优秀民族文化，醴陵釉下五彩瓷烧制技艺也不例外。釉下五彩瓷品牌将百余年来醴陵社会发展的每一个时期的民风民俗、社会经济、审美取向、科学艺术都在历代陶瓷艺术作品上得以集中体现，形成特有的釉下五彩瓷文化。醴陵曾以首创釉下五彩瓷成为中国陶瓷的特色品牌，但如今却在市场竞争中逐渐趋于弱势地位。因此，釉下五彩瓷烧制技艺之教育传承生态模式下的学校技艺传承机构、教学机构、生产机构和研究机构相协调，形成传学产研一体化生态模式，使文化与产业相辅相成，不仅提升陶瓷产品的文化品位和艺术品位，更为釉下五彩瓷文化传承注入活力。

（四）促进釉下五彩瓷市场

醴陵釉下五彩瓷烧制技艺传承需要良好的外部产业环境作保障，醴陵釉下五彩瓷烧制技艺传承必须是能促进产业发展才能得以持续。因此，促进釉下五彩瓷市场发展理应成为教育传承生态模式的目的之一。釉下五彩瓷烧制技艺是产业化程度很高的非物质文化遗产，自创生以来就使醴陵瓷业成为中国陶瓷产业独具特色的。然而市场需要发展，发展市场要打造品牌。对于醴陵釉下五彩瓷来说，要在当代陶瓷产业市场占有一席之地，就要进一步打造釉下五彩瓷品牌，而五彩瓷品牌的打造需要专业人才和技艺创新作为保障。釉下五彩烧制技艺教育传承生态模式不仅可以发挥科研资源优势进行技艺创新传承，而且可以利用学校教育平台培养专业人才。具体可以从以下几个方面来进行：首先，引入世界现代陶艺观念，用现代陶艺的创新思维方式改变原有陶瓷产品设计的思维定式，以提升醴陵釉下五彩瓷的文化品位，增加产品的高附加值；其次，将现代瓷艺与陈设艺术瓷进行比较研究，将其作为解决陶瓷产业所面临的设计老化和市场单一问题的突破口，形成陶瓷产品设计的先导；最后，将产业陶瓷与现代陶艺结合，做到美用统一，审美于民众，使产业陶瓷形成新的发展空间，创新醴陵釉下五彩瓷烧制技艺，从而使釉下五彩瓷不止生产日用瓷、陈设瓷，而且向现代陶艺、公共艺术、园林环境陶艺、陶艺休闲、陶瓷包装、建筑装饰、陶瓷壁画等多元化、边缘化领域发展。因此，醴陵釉下五彩瓷烧制技艺教育传承生态模式可以实现以设计引领消费，以工艺促进生产，以创新传承引领瓷业新市场。

三 釉下五彩瓷烧制技艺之教育传承生态模式的组分

釉下五彩瓷烧制技艺教育传承生态模式的结构是指釉下五彩瓷烧制技艺传承下湖南陶瓷技师教育传承生态系统内部各要素之间的相互关系状况，呈现出"四因共振"的运行状况。

（一）传者教授——釉下五彩瓷烧制技艺传承人工作室

在釉下五彩瓷烧制技艺教育传承生态系统中，釉下五彩瓷烧制技艺的传承人当然是掌握釉下五彩瓷烧制技艺的陶瓷工艺技能大师，也只有釉下五彩瓷烧制技艺传承人才具备相应素质担任绝技绝活传承的传者角色。其一，因为釉下五彩瓷烧制技艺作为一种绝技绝活，不可能在传统的教室里黑板上"纸上谈兵"，而应该在生产车间进行传授活动，这就要求必须有既懂理论又会实操具有企业技术工作经验的"双师型"教师。其二，釉下五彩瓷烧制技艺是集化学科技与绘画造型艺术于一体的绝技绝活，而且只有对釉下五彩瓷工艺技术有更深层次的了解，才会提高对美学艺术欣赏的理解程度，这就要求有跨技术和艺术专业能力的一专多能教师。其三，釉下五彩瓷烧制技艺是极具醴陵地方色彩的绝技绝活，没有统一现存的课程和教材，这就要求必须有课程和教材开发能力的研究型教师。综合而言，只有釉下五彩瓷烧制技艺传承人才能满足这些师资要求。在新的历史发展时期，为了探索新的传承模式，实行釉下五彩瓷烧制技艺的学校教育模式，湖南陶瓷技师学院引入国家技能大师邓文科，建立釉下五彩瓷烧制技艺传承工作室，后从企业中引进了朱占平、李华军、傅德毛和黎建凯四位省级及以上技能大师，并建立大师传承工作室。同时，学校还实施大师导师制培养模式即以大师工作室为教学轴心，省级以上技能大师牵头，按照产业岗位要求，开发工作过程系统化课程，创新技术，建设技能教室或"学习工厂"，并指导学生在工作中学习，在学习中研究，在研究中工作的一种技能型人才培养模式，充分发挥绝技绝活之教育传承生态系统中传的功能。具体做法有：（1）营造符合教、产、研一体化要求的教学环境。建设集教学、生产、科研开发功能为一体的陶瓷工艺美术大楼，引进在艺术瓷创作上具有丰富经验的省级以上工艺美术大师，建立大师工作室。以大师工作室为轴心，将传统教室改造成书画室、陶瓷制胚成型室、勾线汾水室、陶瓷烧制室等技能教室或"学习工厂"。（2）以大师为统领实行课程改革。基于艺术陶瓷作品制作工艺过程改革课程设置，转学科系统化课程为工作过程系统化课程，使教学内容与职业标准相对接。（3）实行课堂教学改革。按照学习行为导向教学理念，推行"六步教学法"，即"学习任务导入—工作项目分析—示范引导—合作探究—实施工作项目—作品展示与评价—总结与反思"，模糊理论课与实训课界限，使学生在做中学，学中研，研中做，使教学过程与工作过程相对接。可见，釉下五彩瓷烧制技艺传承人工作室整合了技能大师和学校资源在对绝技绝活传承中发挥了重要作用。

（二）承者学习——湖南陶瓷技师学院

釉下五彩瓷烧制技艺教育传承生态模式中"学"的功能是由开设相关专业的学校来承担，这里我们选择湖南陶瓷技师学院为案例来进行分析。学校主要从专业建设、课程设置与教学方式等方面整合多方资源，以期实现资源效益与生态效益的最大化来传承釉下五彩瓷烧制技艺。

1. 专业建设

专业建设是学科发展的基础，是连接教学、科研和生产的中枢。从内容上来看，专业建设包括专业定位、培养目标定向、课程开发与精品课程培育、教学模式改革等。因此，陶瓷专业是釉下五彩瓷烧制技艺教育传承的载体。釉下五彩瓷烧制技艺的教育传承功能和功效在很大程度上取决于陶瓷专业建设力度。湖南陶瓷技师学院在陶瓷专业建设上取得了一定的成效，开设了陶瓷工艺美术、陶瓷产品设计、陶瓷工程、陶瓷工程机械、陶瓷产业企业管理、陶瓷产业市场营销等特色专业，陶瓷工艺美术专业已成为人社系统职教系列的省级品牌专业，对釉下五彩瓷烧制技艺的传承起到了一定的促进作用。

2. 课程设置

学校将陶瓷工艺美术专业分成了四个模块，即通识课程模块、陶瓷工艺模块、陶瓷设计模块和综合实践模块。第一，通识课程模块。包括思想道德修养、法律常识、职业生涯规划与就业指导、计算机应用技术、体育、素描、色彩、图案、书法、艺术市场学、中国画基础、工艺美术史、陶瓷鉴赏与收藏、醴陵釉下五彩瓷烧制技艺常识等课程。本模块分人文课程和专业基础课程，对学生的人文修养、科学艺术素养等方面进行基础性综合教育。第二，陶瓷工艺模块。包括陶瓷工艺学、陶瓷装饰（青花/新彩/粉彩/古彩）、陶瓷色料与釉料、陶瓷产品质量检测、陶瓷热工与窑炉、陶瓷贴花工艺、陶瓷制模工艺等课程。本模块分基本课程和提高课程。学生在完成本模块课程之后，能了解和掌握陶瓷产品生产的主要工艺流程、工艺原理、制作技巧和质量检测方法。第三，陶瓷设计模块。包括构成艺术、陶瓷雕塑、中国画（工笔/写意）、中国画（花鸟/人物/山水）、陶瓷造型设计、陶瓷装饰设计、计算机辅助设计、陶艺等；本模块分基本课程和提高课程。这一模块主要按照"陶瓷产品设计师"职业知识和技能要求，培养学生的艺术创新思维能力。第四，综合实践模块。包括景区写生、顶岗实习、毕业设计等。综合实践模块使学生在做中学、学中研、研中做。综合实践模块是实现工学研一体化纽带。具体课程安排如表7-1所示：

表7-1　　　湖南陶瓷技师学院陶瓷工艺美术专业课程安排

课程模块		课程编号	课程名称	课程类分	课时配量	学分
通识课程模块	人文课程	001	入学教育及军训	※	30	2
		002	思想道德修养	※	36	2
		003	法律基础	※	36	2
		004	应用文写作	※	36	2
		005	计算机基础及应用	※	144	4
		006	体育	※	144	2
		007	职业生涯规划与就业指导	※	36	2
	专业基础课程	008	素描/白描	※	108	4
		009	图案/色彩	※	72	4
		010	书法	※	72	4
		011	中国画基础	※	108	2
		012	艺术市场学	※	36	2
		013	陶瓷鉴赏与收藏	※	36	2
		014	工艺美术史	※	36	2
		015	醴陵釉下五彩瓷常识	※	36	4
			小计		966	40
陶瓷工艺模块	基本课程	016	陶瓷工艺学	※	108	6
		017	陶瓷装饰（青花）	※★	180	6
		018	陶瓷装饰（新彩）	※★	108	6
		019	陶瓷色料与釉料	※★	180	6
		020	陶瓷产品质量检测	※★	72	6
	提高课程	021	陶瓷装饰（粉彩）	◎★	108	6
		022	陶瓷装饰（古彩）	◎★	72	6
		023	陶瓷热工与窑炉	◎★	108	6
		024	陶瓷贴花工艺	◎★	72	6
		025	陶瓷制模工艺	◎★	72	6

续表

课程模块		课程编号	课程名称	课程类分	课时配量	学分
\multicolumn{4}{c	}{小计}			1080	60
陶瓷设计模块	基本课程	026	构成艺术	※★	128	6
		027	陶瓷雕塑	※★	160	6
		028	中国画（工笔）	※★	72	6
		029	中国画（写意）	※★	72	6
		030	陶瓷综合装饰	※★	80	6
		031	陶瓷造型设计	※★	96	6
	提高课程	032	中国画（花鸟）	◎★	80	6
		033	中国画（人物）	◎★	80	6
		034	中国画（山水）	◎★	96	6
		035	陶艺	◎★	144	6
		036	CAD	◎★	96	6
\multicolumn{4}{c	}{小计}			1104	66
综合实践课程		037	写生	※★	180	8
		038	顶岗实习	※★	900	10
		039	毕业设计	※★	120	12
\multicolumn{4}{c	}{小计}			1200	30
\multicolumn{4}{c	}{总　　计}			4350	196

注：※表示必修课程，◎表示选修课程，★表示工学结合课程。

3. 教学方式

根据专业对应的工作岗位及岗位群进行典型工作任务分析，根据能力复杂程度整合典型工作任务形成综合能力领域，根据认知及职业成长规律递进重构行动领域并转化成课程，根据完整思维及职业特征分解学习领域为主题学习单元，进行去学科系统化，最后形成各具特色可选择性的工作过程系统化课程体系，建立立体化的专业教学课程资源包。在教学模式改革上，学校在校内设立生产实训工厂，在合作企业中建立实训车间，成立釉下五彩瓷烧制技艺研究机构，传承与学习一体、学习与生产一体、教学与研究一体，研究与生产一体，链接成一体化教学模式。

（三）产品制作——"醴韵窑"生产企业

在绝技绝活之教育传承生态系统中，企业是重要的系统要素，与其他要素紧密相关。釉下五彩瓷烧制技艺是一种产业化程度很高的绝技绝活，与产业对接是实现绝技绝活在教育传承生态系统内有效传承的关键环节之一。湖南陶瓷技师学院校采取"引厂入校""入厂办学"的模式与相关企业签订高技能人才培养合作协议，实行学校与企业分段式、交叉式、互补式培养，即按照教学计划和要求，专业理论教学、基本技能训练、生产实习分段交叉互补进行，开展工学结合，使釉下五彩瓷烧制技艺的教育传承贴近产业需求，产业需求也能快速及时地反映到教育传承生态系统中。目前，湖南陶瓷技师学院引入了"醴韵窑"生产企业，并在企业建立学生实习基地。因此，"醴韵窑"生产企业不但生产釉下五彩瓷投入市场，而且还是学生学习釉下五彩瓷烧制技艺的重要实践基地。

（四）技艺研发——湖南醴陵釉下五彩瓷国瓷研究所

釉下五彩瓷烧制技艺富含近代化学科技智慧和浓郁地方特色的艺术气质，具有极大的创新空间。教育传承生态系统中釉下五彩瓷烧制技艺传承要实现其生态性，必须坚持"在传承中创新，在创新中传承"，也是釉下五彩瓷烧制技艺学校教育传承生态模式的最为核心环节。在釉下五彩瓷烧制技艺教育传承生态系统内，离不开研究机构这一要素。釉下五彩瓷烧制技艺的教育传承生态模式构建中，湖南陶瓷技师学院前身还是湖南陶瓷学堂时就已经附设的"窑业实验所"，到1995年成立的"湖南省陶瓷研究所"。经过多年历史沉淀，在湖南陶瓷技师学院内成立"湖南醴陵釉下五彩瓷国瓷研究所"。湖南醴陵釉下五彩瓷国瓷研究所主要承担釉下五彩瓷新工艺、新材料的研发，主要由技能大师及相关专业研究人才组成，有潜质成为传承人的学生也可以通过选拔进入到研究院更深入地学习釉下五彩瓷烧制技艺。总之，作为釉下五彩瓷烧制技艺传承系统中的重要组分，研究院对釉下五彩瓷烧制技艺的推陈出新发挥着重要作用。

四 釉下五彩瓷烧制技艺之教育传承生态模式的环境

釉下五彩瓷烧制技艺自创生以来,在不同的复杂环境里生长,发展道路崎岖曲折,几次险些失传,又几经抢救保护。其中,营造教育传承生态系统中良好的内外部环境是釉下五彩烧制技艺教育传承生态模式能取得"四因共振"模式所预期的传承效果的关键。

(一) 政策环境保障

在绝技绝活传承上,政府的文化职能主要是通过制定相关法律法规、政策和制度以及加大财政投入力度来实现。国家职业教育政策、文化产业政策和地方特色产业政策为釉下五彩瓷烧制技艺的当代教育传承事业提供了宽裕的政策环境。2011年中共十七届六中全会通过的《中共中央关于深化文化体制改革推动社会主义文化大发展大繁荣若干重大问题的决定》提出,"造就高层次领军人物和高素质文化人才队伍。鼓励和扶持高等学校和中等职业学校优化专业结构,与文化企事业单位共建培养基地。重视发现和培养社会文化人才"。2014年《国务院关于加快发展现代职业教育的决定》提出,"推动职业院校与行业企业共建技术工艺和产品开发中心、实验实训平台、技能大师工作室等,成为国家技术技能积累与创新的重要载体"。同时,《现代职业教育体系建设规划》(2014—2020年)更加明确提出,"将民族特色产品、工艺文化纳入现代职业教育体系,将民族文化融入学校教育全过程,着力推动民间传统手工艺传承模式改革,逐步形成民族工艺职业院校传承创新的现代机制"。"十二五"期间,湖南省政府将陶瓷产业列为省标志性产业予以重点发展,株洲市、醴陵市两级人民政府制定了打造千亿陶瓷产业集群规划,建成"醴陵·世界陶瓷艺术城"。为鼓励釉下五彩瓷瓷艺人才的成长与发展,湖南省人社厅为陶瓷工艺美术专业特殊人才特别出台了专业技术职务评审政策,这个政策规定,凡申报中高级陶瓷工艺美术师的,免试职称外语,学历底限为大学专科。这些政策对釉下五彩瓷烧制技艺的教育传承起了引领和导向作用。

（二）产业环境保障

从醴陵近代瓷业发展历史来看，陶瓷产业的发展与釉下五彩瓷烧制技艺的传承相辅相成，互为因果。百余年来，因醴陵陶瓷产业几次衰败，导致釉下五彩瓷烧制技艺几次险些失传。后又因釉下五彩瓷烧制技艺几次被抢救性传承，致使醴陵陶瓷产业的几次振兴与发展。历史可鉴，釉下五彩瓷烧制技艺几次被抢救性传承，主要方式是学校通过培养技艺传承人才来实现。总之，产业兴旺则釉下五彩瓷烧制技艺传承的"香火"不绝，相反如果釉下五彩瓷烧制技艺传承"香火"渐微，则此时产业态势走低。在经济体制转轨时期，醴陵国营陶瓷企业因不适应市场经济经营体制纷纷破产倒闭，醴陵瓷业一度低迷，这自然对教育传承造成较大影响，以至于学校的陶瓷专业连续近十年招不到学生，使釉下五彩瓷烧制技艺传承几乎断代。然而随着市场经济体制的逐渐成熟，醴陵瓷业熬过了阵痛期，民营陶瓷企业凭借破产国有企业流出的技术技能人才很快得到发展。当前，醴陵陶瓷企业达500多家，规模以上企业近120家。产业规模的扩大，行业结构的调整，产品质量的提升，要求学校陶瓷教育提供釉下五彩瓷烧制技艺传承人才支撑，这为釉下五彩瓷烧制技艺教育传承提供了源源不断的动力。

（三）学校环境保障

学校内部环境的保障主要体现在师资力量上，只有师资得以保障技艺传承才能延续。在传承釉下五彩瓷烧制技艺的学校内，作为传承主体的师资在素质和结构上有更高的要求。从素质上来看，要求教师既要有深厚的理论功底，讲得清，道得明，又要有精湛技艺和比较丰富的技术工作经验，做得精，做得好；既要有较高的艺术素养，又要对陶瓷工艺有一定的理解能力。从结构上来看，要求以陶瓷艺术领域中的技能大师为引领，专业教师既要有从学校到企业的专职，又要有从企业到学校的兼职。为了传承好釉下五彩瓷烧制技艺，湖南陶瓷技师学院"送出去，引进来"的传承师资队伍建设办法。一方面，从企业引进陶瓷工艺技能大师，聘请技术骨干担任兼职教师；另一方面，利用假期将专职教师派出到合作企业见习，学习技艺，掌握釉下五彩瓷烧制流程，形成以技能大师为引领，专兼职结合的传承师资队伍。据统计，醴陵两个职业院校陶瓷专业教师共67人，其中技能大师8人，专职教师35人，兼职教师24人，这种专兼职结合的专业教师队伍基本能够适应教育传承需要。

五 釉下五彩瓷烧制技艺之教育传承生态模式的鉴思

（一）釉下五彩烧制技艺之教育传承生态模式的评价

从釉下五彩烧制技艺教育传承生态模式形成、结构、价值取向及环境营造可见，其是成长中的"四因共振"教育传承生态模式。因此，参照第四章中的雷达分析法，本节先对釉下五彩烧制技艺教育传承生态模式作关键因子作用效果分析，随后分析其传承效果与其他几种传承模式的效果是否存在差异性，以验证"四因共振"教育传承生态模式的适用性。

根据各因子对该传承模式的作用分析可知，得分较高的环境因子有学习沉醉感3.74，学校内部环境3.70，政策环境3.68，基本素质3.59，传承方法3.59。除文化环境和传承意愿外，其他因子得分均超过3.5，并且各影响因子得分比较均衡，表明各关键因子的作用能得到充分发挥（图7-1）。同时，从五种传承模式雷达图面积比较发现，"四因共振"教育传承生态模式的面积最大为34.81（图7-2）。

对五种不同传承效果结果分析表明，醴陵釉下五彩瓷烧制技艺教育传承效果明显优于其他四种传承模式。其传承效果均值最高为3.59，而以产业生产模式传承效果得分最低，仅为3.04。

统计数据表明"四因共振"教育传承生态模式的传承效果要高于其他教育传承模式，这与实际中湖南陶瓷技师学院所取得的成效相符合。学校于2010年被国家人社部授予学院"国家技能人才培育突出贡献单位"称号；2012年，湖南省人社厅在学院设立湖南省职业技能鉴定专家委员会陶瓷专业委员会秘书处；学校通过这种模式培养了20余位国家级和省级的釉下五彩瓷烧制技艺传承大师，其中典型代表有：国家级陶瓷艺术（技能）大师包括朱占平、傅德毛、彭玲、李跃进、丁海波等，省级陶瓷艺术（技能）大师包括李华军、黎建凯、孙建成、王立新、张正平、王

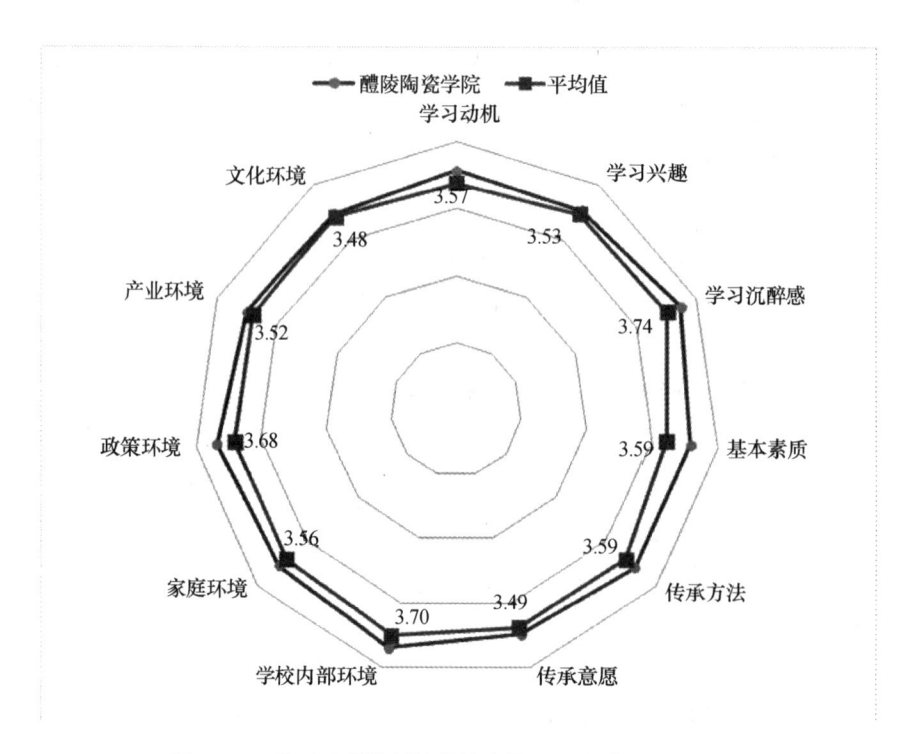

图 7-1 釉下五彩烧制技艺教育传承生态模式效果分析

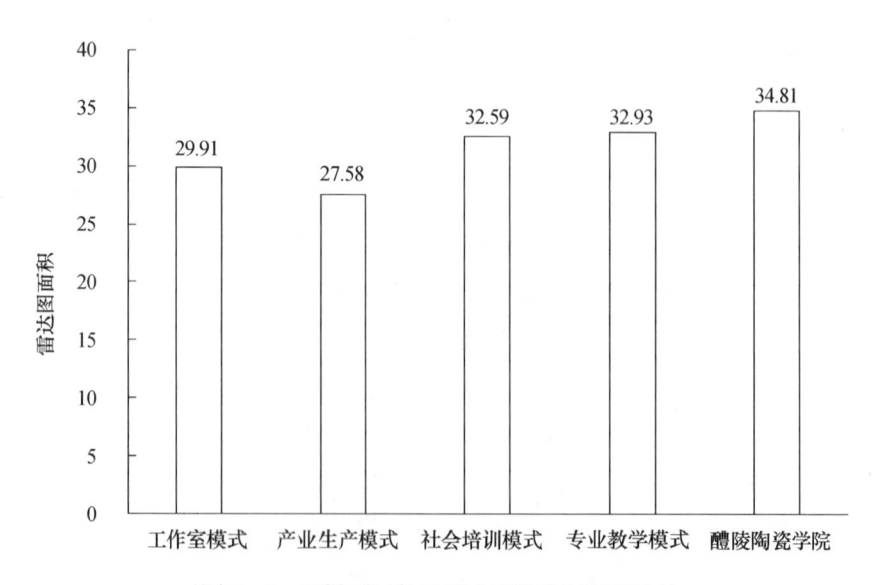

图 7-2 五种不同传承模式下雷达图面积比较

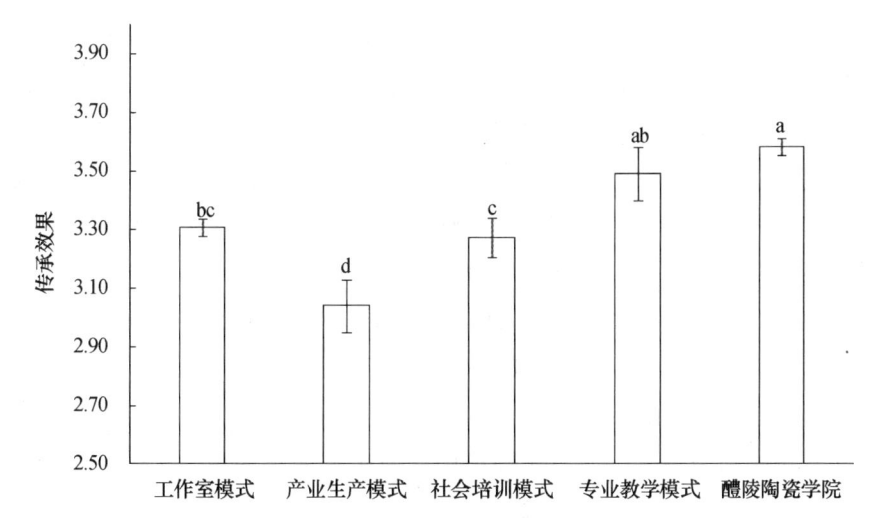

图 7-3 五种不同传承模式传承效果比较

旭明、王群、黄选贤、刘淼、徐曼冰、逄威等。在学院工作的朱占平、傅德毛、李华军、黎建凯被邓文科大师收为醴陵釉下五彩技艺的嫡传弟子。在技艺创新上也取得了非常丰硕的成绩，2008 年，朱占平大师创作的《荷韵》作品参加联合国教科文组织举办的第 43 届国际陶艺作品博展，获得金奖；釉下五彩国瓷研究所研制的《和谐盛世》《太液晴波》《万花赏瓶》《天球瓶》《玉壶春瓶》等陶艺作品，被选送给中央领导作为接见外国元首或出国访问的礼品瓷。此外，学校还为醴陵陶瓷产业及全国陶瓷产业培训一线操作工、管理人员、创业人员达 1 万余人。

（二）釉下五彩烧制技艺之教育传承生态模式的反思

结果表明釉下五彩烧制技艺教育传承生态模式与其他传承模式相比，结构布置合理，内外环境保障有力，传承效果良好，这表明"四因共振"教育传承生态模式是当前最为理想的一种教育传承生态模式。然而，在模式实施过程中存在一些问题需进一步调控，以达到"四因共振"教育传承生态模式的最佳效果。

1. 传承主体的优选

从绝技绝活传承过程的基本要素来看，承者的基本素质、学习兴趣及传者的传承意愿在影响绝技绝活之教育传承中具有最为关键的作用。传者作为重要承载者和传递者,既是五彩瓷烧制技艺的宝库,又是五彩瓷烧制技艺传承"接力赛"中处在当代起跑点上的"执棒者"和代表人物。应该挑选具有精湛技艺、独特匠心的能人作为传者。另一方面承者的选择也需要通过一些评价方式,优先让自身素质较高,对技艺有浓厚兴趣的学生进入承者行列。然而,目前釉下五彩烧制技艺传承中并未重视承者的选取和评价,同时未将承者的基本素质纳入系统培养体系中,造成承者的基础素质得不到保障,从而使得五彩瓷烧制技艺传承无法实现"四因共振"教育传承生态模式的传承效果。

2. 传承环境的优化

从影响因子分析可知传承环境因子对传承效果的影响显著,其中学校内部环境因子、产业环境因子和文化环境因子更显著,因而"四因共振"教育传承生态模式的传承效果实现有赖于这些环境因子的作用发挥。釉下五彩瓷烧制技艺教育传承生态模式在关键环境因子的利用上存在局限,主要表现在:学校内部环境上,学校要进一步规范办学行为,完善教学条件,提高教学质量,进而提升办学层次,特别是要理顺湖南陶瓷技师学院的教育归属,将其纳入高职学历文凭教育系列;文化环境上,按照现代职业教育体系建设要求,加强与高校合作,实现中职与高职沟通,技能培训与学历教育沟通,使学龄青年在满足享受高等教育和多元化教育需求的基础上,提高学习陶瓷专业的积极性,踊跃参与到釉下五彩瓷烧制技艺的传承工作中来;政策环境上,技能大师作为教育传承的基本源头,大师工作室始终应以育人导向代替生产导向,建立现代学徒制度,从而加大对釉下五彩瓷烧制技艺的传承力度。同时创造优良的传统文化技艺传承环境,着眼于"人"的抢救保护,落脚于"技"的发扬光大,从而保障绝技绝活的持续传承。

第八章

结论与展望

一 主要结论

本书基于生态学、教育学等多种理论基础，运用实地调研、人物访谈及个案分析等多种研究方法，系统分析了绝技绝活之教育传承生态系统结构、功能，归纳了影响绝技绝活传承的教育传承生态因子及调控机制，揭示了绝技绝活之教育传承的主要生态影响因子，分析了绝技绝活之教育传承生态模式的多样化及其优缺点，构建了绝技绝活的"四因共振"教育传承生态模式并进行了实践验证。所取得的主要结论如下：

1. 基于相关生态学理论，结合实地调研与文献归纳整理，从生态系统组成、时间结构和空间结构三方面初步构建了绝技绝活之教育传承生态系统结构，从物质流、能量流、信息流三个方面分析了绝技绝活之教育传承生态系统功能，梳理了影响绝技绝活传承的教育传承生态因子，指出其生态因子分为传者因子、承者因子、学校内部环境和学校外部环境四类。并提出可从主体的选配、学校环境的改造和学校系统功能的优化三个方面来对绝技绝活之教育传承生态系统进行调控，以提升绝技绝活传承的效果。

2. 主成分分析和相关分析结果表明，除承者年龄、性别及收入对传承效果影响不显著外，其他生态因子均不同程度地影响绝技绝活传承效果，且因子间具有很好的相关性。说明传承效果是多个生态因子共同作用的结果。其中承者的基本素质、学习兴趣及传者的传承意愿对绝技绝活传承所起的作用最大，学习沉醉感、学习动机、内部环境、产业环境和文化环境等因子对绝技绝活传承的作用亦非常显著。

3. 当前绝技绝活之教育传承主要有大师工作室型、产品生产型、社会培训型和专业教学型四种模式。各传承模式的运行机制不尽相同、且主要影响因子稍有差异。雷达图分析结果表明大师工作室型能充分发挥传者的核心作用，保证良好的学习内部环境，但该模式下承者的学习动机不强，技能大师投入的时间和精力不足，制约了该模式的传承效果；产品生产型能很好地结合市场需求，专业设置与当地技艺能紧密融合，承者具有足够的技艺培训时间，但技艺大师数量偏少，学生学习动机不足制约了该传承模式的传承效果；社会培训型承者学习兴趣和动机、传者的传承意愿较强，文化环境相对较好，但承者基本素质偏低，产业环境及学校内部环境较弱；专业教学型在四种传承模式中效果最好，其传者的传承意愿、承者的学习兴趣、学习沉醉感及学校内部环境相对较好，但该模式产业环境和文化环境较弱，限制了该模式的传承效果。

4. 根据上述关键因子分析结果和当前绝技绝活之教育传承各模式的不足，运用相关的生态学、教育学理论，构建了绝技绝活之教育传承生态模式即"四因共振"教育传承生态模式。该模式以培养绝技绝活传承人为核心，把传者的教授、承者的学习、产品制作、技艺研究组合成一个开放式的互补系统，能够实现传承效益、教育效益、经济效益和社会效益等相结合的复合效益，并能通过传承场域的建立、传承机制的优化、传承方案制定等途径保障该模式的正常运行。

5. 以醴陵釉下五彩瓷烧制技艺学校为例，分析了该传承模式的结构、功能和内外环境保障机制，验证了所构建的教育传承生态模式与传统教育模式传承效果的差异性。结果表明，该生态传承模式结构布置合理，内外环境保障有力，传承效果明显优于其他四种传承模式，为当前最为理想的一种教育生态传承模式。

二 创新之处

1. 研究视角，从生态学视角研究绝技绝活之教育传承生态模式。属于民族技艺的绝技绝活传承模式的研究很多，诸如家庭式传承、作坊式传承、民间器物式传承研究等，但罕见教育生态系统中绝技绝活传承的研究，特别是以人才培养为目的绝技绝活传承研究几乎是空白。本书从生态学视角研究了绝技绝活之教育传承模式，有望解决当前绝技绝活传承乏力、后继无人等问题。

2. 研究方法，集成运用生态学、教育学中多种方法明确了教育传承生态系统中绝技绝活传承的影响因子。教育传承生态系统中绝技绝活的传承包括多个生态过程，影响因子众多，即包括传者的传承意愿，又包括承者的学习动机、学习兴趣、基本素质，还包括教育传承生态系统内外环境。当前关于绝技绝技的研究大多是针对某一影响因子来研究，且多为语言性的描述，缺乏量化性分析。本书通过个案分析、实地调研、主成分分析及相关性分析等多种方法相结合的方法，对影响绝技绝活之教育传承效果的主要生态因子进行量化分析，明确了承者的基本素质、学习动机及承者的传承意愿为决定传承效果的主要影响因子。研究结果对于提升绝技绝活传承效果更具针对性，更具指导意义。

3. 研究对象，以绝技绝活整体作为研究对象，而非某一种绝技绝活，研究结果更具普遍性。当前有关绝技绝活传承的研究大多集中于某一种绝技绝活或某一过程。而本书以绝技绝活整体作为研究对象（涵盖刺绣、织锦、制瓷、陶艺等多种绝技绝活），构建了教育传承生态系统中绝技绝活传承的生态学机制，揭示了教育传承生态系统中影响绝技绝活传承的主要因子，分析了当前教育传承生态系统中绝技绝活传承的形态多样化及存在的问题，构建了教育传承生态系统中绝技绝活传承生态模式并进行实体验证。研究内容丰富，系统逻辑性强，结果可靠更具普遍性，可为绝技绝活之教育传承提供强有力的理论支持。

4. 研究理论，运用生态学原理，构建了资源整合利用型和循环增值型的"四因共振"教育传承生态模式。该模式以承者在教育传承生态系统中有效获取绝技绝活为主线进行设计，分别是传（传者的教授）、学（承者的学习）、产（产品制作）和研（技艺研发），其中"四因"体现的是关键影响因子的作用，"共振"体现影响因子的综合性作用。相对于其他类型的教育传承模式，"四因共振"教育传承生态模式将绝技绝活传承的过程视为一个系统整体，以绝技绝活接受人培养为中心将素质培养、技艺传承、产品生产及绝技绝活创新研究统一起来,整合系统里学校、技能大师工作室、企业和绝技绝活研究所各组成部分的作用形成互利共生关系,充分考虑影响绝技绝活传承的各个关键影响因子,最终实现传承效果的生态性和高效性。

三 深化研究的设想

尽管本书从绝技绝活之教育传承的生态学机制、关键影响因子、形态多样化及生态模式构建等多个方面进行了系统的研究,但受时间的限制,本书还存在以下不足之处:

1. "四因共振"教育传承生态模式的适用性仍需进一步验证。尽管本书中教育传承生态模式的构建是基于扎实的理论基础和翔实的实地调查数据而产生的,同时以醴陵釉下五彩瓷烧制技艺学校进行了实地验证。但由于绝技绝活的种类繁多,各具特色,"四因共振"教育传承生态模式在其他类型的绝技绝活中或者是在不同类型的学校中是否适用仍需进一步验证。

2. 绝技绝活之教育传承生态系统监测预警机制仍需进一步研究。绝技绝活传承的主体和内外部环境随时都在发生着变化,所达到的平衡也是一种动态的平衡。尽管教育传承生态系统如自然生态系统那样具有相应的反馈机制,但一旦系统失衡,绝技绝活的传承将面临严峻考验,甚至导致绝技绝活的流失。因此,有必要以影响绝技绝活传承的主要因子为依据,建立绝技绝活之教育传承生态系统监测预警机制,确保绝技绝技传承能够顺利进行。

3. 主要因子对绝技绝活传承效果的影响机制仍需进一步探讨。尽管本书通过大量实地调查数据并结合相关统计方法,分析出影响教育传承生态系统中决定绝技绝活传承的主要因子,但这些因子影响传承的机理是什么目前仍不清晰。因此,有必要对这些因子进一步细化,深入分析每个指标对绝技绝活传承的影响机制,可能更有助于提升绝技绝活的传承效果。

参考文献

著　作

华觉明、李劲松、王连海等：《中国手工技艺》，大象出版社2014年版。

潘鲁生：《手艺创意》，海天出版社2011年版。

白慧颖：《知识经济与视觉文化视野下的非物质文化遗产保护与开发》，北京理工大学出版社2012年版。

乌尔里希·森德勒：《工业4.0：即将来袭的第四次工业革命》，邓敏、李现民译，机械出版社2015年版。

高志强、郭丽君：《学校生态学引论》，经济管理出版社2015年版。

孙芙蓉：《课堂生态研究》，浙江大学出版社2013年版。

［日］柳宗悦：《日本手工艺》（第2版），张鲁译，广西师范大学出版社2011年版。

路甬祥：《中国传统工艺全集》，大象出版社2007年版。

姜振寰：《技术的传承与转移》，中国科学技术出版社2012年版。

林继富：《中国民俗传承与社会文化发展》，中央民族大学出版社2014年版。

柏拉图：《理想国》（中译本），商务印书馆1997年版。

［法］卢梭：《爱弥儿》精选本，彭正梅译，上海人民出版社2010年版。

［日］柳田国男：《民间传承论与乡土生活研究法》，王晓葵、王京、何斌译，学苑出版社2010年版。

任凯、白燕：《教育生态学》，辽宁教育出版社1992年版。

范国睿：《共生与和谐：生态学视野下的学校发展》，教育科学出版社2011年版。

李洪远：《生态学基础》，化学工业出版社2006年版。

戈峰：《现代生态学》（第2版），科学出版社2008年版。

李博：《生态学》，高等教育出版社2000年版。

王文章：《非物质文化遗产概论》，文化艺术出版社2006年版。

戈峰：《现代生态学》，科学出版社2008年版。

丁圣彦：《生态学面向人类生存环境的科学价值观》，科学出版社2004年版。

曹凑贵：《生态学概论》，高等教育出版社2006年版。

李博：《生态学》，高等教育出版社2000年版。

蔡晓明、蔡博峰：《生态系统的理论和实践》，化学工业出版社2012年版。

吴鼎福、诸文蔚：《教育生态学》（第2版），江苏教育出版社2000年版。

张倩如：《江苏古代教育生态》，凤凰出版社2005年版。

马世骏、李松华：《中国的农业生态工程》，科学出版社1987年版。

牛翠娟、娄安如、孙儒泳等：《基础生态学》，高等教育出版社2008年版。

孙儒泳、李庆芬、牛翠娟等：《基础生态学》，高等教育出版社2002年版。

［英］怀特海：《教育的目的》，庄莲平、王立中译，文汇出版社2014年版。

邹冬生：《生态学概论》，湖南科学技术出版社2007年版。

［法］莫斯：《论技术、技艺与文明》，蒙养山人译，世界图书出版公司北京公司2010年版。

王文章：《非物质文化遗产概论》，文化艺术出版社2006年版。

赵辰昕、王小宁、李昱明等：《唱响——非物质文化遗产保护专家访谈录》，中国发展出版社2012年版。

谷志远：《中国大学教师学术发表的影响因素研究》，中国社会科学出版社2016年版。

中国艺术人类学学会：《非物质文化遗产与艺术人类学》，学苑出版社2012年版。

蒋蓝：《正在消失的职业》，上海远东出版社2002年版。

郭艺：《留住手艺：手工艺活态保护研究》，浙江摄影出版社2015年版。

［法］爱弥儿·涂尔干：《原始分类》，上海人民出版社2000年版。

［日］赤木明登：《造物有灵且美》，湖南美术出版社2015年版。

姜振寰：《技术史理论与传统工艺》，中国科学技术出版社2012年版。

［英］爱德华·露西史密斯：《世界工艺史》，朱淳译，中国美术学院出版社1993年版。

王彦艳：《手艺中国》，大象出版社2013年版。

陈华文：《非物质文化遗产：学者与政府的共同舞台》，浙江工商大学出版社2014年版。

苑利、顾军：《非物质文化遗产保护干部必读》，社会科学文献出版社2013年版。

［日］西村幸夫：《再造魅力故乡——日本传统街区重生故事》，王惠君译，清华大学出版社2007年版。

论　文

金融：《苏州传统手工艺传承与发展的难点与策略研究》，硕士学位论文，苏州大学，2012年。

袁晓娟：《论广西非物质文化遗产的法律保护》，硕士学位论文，广西师范大学，2012年。

郭扬：《高技能人才培养："规范"与"创新"之辨》，《中国成人教育》2009年第2期。

王春辉：《高技能人才成长路径及相关效果评价研究》，硕士学位论文，天津理工大学，2010年。

陈云：《中国非物质文化遗产知识产权保护模式研究》，硕士学位论文，西南大学，2009年。

姜兆一：《非物质文化遗产保护：形式选择、传承效能与保护绩效的关系研究》，硕士学位论文，天津财经大学，2012年。

陈华文：《论非物质文化遗产生产性保护的几个问题》，《广西民族大学学报》（哲学社会科学版）2010年第5期。

刘淑娟：《非物质文化遗产保护管理的先进国家经验与镜鉴》，《华侨大学学报》（哲学社会科学版）2016年第1期。

刘金婷：《非物质文化遗产传承人才的高职培养模式研究》，硕士学位论文，河北大学，2014年。

段会冬、莫丽娟：《黎锦技艺文化传承的困境与出路》，《中国民族博览》2015年第12期。

胡凯、胡文鹏：《现代学徒制模式中师徒之间默会知识的传递研究》，《科教导刊》（中旬刊）2016年第1期。

濮飞飞：《非物质文化遗产传承人的特征研究》，硕士学位论文，安徽医科大学，2011年。

王海明：《对非物质文化遗产传承人生存环境的思考》，硕士学位论文，重庆大学，2010年。

潘鲁生：《民间手工艺的知识产权保护与文化传承问题》，《民间文化论坛》2012年第3期。

左叶松：《安徽泾县传统手工艺的当代传承问题之研究》，硕士学位论文，南京艺术学院，2008年。

夏宁博：《非物质文化遗产的传承途径探究》，硕士学位论文，云南艺术学院，2011年。

汤南南：《创意时代"困局"中的传统手工艺——以竹编工艺为例》，《集美大学学报》（哲学社会科学版）2005年第7期。

周真刚：《贵州世居民族传统手工技艺的保护及其产业化发展思考》，《西南民族大学学报》（人文社会科学版）2013年第10期。

吴晓东：《如何传承"被遗忘的绝技"》，《决策探索》（下半月）2016年第2期。

吴金庭：《社会变迁与文化传承：一位苗族文化传承人的生活史研究》，《长江师范学院学报》2016年第1期。

于伟伟：《论非物质文化遗产的创新性传承》，硕士学位论文，山东艺术学院，2011年。

华觉明：《传统手工技艺保护、传承和振兴的探讨》，《广西民族大学学报》2007年第1期。

叶圣燕、贾礼民：《传统手工技艺传承与创新的人才培养模式研究——以苏绣为例》，《中国职业技术教育》2011年第5期。

石庭明：《生态人类学视野下的侗族稻作文化研究》，硕士学位论文，中央民族大学，2013 年。

姬文革：《生态学视阈下的宁夏回族歌曲研究与思考》，《黄河之声》2016 年第 10 期。

孟立军、吴斐：《生态学视阈下学校民族文化传承的生境及优化——基于贵州省"民族文化进校园"的调查》，《贵州民族研究》2014 年第 2 期。

周镭：《高等职业学校高技能人才培养研究》，硕士学位论文，中央民族大学，2010 年。

王杰：《奠基未来：整体构建生态型育人模式》，《天津教育》2015 年第 9 期。

戚旻洁：《基于生态模式理论的中职学生管理工作方法研究与实践》，硕士学位论文，浙江工业大学，2009 年。

汪霞：《一种后现代课堂观：关注课堂生态》，《全球教育展望》2001 年第 10 期。

袁聿军：《遵循生态规律，构建生态课堂》，《生物学教学》2006 年第 7 期。

王玉红：《生态成长在课堂——构建"生态课堂"的实践与思考》，《江苏教育研究》2013 年第 1 期。

岳伟、刘贵华：《走向生态课堂——论课堂的整体性变革》，《教育研究》2014 年第 8 期。

陈岳堂：《生态校园规划设计研究与应用》，硕士学位论文，湖南农业大学，2003 年。

郭进辉：《生态校园研究进展综述》，《林业勘察设计》2007 年第 2 期。

张磊、刘建民：《国外生态校园的研究方向与建设实践》，《山东建筑大学学报》2007 年第 6 期。

陈岳堂、高志强：《论高校生态校园规划》，《高等农业教育》2004 年第 8 期。

陈小燕：《浅谈生态化校园的构建》，《钦州师范高等专科学校学报》2003 年第 2 期。

杜惟玮：《生态校园的建设流派、建设模式与系统管理方法》，硕士学位论文，天津大学，2005 年。

吴保印：《构建和谐的学校教育生态系统》，《教育实践与研究》2010年第7期。
黄平芳：《学校生态教育体系的构建路径》，《学校党建与思想教育》2010年第21期。
海军：《手艺：守艺——以乌镇为个案的民艺研究》，《山东工艺美术学院学报》2004年第4期。
玉川：《莫让绝技成记忆——加快建设非物质文化遗产保护工程》，《江淮》2005年第6期。
陈平、杨小冬、王银凤：《侗族文化保护传承的问题与对策调查研究——基于贵州省黎平县实证调研》，《河北北方学院学报》（社会科学版）2013年第6期。
胡红：《长角苗服饰纹样制作技术传承方式及影响因素研究》，硕士学位论文，西南大学，2013年。
黄明波：《泉州市非物质文化遗产传承的文化生态体系》，《黎明职业大学学报》2014年第3期。
荆雷：《中国当代手工艺的核心价值》，博士学位论文，中国艺术研究院，2012年。
国务院办公厅：《国务院关于加快发展现代职业教育的决定》，《职业技术教育》2014年第18期。
田艳：《非物质文化遗产传承权制度初探》，《贵州民族研究》2010年第4期。
车博：《黔东南苗族乐器制作技术传承及影响因素探析》，硕士学位论文，西南大学，2011年。
周明霞：《技艺的习得：传统农耕技术的传承与社会影响》，硕士学位论文，山东大学，2014年。
郭红彦：《朱仙镇木版年画的传统传承模式及其当代思考》，硕士学位论文，河南大学，2005年。
高小青：《景德镇传统制瓷工艺传承方式的教育学思考》，硕士学位论文，西南大学，2010年。
李富强：《中国蚕桑科技传承模式及其演变研究》，硕士学位论文，西南大学，2010年。

秦永福：《日本"社区文化"总体营造中对传统手工艺的保护和开发》，《上海工艺美术》1996年第2期。

王冬敏：《西双版纳傣族制陶技术传承模式及变迁研究》，博士学位论文，西南大学，2012年。

赵世林：《民族文化的传承场》，《云南民族学院学报》（哲学社会科学版）1994年第1期。

梁琳、高涵：《传统手工技艺类非物质文化遗产学校传承初探》，《职教论坛》2015年第10期。

陈鹏：《莫让民间手艺变"绝技"》，《瞭望新闻周刊》2006年第47期。

葛权：《竹画奇技巧天工——记湖北五峰土家族自治县省级"民间文艺大师"李凤英》，《民族大家庭》2016年第4期。

余清臣、沈芸：《论学校文化生态系统》，《教育发展研究》2005年第20期。

陈曙：《信息生态的失调与平衡》，《情报资料工作》1995年第4期。

王宏：《现代城市生态系统的分析、评价与优化》，硕士学位论文，河南大学，2002年。

冯春林、崔兴盛等：《基诺族原始社会形态教育初探》，《昆明师范学院学报》（哲学社会科学版）1980年第5期。

左嘉琳：《从分离走向融合教师专业发展与学校功能研究》，硕士学位论文，河北师范大学，2005年。

贺祖斌：《中国高等教育系统的生态学分析》，博士学位论文，华中科技大学，2004年。

霍明奎：《基于信息生态理论的供应链信息传递模式与传递效率研究》，博士学位论文，吉林大学，2015年。

杨玲玲：《学校教育中民族文化传承困境研究》，硕士学位论文，云南财经大学，2015年。

牛加明：《民间工艺活态传承的调查与思考——以贵州屯堡木雕为例》，《民族艺林》2016年第1期。

韩澄：《北京传统首饰技艺传承研究》，博士学位论文，中央民族大学，2011年。

余嘉云：《生态化教学的理论与实践研究》，博士学位论文，南京师范大学，2006年。

王文章：《科学保护非物质文化遗产》，《中国社会科学院院报》2007年第6期。

刘魁立：《非物质文化遗产及其保护的整体性原则》，《广西师范学院学报》2004年第5期。

方明：《缄默知识面面观》，博士学位论文，南京师范大学，2002年。

罗建国、李建奇：《论哈耶克"自生自发秩序"原理视角下的学位授权政现研究》，《中南林业科技大学学报》（社会科学版）2009年第6期。

严耕：《生态危机与生态文明转向研究》，博士学位论文，北京林业大学，2009年。

张显吉：《教育经济功能：马克思主义经济学视角的阐述》，《当代经济研究》2005年第1期。

龙叶先：《苗族刺绣工艺传承的教育人类学研究》，硕士学位论文，中央民族大学，2005年。

徐君：《基于熵理论的资源型城市转型与产业演替机理研究》，博士学位论文，西南交通大学，2007年。

于馨燕：《信息熵理论在广告活动中的应用研究》，《企业经济》2007年第3期。

卢智泉、张国毅、侯长余等：《家庭因素对学生学习成绩的影响》，《中国行为医学科学》2000年第1期。

袁庆华、胡炬波、王裕豪：《中文版沉浸体验量表（FSS）在中国大学生中的试用》，《中国临床心理学杂志》2009年第5期。

孙连荣：《结构方程模型（SEM）的原理及操作》，《宁波大学学报》（教育科学版）2005年第2期。

王酉石、储诚进：《结构方程模型及其在生态学中的应用》，《植物生态学报》2011年第3期。

孙谦：《论传承人在"非遗"生产性保护中的作用——以东阳木雕为例》，硕士学位论文，浙江工业大学，2014年。

杨天：《杨州刺绣传承现状的问题及反思》，硕士学位论文，扬州大学，2014年。

陈京美等：《不同解决方式对南极磷虾脂质品质的影响研究》，《食品工业科技》2016年第9期。

刘魁、王元英、罗成刚等:《雷达图分析法在烤烟品种试验中的应用》,《中国烟草科学》2010年第6期。

王宇露:《企业生境及不同生境下企业成长的生态对策探讨》,《科技管理研究》2008年第6期。

祁庆富:《论非物质文化遗产保护中的传承及传承人》,《西北民族研究》2006年第3期。

董鳄:《浅谈职业学校中技能大师工作室的建立》,《职业》2014年第7期。

孙阳、唐永鑫、孟黎:《浅析技能大师工作室在现代学徒制人才培养中的作用》,《高教学刊》2015年第8期。

郭兆坤:《民间绝技:人类智慧的另类表达——以山东德州为例》,《湖南大众传媒职业技术学院学报》2011年第5期。

张尧、滕召阳:《产学研模式下如何促进湖南陶瓷产业的发展——以醴陵日用瓷为例》,《陶瓷科学与艺术》2013年第1期。

梁遐:《美学视觉下的醴陵窑釉下五彩瓷》,硕士学位论文,中南大学,2012年。

文叶飞、蔡大常、文媛等:《民间艺人大汇聚绝技绝活庆新春》,《当代贵州》2011年第7期。

肖智慧:《土家织锦工艺传承的教育人类学研究》,硕士学位论文,西南大学,2009年。

工良、高涵、周明星:《中国职业技术传承的研究热点透视与展望——基于CNKI的文献统计分析》,《职教论坛》2014年第7期。

王冬敏:《西双版纳傣族制陶技术传承模式及变迁研究》,博士学位论文,西南大学,2012年。

英文文献

Malley, Marks, Andrew, "Really Useful Knowledge: The New Vocationalism in Higher Education and its Consequences for Mature Students", *British Journal of Educational Studies*, 2001.

D'Andrea, Michael, "Comprehensive School-Based Violence Prevention Training: A Development-Ecological Training Model", *Journal of Counseling & Development*, 2004.

W. Doyle&G, Ponder, "Classroom Ecology: Some Concerns about a Neglected Dimension of Research on Teaching", *Contemporary Education*, 1975.

Jason, Leonard A, & Kuchay, "Dianne A. Ecological Influences on School Children's Classroom Behavior", *Eduction*, 1985.

Kellyn S, "New 'green' building on campus", *Environmental Science and Technology*, 1998.

Will T, Spenser WH., *Transportation and Sustainable Campus Commu-nities: Issues, Examples Solutions*, Washington DC: Island Press, 2004.

Prats R D, Chillon A., *A Reverse Osmosis Potable Water Plant at Ali-cante University: Firstyearsof operation*, Desalination, 2001.

Adachi, Barbara, the *Living Treasures of Japan*, London, 1973.

Aitchison, Leslie, *A Hitory of Metals*, 2 vols, London, 1960.

Amaya, Mario, *Tiffany Glass*, London, 1967.

Banks, Steven, *The Handicrafts of the Sailor*, Newton Abbot and London, 1974.

Beer, Eileene Harrison, *Scandinavian Design*, New York, 1971.

Black, Clementina, *Sweated Industry*, London, 1907.

Blake, Peter, Le Corbusier: *Architecture and Form*, London, 1966.

Burckhardt, Lucius, (ed.) Wekbund, Venice, 1977.

Buxton, L. H. Dudley, *Primitive Labour*, London, 1924.

Caiger-Smith, Alan, *Tin-glaze Pottery*, London, 1973.

Cellini, Benvenuto, *Memoris* (trans. Macdonell), London and New York, 1906.

Digby, George Wingfield, *Elizabethan Embroidery*, London, 1963.

Dillon, Edward, *The Arts of Japan*, 3rd edn, London, 1911.

Durkheim, E., *De la Division Du Travail Social*, Paris 1893.

Eliade, Mircea, *Forgerons et Alchimistes*, Paris, 1956.

Geijer, Agnes, *A History of Textile Art*, London, 1979.

Giedion, Siegfried, *Mechanization Takes Command*, New York, 1948.
Gimpel, Jean, *The Cathedral Builders*, New York, 1961.
Gimpel, Jean, *La Revolution Industrielle Du Moyen Age*, Paris, 1975.
Haedeke, Hans-Ulrich, *Metalwork*, London, 1970.
James, George Wharton, *Indian Basketry*, 3rd edn., Pasadena, 1908.
Madsen, S. Tschud, *Art Nouveau*, London, 1967.

电子文献

文化部副部长王文章:《谈非物质文化遗产保护工作进展和下一步工作思路》中国文化遗产网,2010年6月21日(http://www.cchmi.com)。

余秋雨:《中国文人是什么概念》,2006年8月7日人民网,(http://www.people.com.cn)。

京华日报:《中国嘉德首开现当代陶瓷艺术和雕刻艺术专场》,2008年3月16日,新浪财经(http://www.sina.com.cn)。

北京匡时拍卖成立当代工艺品部,2011年3月4日竞友拍卖网:(http://www.bidpal.cn)。

京城大拍卖行试水现当代工艺,数字中国:(http://www.china001.com)。

文一:《专访文化部副部长王文章:加快推进非遗保护法的立法进程》,中国日报网,(http://www.chinadaily.com.cn)。

北京复兴门原中国工艺美术馆:(http://www.hudong.com)。

附　　录

附录1　能工巧匠的古代分类：三十六行

关于行业，据史料记载，唐代开始就有"三十六行"。古往今来，分类如下：

1. 文人行业
2. 造笔墨行业
3. 练武行业
4. 制砚台行业
5. 农业
6. 医生行业
7. 经商
8. 药铺
9. 铁匠
10. 饭馆
11. 木匠
12. 旅店
13. 画匠
14. 茶馆
15. 厨师
16. 酿酒师
17. 裁缝
18. 纺织业
19. 鞋匠
20. 澡堂业
21. 豆腐行业
22. 当铺
23. 茶叶业
24. 收废品
25. 糖店
26. 唱戏
27. 屠夫
28. 说书
29. 裁剪行业
30. 相声
31. 理发
32. 丧葬
33. 造纸业
34. 变戏法
35. 印刷业
36. 制乐器

明清以来民间传唱歌谣三十六行

一耕二读三打铁，
六木七竹八雕花，
十一裁缝做衣裳，
十三卖杂货，
十五皮匠鞋子上，
十七和尚做外场，
十九道士唱凤凰，
廿一叮当算命的，
廿三打卦穿长衫，
廿五樵夫在山上，
廿七兴乐把戏唱，
廿九做百戏的武艺强，
卅一天晴出门磨剪刀，
卅三挑的八根系，
卅五是个剃头匠，
上行下行三十六行，
若问看牛哪一个？

四五航船磨豆腐，
九纺十织织布郎，
十二是个修锅匠，
十四打磨工，
十六拉锯木匠苦，
十八尼姑清弹唱，
二十僮子数的土地堂，
廿二相面看眼光，
廿四渔鼓道情唱，
廿六郎中卖假药，
廿八打拳强身体，
三十下雨出门去修伞，
卅二最脏修屋的，
卅四重丧花轿行，
最后一行看牛郎，
行行总出状元郎，
就是皇帝朱洪武。

附录2 传统的三百六十行

一 农林牧渔行业

1. 耕地。2. 车水。3. 割稻。4. 种玉米。5. 种甘薯。6. 种洋葱。7. 花农。8. 卖花。9. 卖君子兰。10. 卖南天竹。11. 卖盆栽。12. 蚕农。13. 采桑叶。14. 放蜂。15. 抓蛤蟆。16. 养猪。17. 羊倌。18. 牧牛。19. 牧马。20. 猎人。21. 屠夫。22. 渔人。23. 鸬鹚捕鱼

二 饮食糖果行业

24. 卖包子。25. 卖蟹黄汤包。26. 卖烧卖。27. 卖饽饽。28. 卖爱窝窝。29. 卖金糕。30. 卖年糕。31. 卖糖粥。32. 卖糕饼。33. 卖馍头蒸饼。34. 卖缸炉烧饼。35. 卖茯苓夹饼。36. 早餐"四大金刚"。37. 卖春卷。38. 卖麻油馓子。39. 馄饨挑。40. 卖饺子。41. 担担面。42. 卖云梦鱼面。43. 卖凉面。44. 卖切面。45. 卖过桥米线。46. 卖元宵。47. 卖八宝饭。48. 卖及第粥。49. 卖粽子。50. 爆炒米花。51. 米粮店。52. 卖凉粉。53. 卖松花粉。54. 烘山芋。55. 切薯干。56. 卖胡萝卜。57. 卖鲜藕。58. 煮玉米。59. 卖金针菜。60. 卖山野菜。61. 卖花生。62. 卖火腿。63. 卖东坡肉。64. 卖猪头肉。65. 卖夫妻肺片。66. 卖涮羊肉。67. 烤羊肉。68. 卖狗肉。69. 卖白果烧鸡。70. 卖叫花鸡。71. 卖茶叶蛋。72. 卖烤鸭。73. 卖鹌鹑。74. 卖清水大闸蟹。75. 豆腐挑。76. 炸豆腐。77. 炸臭干。78. 卖乳腐。79. 卖榨菜。80. 盐商。81. 卖醋。82. 换馍做酱。83. 卖小磨香油。84. 葱姜摊。85. 卖西瓜。86. 卖啥密瓜。87. 卖葡萄。88. 卖白果。89. 卖橄榄。90. 卖糖炒栗子。91. 卖冰糖葫芦。92. 卖甘蔗。93. 卖梨膏糖。94. 卖水。95. 老虎灶。96. 卖豆浆。97. 卖马奶。98. 卖冷饮 99. 卖雪花酪。100. 茶馆业。101. 卖酒业。102. 卖甜酒酿。103. 卖西凤酒。104. 卖茅台酒。105. 卖烟袋嘴。106. 卖香烟。107. 鼻烟铺

三 纺织服饰行业

108. 轧棉花。109. 纺纱。110. 蓝印花布。111. 蜡染。112. 染工。

113. 漂工。114. 缂丝工。115. 织锦。116. 蜀锦业。117. 绸缎庄。118. 刺绣。119. 卖绒线。120. 地毯织。121. 裁缝。卖布。122. 张小泉剪刀。123. 制造熨斗。124. 卖缝针。125. 卖纽扣。126. 制作中山装。127. 制作旗袍。128. 卖估衣。129. 缝穷婆。130. 鞋铺。131. 卖三寸金莲。132. 卖包脚布。133. 修鞋匠。134. 修阳伞。补套鞋。135. 打草鞋。136. 缝袜子。137. 卖虎头鞋、帽。138. 卖毡帽。139. 卖缠腰

四 手工业行业

140. 木匠。141. 车匠。142. 雕花匠。143. 瓦匠。144. 石匠。145. 造园业。146. 打井。147. 卖门铃。148. 煤矿工。149. 烧炭工。150. 炭铺。151. 卖灯草。152. 烛坊。153. 香烛摊。154. 卖筷子。155. 制作屏风。156. 修棕绷。157. 弹棉花。158. 卖枕头。159. 卖胭脂。160. 淘金。161. 金箔工匠。162. 卖戒指。163. 制作长命锁。164. 修钟表。165. 铁匠。166. 削刀磨剪刀。167. 铜匠。168. 秤匠。169. 制伞匠。170. 卖伞。171. 卖竹竿。172. 箧匠。173. 绳匠

五 交通运输行业

174. 抬轿子。175. 拉黄包车。176. 赶脚。177. 邮差。178. 制作信牌。179. 更夫。180. 窝脖儿。181. 制造车。182. 修马路。183. 摆渡。184. 放筏。185. 纤夫。186. 码头挑夫。187. 造船匠。188. 制作灯塔

六 医药卫生行业

189. 游医。190. 拔火罐。191. 拔牙。192. 绞脸。193. 接生婆。194. 中药堂。195. 草药摊。196. 卖三七。197. 卖蒲艾。198. 卖枸杞子。199. 卖杭白菊。200. 卖蒲公英。201. 卖百合。202. 销售云南白药。203. 卖狗皮膏药。204. 卖蛇酒。205. 卖凉烟。206. 卖耗子药。207. 卖香包。208. 卖眼镜。209. 理发。210. 卖假发套。211. 卖木梳。212. 卖耳勺。213. "穿"牙刷。214. 卖手杖。215. 卖蒲扇。216. 卖羽扇。217. 制团扇。218. 卖折扇。219. 卖冰。220. 卖鸡毛掸子。221. 卖夜壶。222. 粪夫。223. 澡堂。224. 修脚

七　文化教育行业

225. 私塾师。226. 绍兴师爷。227. 办学校。228. 书贩。229. 卖报。230. 卖碑帖。231. 卖贺年卡。232. 照相馆。233. 卖相片。234. 小书摊。235. 装订制书。236. 雕版。237. 造纸匠。238. 制毛笔。239. 制砚。240. 制墨。241. 卖八宝印泥。242. 卖算盘。243. 代写书信。244. 写春联。245. 卖"福"字。246. 制牌匾。247. 作家

八　休闲娱乐行业

248. 卖毽子。249. 套圈圈。250. 转糖。251. 卖花炮。252. 卖象棋。253. 围棋手。254. 摆棋局。255. 卖麻将牌。256. 卖响铃。257. 旅游业。258. 养鸟。259. 斗鸡。260. 斗蟋蟀。261. 跑狗场。262. 猴子耍把戏。263. 马戏。264. 顶技。265. 蹬技。266. 变戏法。267. 卖武艺。268. 摜跤。269. 舞狮子。270. 舞龙灯。271. 打花鼓。跑马灯。272. 跑旱船。273. 踩高跷。274. 卖乐器。275. 班鼓匠。276. 小堂茗。277. 放话匣子。278. 歌女。279. 扭秧歌。280. 舞蹈者。281. 舞女。282. 唱鼓书。283. 打连厢。284. 宣卷。285. 说相声。286. 串双簧。287. 唱戏。288. 京剧。289. 看西洋景。290. 木偶戏。291. 皮影戏。292. 电影

九　工艺美术行业

293. 印年画。294. 杨柳青年画。295. 卖春画。296. 指画。297. 漆画。298. 画肖像。299. 卖烟画。300. 卖月份牌。301. 铸铁画。302. 裱画。303. 内画鼻烟壶。304. 卖泥人"大阿福"。305. 卖不倒翁玩具。306. 做面塑。307. 制作戏曲脸谱。308. 吹糖人。309. 陶瓷工。310. 卖唐三彩。311. 刻瓷。312. 龙眼木雕业。313. 砖雕。314. 石狮子雕刻。315. 琢玉成器。316. 象牙雕。317. 制作景泰蓝。318. 剪纸花样。319. 卖"囍"字。320. 糊风筝。321. 灯笼作。322. 制作灯彩。323. 卖中国结

十　其他社会行业

324. 会计。325. 经纪人。326. 跨国经商。327. 铸钱币。328. 钱庄。

329. 当铺。330. 卖彩票。331. 跑堂倌。332. 鸡毛换糖。333. 换取灯。334. 打鼓的。335. 收破烂。336. 捡烂纸。337. 奶妈。338. 媒婆。339. 乞丐。340. 殡葬业。341. 棺材铺。342. 卖"长锭"、锡箔。343. 算命先生。344. 测字先生。345. 仙姑。346. 巫师。347. 妓女。348. 拉皮条。349. 相公。350. 小偷。351. 强盗。352. 卖蒙汗药。353. 制作洛阳铲。354. 卖烟枪。355. 卖白粉。356. 宦官。357. 保镖。358. 刽子手。359. 狱警。360. 巡警

附录3 首批全国职业院校民族文化传承与创新示范专业点名单

序号	省市区	学校	专业	民族文化技能方向
1	北京	中央美术学院附属中等美术学校	美术绘画	中国传统壁画保护与传承
2		北京舞蹈学院附属中等舞蹈学校	舞蹈表演	中国舞表演
3		中国戏曲学院附属中等戏曲学校	戏曲表演	京剧表演
4		北京市杂技学校	杂技与魔术表演	杂技与魔术表演
5	天津	天津市西青区中等专业学校	学前教育	杨柳青年画制作
6		天津艺术职业学院	曲艺表演	相声
7	河北	河北省围场满族蒙古族自治县职业技术教育中心	民族服装与服饰	满族蒙古族服饰设计与制作
8		河北省丰宁满族自治县职业技术教育中心	民族工艺品制作	丰宁满族剪纸
9		河北艺术职业学院	戏曲表演	河北梆子表演
10	山西	平遥现代工程技术学校	民族工艺品制作	平遥推光漆制作工艺
11		长治黄河工艺美术学校	工艺美术	上党堆锦画
12		忻州创奇学校	民间传统工艺	晋绣
13		山西戏剧职业学院	戏曲表演	晋剧表演
14	内蒙古	锡林郭勒职教中心	民族工艺品制作	蒙古族传统手工艺品制作
15		内蒙古鄂尔多斯市鄂托克前旗民族职业高中	民族工艺品制作	蒙古族传统手工艺品制作
16		阿鲁科尔沁旗民族职业教育中心	民族音乐与舞蹈	胡仁乌力格尔
17		科尔沁艺术职业学院	民族音乐与舞蹈	科尔沁蒙古族民歌演唱
18	辽宁	沈阳师范大学附属艺术学校	民族音乐与舞蹈	锡伯族民间歌舞表演

续表

序号	省市区	学校	专业	民族文化技能方向
19	辽宁	沈阳音乐学院附属中等舞蹈学校	舞蹈表演	东北秧歌
20	吉林	吉林省延吉市职业高级中学	民族服装与服饰	朝鲜族服饰设计与制作
21		吉林省延边艺术学校	民族音乐与舞蹈	朝鲜族歌舞
22	黑龙江	黑龙江民族职业学院	艺术设计	桦树皮制作工艺、鱼皮画
23		黑龙江艺术职业学院	舞蹈表演	花棍舞
24	上海	上海戏剧学院附属戏曲学校	戏曲表演	京昆表演
25		上海市逸夫职业技术学校	传统服装工艺与设计	龙凤旗袍、亨生西服设计与制作
26		上海市工艺美术学校	工艺美术	老凤祥首饰设计与加工
27	江苏	南京市莫愁中等专业学校	文物鉴定与修复	古籍修复
28		扬州商务高等职业学校	漆器工艺制作	扬州漆器
29		江苏省宜兴丁蜀中等专业学校	工艺美术	紫砂陶制作技艺
30		苏州评弹学校	戏曲表演	评弹表演
31		连云港市艺术学校	民族音乐与舞蹈	海州五大宫调
32		江苏省戏剧学校	戏曲表演	锡剧表演
33	浙江	浙江省绍兴市中等专业学校	食品生物工艺	黄酒酿造技艺
34		浙江省龙泉市中等职业学校	陶瓷工艺	龙泉青瓷
35		中国美术学院附属中等美术学校	美术绘画	传统中国画创作
36		浙江省青田县职业技术学校	民族工艺品制作	青田石雕
37		浙江艺术职业学院	戏曲表演	越剧表演
38		宁波市文艺学校	戏曲表演	甬剧表演

续表

序号	省市区	学校	专业	民族文化技能方向
39	安徽	安徽省宣城市工业学校	制浆造纸工艺	宣纸制作工艺
40		安徽省休宁县第一高级职业中学	传统木工技艺	传统木工艺
41		安徽省行知学校	民族工艺品制作	徽州砖雕
42	福建	福建省柘荣职业技术学校	工艺美术	柘荣民间剪纸
43		福建省德化职业技术学校	工艺美术	德化传统瓷雕、瓷画艺术
44		福建省福州旅游职业中专学校	民间传统工艺	寿山石雕
45		福建艺术职业学院	舞蹈表演	福建民间舞
46		福建省泉州艺术学校	戏曲表演	南音
47	江西	江西省景德镇第一中等专业学校	陶瓷工艺	景德镇陶瓷制作
48		江西艺术职业学院	戏曲表演	赣南采茶戏
49	山东	枣庄市山亭区职业中专	民族工艺品制作	伏里土陶工艺与制作
50		山东省文化艺术学校	戏曲表演	吕剧表演
51	河南	河南省镇平县职业教育中心	民族工艺品制作	镇平玉雕
52		河南艺术职业学院	戏曲表演	豫剧表演
53	湖北	湖北艺术职业学院	音乐表演	湖北民歌
54		武汉市艺术学校	戏曲表演	汉剧表演
55	湖南	湘西民族职业技术学院	民族服装与服饰	扎染
56		湖南工艺美术职业学院	湘绣设计与工艺	湘绣
57		湖南艺术职业学院	戏曲表演	花鼓戏表演
58	广东	潮州市职业技术学校	工艺美术	潮州木雕、潮绣、潮州麦秆画
59		广东粤剧学校	戏曲表演	粤剧表演
60		汕头市文化艺术学校	戏曲表演	潮剧表演
61		广东湛江艺术学校	戏曲表演	雷剧表演

续表

序号	省市区	学校	专业	民族文化技能方向
62	广西	广西职业技术学院	产品造型艺术设计	坭兴陶
63		广西艺术学校	民族音乐与舞蹈	广西民族舞蹈
64		桂林市艺术学校	戏曲表演	桂剧表演
65	海南	海南省民族技工学校	民族织绣	黎族织锦技术
66		海南省民族技工学校	民族美术	黎族剪纸
67		海南省文化艺术学校	戏曲表演	琼剧表演
68	重庆	重庆旅游职业学院	旅游工艺品设计与制作	木雕、土家织锦
69		重庆艺术学校	戏曲表演	秀山花灯
70	四川	四川省彝文学校	民族工艺品制作	彝族漆器
71		四川省藏文学校	民族美术	藏画、唐卡
72		北川羌族自治县"七一"职业中学	民族服装与服饰	羌绣
73		绵竹市职业中专学校	民族美术	绵竹年画制作
74		四川省青神中等职业学校	木材加工	竹编工艺
75		阿坝州中等职业技术学校	民族工艺品制作	藏族"让炯"根艺
76		四川艺术职业学院	戏曲表演	川剧表演
77	贵州	贵州轻工职业技术学院	旅游工艺品设计与制作	安顺蜡染、大方漆器
78		黔东南民族职业技术学院	民族音乐与舞蹈	侗族大歌、牛腿琴演奏
79	云南	云南省民族中等专业学校	民族工艺品设计与制作	云南少数民族工艺品制作
80		云南民族大学职业技术学院	艺术设计	云南少数民族工艺品制作
81		云南文化艺术职业学院	舞蹈表演	云南少数民族音乐与舞蹈
82	西藏	西藏拉萨市堆龙德庆县职教中心	民族工艺品制作	藏纸生产工艺
83		达孜县职教中心	民族工艺品制作	唐卡制作

续表

序号	省市区	学校	专业	民族文化技能方向
84	西藏	西藏林芝地区职业技术学校	民族音乐与舞蹈	藏族歌舞
85	陕西	陕西省安塞县职业教育中心	民间艺术	安塞剪纸
86		陕西省咸阳市武功县职业教育中心	民族织绣	武功手工刺绣和布艺制作
87		富平城乡建设高级职业中学	民间传统工艺	泥塑陶艺
88		陕西省清涧县职业中学	民间传统工艺	枣木雕刻
89		陕西艺术职业学院	戏曲表演	秦腔
90	甘肃	甘肃省环县职业中等专业学校	民族工艺品制作	庆阳香包刺绣
91		甘肃省临夏市职教中心	民族工艺	砖雕、葫芦雕刻、彩陶
92		甘肃省环县职业中等专业学校	民族工艺品制作	环县道情皮影
93	青海	西宁市湟中职业技术学校	民间传统工艺	唐卡、堆绣、木雕
94		青海省文化艺术职业学校	民族音乐与舞蹈	青海藏族民间舞
95	宁夏	宁夏海原县职业教育中心	民间传统手工艺	回族刺绣
96		宁夏回族自治区隆德县职业中学	民族工艺品制作	隆德剪纸
97	新疆	新疆艺术学校	民族乐器修造	新疆少数民族乐器制作
98		新疆阿勒泰地区卫生学校	哈医疗与哈药	哈萨克医药
99		喀什艺术学校	民族音乐与舞蹈	维吾尔木卡姆艺术
100	新疆生产建设兵团	农十四师职业技术学校	民族民居装饰	民族特色房屋装饰

附录4 第二批全国职业院校民族文化传承与创新示范专业点名单

序号	省份	学校	专业（专业方向）
1	北京	北京戏曲艺术职业学院	戏曲表演（评剧）
2		北京戏曲艺术职业学院	戏曲表演（服装、化装）
3		北京市黄庄职业高中	服装设计与工艺（服饰手工艺制作）
4		北京市国际艺术学校	运动训练（武术）
5	天津	天津艺术职业学院	戏曲表演（京剧）
6		天津艺术职业学院	文物鉴定与修复
7	河北	石家庄市艺术学校	舞蹈表演（河北民间舞拉花）
8		河北吴桥杂技艺术学校	杂技与魔术表演
9	内蒙古	乌兰察布市民族艺术学校	民族音乐与舞蹈（马头琴演奏）
10		锡林郭勒职业学院	音乐教育（长调、马头琴）
11	辽宁	阜新市第一中等职业技术专业学校	民族服装与服饰（蒙古贞服饰设计制作与表演）
12	吉林	吉林省歌舞剧院艺术中等职业学校	舞蹈表演（民族舞）
13	黑龙江	黑龙江艺术职业学院	舞蹈表演（东北秧歌）
14		黑龙江民族职业学院	音乐教育（民族音乐与舞蹈）
15	上海	上海戏剧学院附属戏曲学校	戏曲表演（京剧）
16		上海工艺美术职业学院	工艺美术品设计与制作（海派玉雕）
17	江苏	无锡工艺职业技术学院	陶瓷艺术设计（传统紫砂工艺）
18		常州艺术高等职业学校	表演艺术（江南丝竹乐）
19	浙江	浙江广厦建设职业技术学院	木雕设计与制作
20		浙江省东阳市技术学校	民族工艺品制作（木雕工艺与设计）
21		浙江旅游职业学院	烹饪工艺与营养
22		浙江省宁海县第一职业中学	民族工艺品制作（泥金彩漆）
23		浙江省三门县职业中等专业学校	民间传统工艺（三门石窗设计与加工）
24	安徽	安徽省怀远师范学校	民族音乐与舞蹈（花鼓灯）
25		安徽省行知学校	民间传统工艺（徽雕、歙砚制作）
26		安徽黄梅戏艺术职业学院	戏曲表演（黄梅戏）
27		铜陵职业技术学院	旅游工艺品设计与制作（铜工艺品设计与制作）

续表

序号	省份	学校	专业（专业方向）
28	福建	漳州科技职业学院	茶文化（中华传统创新茶艺）
29		福州市艺术学校	戏曲表演（闽剧）
30		福州旅游职业中专学校	民间传统工艺（脱胎漆器）
31	江西	江西艺术职业学院	戏曲表演（赣剧）
32	山东	山东轻工职业学院	纺织品装饰艺术设计（鲁绣家纺设计）
33		山东省文化艺术学校	戏曲表演（京剧）
34		济南艺术学校	曲艺表演
35	河南	嵩山少林武术职业学院	武术（国际文化推广）
36		河南经贸职业学院	装饰艺术设计（陶艺软装）
37	湖北	湖北艺术职业学院	舞蹈表演（中国舞）
38		湖北艺术职业学院	戏曲表演
39		荆州市创业职业中等专业学校	民间传统工艺（荆楚非遗民间工艺）
40		长阳职业教育中心	旅游服务与管理（民族音乐与舞蹈）
41	湖南	湖南工艺美术职业学院	陶瓷艺术设计
42		湘西民族职业技术学院	民族传统技艺
43		吉首市职业中等专业学校	服装设计与工艺（民族织绣）
44		醴陵市陶瓷烟花职业技术学校	陶瓷工艺（釉下五彩陶瓷彩绘）
45	广东	广东舞蹈戏剧职业学院	舞蹈表演（岭南舞）
46		广东省陶瓷职业技术学校	工艺美术（手拉壶设计与制作）
47	广西	广西民族中等专业学校	民族音乐与舞蹈
48	重庆	重庆文化艺术职业学院	戏曲表演（川剧）
49		重庆市大足职业教育中心	民间传统工艺（石雕石刻方向）
50	四川	泸州职业技术学院	艺术设计（分水油纸伞制作技艺）
51		四川文化产业职业学院	珠宝首饰工艺及鉴定（成都银花丝制作技艺）
52		阿坝师范高等专科学校	舞蹈表演（羌族萨朗）
53	贵州	贵州盛华职业学院	旅游工艺品设计与制作
54		铜仁学院	视觉传达设计（民族旅游产品设计）
55	云南	云南文化艺术职业学院	戏曲表演（花灯、滇剧）
56		云南民族大学	工艺美术（民族工艺品设计与制作）
57		大理州剑川县职业高级中学	工艺美术（木雕）

续表

序号	省份	学校	专业（专业方向）
58	陕西	陕西艺术职业学院	戏曲表演（秦腔）
59	甘肃	甘肃工业职业技术学院	旅游工艺品设计与制作（雕漆、陶艺）
60	宁夏	宁夏艺术职业学院	舞蹈表演（回族舞蹈）
61	新疆	新疆艺术学校	民族音乐与舞蹈
62		乌鲁木齐职业大学	旅游工艺品设计与制作

附录5　中国手工艺类绝技绝活分类表

部类	门类	种类
001 工具器械 制作工艺	农具、手工工具和简单器械类	农具：耒、耜、犁、耧
		手工工具：斧、凿、锯规矩绳墨
		简单器械：桔槔、辘轳、滑轮、弓弩
	机械类	切削加工机械：砣、镟床
		农用机械：翻车、风扇车、磨、碓碾
		水力机械：水磨、水碓、水碾、水力复合机械、筒车
		风力机械：立轴式风车、卧轴式风车
		鼓风器
		凿井机具
	交通运输工具类	陆上运输工具：大车、独轮车
		水上运输工具：独木舟、羊皮筏子、内河船只和海船、水密隔舱
	仪器仪表类	记里鼓车、漏刻、候风地动仪、天文仪器、浑仪、简仪、水运仪象台、游标卡尺、指南针和罗盘
	乐器类	古琴、北京宏音斋笙管、苏州民族乐器、玉屏箫笛、苗族芦笙、马头琴
	日常生活和民俗用具类	锁、杆秤、飞车、被中香炉
002 农畜矿产品加工类	制茶类	绿茶、黄茶、红茶、乌龙茶、白茶、黑茶、花茶
	酿造类	酿酒：绍兴黄酒、白酒、
		酿醋：山西老陈醋、镇江香醋
		豆酱、黄酱、面酱、豆瓣酱、豆豉、酱油
		榨油、煮油和磨油
	制盐类	西藏井盐、云南诺邓井盐、四川自贡燊海井盐、浙江象山县海盐
	腌制类	火腿、咸菜等腌制工艺
	制碱类	
	制糖类	蜂蜜、饴糖、蔗糖、甜菜制糖
	制香类	北京传统药香、贵州龙安洞广村"擀香"、藏香
	皮革加工技艺	鞣革法、生钩法、酸奶法、面熟皮法

续表

部类	门类	种类
003 传统建营造类	木结构建筑类	传统建筑木作、瓦作、油漆彩绘、石作、搭材、园林叠造等工艺
	民居和少数民族建筑类	汉族民居、少数民族土楼、吊脚楼、草墙、草房、蒙古包、毡房营造工艺
	功能性建筑类	传统瓷窑作坊营造工艺
	桥梁类	廊桥石桥营造工艺
004 织染绣工艺	桑蚕丝织类	桑蚕丝织、蜀锦、宋锦、云锦、缂丝、织锦、黎锦、壮锦、绫绢、苗锦、侗锦、丝绸织染等工艺
	棉纺织类	棉纺织、土布纺织等工艺
	麻纺织类	夏布织造工艺
	印染类	蓝印花布印染、蜡染、扎染、夹缬染色、香云纱染整工艺
	服装缝纫类	戏装戏具制作、中山装裁缝、中式服装裁缝、千层底布鞋、旗袍制作、皮帽制作、皮靴制作技艺等
	刺绣挑花类	湘绣、顾绣、苏绣、粤绣、蜀绣、马尾绣、苗绣、盘绣、挑花、香包绣等工
005 陶瓷制作工艺	制陶类	陶器、砂器、牙舟陶等烧制工艺
	制瓷类	景德镇瓷器：青花、青花玲珑、粉彩、颜釉
		吉州瓷器：青釉、绿釉、白釉、黑釉、彩釉
		磁州瓷器：白瓷、黑瓷、绿釉等
		耀州瓷器：耀州青瓷
		淄博瓷器：青瓷、黑釉瓷、白瓷、雨点釉、茶叶末
		德化瓷器：白瓷、青花、五彩
	砖瓦类	御窑金砖制作、贡砖烧制工艺
	琉璃类	琉璃、料器制作工艺
006 金属采冶和加工技艺	采冶类	生铁冶铸、黄金采冶、炼锌工艺
	铸造类	
	锻造类	锻造类 金箔、龙泉剑、剪刀、铁画、银饰、腰刀、乐器、青铜器等锻造工艺
	装饰类	景泰蓝、花丝镶嵌、蒙蒙镶、金银花丝工艺、鎏金工艺、斑铜工艺、厚胎珐琅制作工艺

续表

部类	门类	种类
007 雕塑工艺	牙雕类	
	玉雕类	扬州玉雕、岫岩玉雕、玛瑙雕工艺
	石雕类	青田石雕、曲阳石雕、寿山石雕、惠安石雕、徽州三雕、彩绘石刻
	砖雕类	
	木雕类	朱金器木雕、黄杨木雕、潮州木雕、东阳木雕、湘东傩面具、木偶制作等工艺
	竹刻类	嘉定竹刻、宝庆竹刻工艺
	泥塑类	天津泥人、惠山泥人、泥咕咕、凤翔泥塑等制作工艺
008 编织扎制工艺	编织工艺	草编：麦秸草编、玉米皮编、蒲草编、芦苇编、芒其草编、
		琅琊草编、黄草编、席草编、龙须草编、棕编、其他草编
		竹编：平面竹编、立体竹编、平面与立体混合竹编
		藤编
		柳编
		麻编
		葵编
	扎制工艺	风筝
		花灯：龙灯、纱灯、肖形灯、针刺灯、宫灯、走马灯、孔明灯
		伞：西湖绸伞、泸州油纸伞、江西婺源甲路纸伞
		扇：羽毛扇、绢扇、折扇、檀香扇、竹扇、葵扇、麦秆扇
		纸扎：鬼神、人物、车马箱笼、楼库
009 髹漆工艺	髹涂	髹涂：厚料髹涂、研磨髹涂、薄料髹涂、罩染髹涂（罩漆、罩金、罩木）
	描绘	描绘：彩绘（描漆彩绘）、描金、晕金、金银彩绘
	镶嵌	镶嵌：金属镶刻（平脱、平文）、螺钿镶嵌（硬螺钿、软螺钿、浮嵌）、蛋壳镶嵌、骨石镶嵌
	刻填	刻填：戗金、雕填、刻漆

续表

部类	门类	种类
009 髹漆工艺	磨绘	磨绘：彩漆磨绘、丸粉磨绘、铝箔粉磨绘
	变涂	变涂：工具起纹、媒介物起纹、粉粒物起纹、稀释剂起纹
	堆塑	堆塑：线堆、面堆、薄堆、高堆
	雕漆	雕漆：剔红、剔黑、剔犀（黑红相间）、剔彩
	仿古仿彩	仿古仿彩：仿古、仿彩
010 家具制作工艺	椅凳类	椅凳类：杌凳、方凳、圆凳、鼓墩、条凳、交椅、圆椅、扶手椅、靠背椅
	床榻类	床榻类：榻、罗汉床、架子床、拔步床
	桌案类	桌案类：炕桌、方桌、圆桌、书桌、供案、平头案、茶几、花几
	箱柜类	箱柜类：圆角柜、方角柜、顶箱柜、亮格柜、衣箱、文具箱和药箱、书架、多宝格
	其他类	其他类：屏风、镜台、衣架、脸盆架、火盆架
011 文房四宝制作工艺	造纸类	纸：麻纸 皮纸：宣纸、皮纸、连四纸、狼毒纸、桑皮纸、竹纸等制作工艺 竹纸 笺纸：薛涛笺、金栗山藏经纸、瓷青纸、椒纸等
	制墨类	墨：徽墨、墨汁、印泥制作工艺
	制砚类	砚：红丝石砚、端砚、歙砚、洮砚、澄泥砚等
	制笔类	毛笔：湖笔、宣笔、候笔、湘笔
	颜料类	
012 印刷工艺	雕版印刷类	
	活字印刷类	泥活字印、木活字印、铜活字印
	套色印刷、短板与拱花	
013 刻绘工艺	剪纸类	窗花、顶棚花、墙花、门笺、喜花、灯笼花、纸扎花、刺绣底样剪纸、印花版样
	刻纸类	

续表

部类	门类	种类
013 刻绘工艺	木版年画类	平阳木版年画、佛山木版门画、新绛木板年画
	工艺画类	贝雕画、羽毛画、麦秆画、软木画、树皮画、角雕画、通草画、彩蛋画
	皮影类	陕西皮影、北京皮影、乐亭皮影
014 特种技艺 及其他	木偶	提线木偶、杖头木偶、布袋木偶
	面具	假面、假头、面饰、面罩、画像、脸谱、变脸
	烟花爆竹	烟花：喷花类、旋转类、升空类、吐珠类、线香类等
		爆竹：单响、双响、鞭炮
	钻木取火	钻木取火、竹筒取火、
	鄂伦春族狍皮服饰制作技艺	
	鄂伦春族桦皮器制作技艺	
	赫哲族鱼皮服饰制作工艺	
	云南少数民族火草布制作工艺	
	书画装裱工艺	
	青铜器修复技艺	
	文物修复技艺	
	其他	

后　　记

　　本书既是在我的博士学位论文《绝技绝活传承学校教育生态模式研究》基础上进一步拓展的研究成果，又是教育部人文课题《教育生态视域下技能人才绝技绝活传承模式研究》的成果。2013年有幸考上教育生态学博士研究生，开始漫漫求学路，并尝试用教育生态学理论来探究出现的各种教育生态问题。2014年很幸运获批了教育部人文项目，同时我亦选择做课题相关领域的博士毕业论文。经过三年多的研究，在各方支持和帮助下，终于完成本书。此时，心中有的并非是应然而来的轻松感，而是"丑媳妇见公婆"的惶恐之心，唯恐自己的粗浅之作不能让师长、同辈、朋友及所有关心且关注着我的人满意，犹恐未来此书的读者们不满意。

　　在本书付梓之际，对所有帮助过我的师长、领导、朋友、学生和亲人表示感谢。

　　首先最要感谢的是我的博士生导师周明星教授，是他引领我走向了教育生态研究之路，并时时鞭策我、告诫我，"做学问，除了要有求真之心，更要坚韧之心，不能有功利之心"。老师把科研活成了生活的一种方式，这种精神深深地感染了我，激励着我。在学术研究这条道路，他既是我的引路人，又是同行者，更是榜样。本书的完成也倾注了老师大量的心血，从课题的调研，博士毕业论文的撰写、书稿的整理完成都得到老师的精心指导。师恩难忘，铭记于心！

　　感谢广州轻工技师学院的叶军峰校长、云南技师学院的李华伦书记、海南省技工民族学校罗雅校长、湖南陶瓷技师学院的谭初发校长助理、湖南工艺美术职业学院的领导们在课题调研期间给予的支持和帮助。

　　感谢好友黎志华，同门博士聂清德、温晓琼，同门硕士梁琳、文苗、谭怀芝、李欢、荆婷，学生李嘉丽等在实地访谈、问卷调查、资料整理、书稿校对等方面所做的工作。

特别感谢广彩大师许恩福、掌画大师欧傅文、宫灯大师罗昭亮、陶艺大师曹峰明、榄雕大师曾昭鸿、蛋雕大师孙开福、黎锦大师刘香兰、海南彩雕大师陈玉湘、湘绣大师刘爱云、玉溪青花瓷大师吴白雨、醴陵釉下五彩大师朱占平等，毫无保留地给我介绍个人的成长史及技艺传承的历史，他们对绝技绝活传承的独特见解，使我获益匪浅。他们几十年如一日的执着，对作品的精益求精，对中华民族文化的坚守，在他们身上我真真实实感受到了工匠精神，也给了我坚持此项研究的最大动力。他们用自己的人生诠释着大国工匠的精神，也代表着民族之精神。以此书向他们致敬！

最后，本书在撰写过程中参考和引用了国内外专家和学者的有关研究成果，书中如未能一一说明，敬请谅解，并在此表示诚挚的感谢！

由于著者水平所限，书中难免存有疏漏和不妥之处，恳请专家、研究者、同人和广大读者批评指正。

高　涵

2016年9月21日